ONWARD Cultivating Emotional Resilience in Educators

教师的情绪管理与压力管理

[美] 埃琳娜·阿吉拉尔 Elena Aguilar 著

中国青年出版社

图书在版编目（CIP）数据

教师的情绪管理与压力管理 / (美) 埃琳娜·阿吉拉尔著；熊恬译. -- 北京：中国青年出版社, 2025. 8.
ISBN 978-7-5153-7823-7

Ⅰ. G451.6；G443

中国国家版本馆CIP数据核字第2025NY9788号

教师的情绪管理与压力管理

作　　者：[美] 埃琳娜·阿吉拉尔
译　　者：熊　恬
责任编辑：肖妩嫔
文字编辑：侯雯洁
美术编辑：杜雨萃
出　　版：中国青年出版社
发　　行：北京中青文文化传媒有限公司
电　　话：010-65511272 / 65516873
公司网址：www.cyb.com.cn
购书网址：zqwts.tmall.com
印　　刷：大厂回族自治县益利印刷有限公司
版　　次：2025年8月第1版
印　　次：2025年8月第1次印刷
开　　本：787mm × 1092mm　1/16
字　　数：350千字
印　　张：22.5
京权图字：01-2024-2041
书　　号：ISBN 978-7-5153-7823-7
定　　价：69.90元

赞 誉

尽管挑战无处不在，《教师的情绪管理与压力管理》展现了埃琳娜·阿吉拉尔在帮助教育工作者发现自己内在力量、实现自身愿望方面的过人智慧和人道精神。这的确是一本令人赞叹不绝的书，充满了出色的策略和建议，并植根于她自己的脆弱、诚实、美丽的经历和故事。任何花时间坐下来读读这本精彩著作的人都会因此变得更强大、更快乐、更美好，而且，我预感他们将会永远心存感激。

——温迪·科普

美国教育先锋、世界教育创新峰会教育奖（WISE）得主

这本书将改变你的人生！埃琳娜·阿吉拉尔就如何为给学生服务的成年人增强情绪弹性提供了一个深思熟虑、打动人心、合乎时宜的框架。它通过科学、研究和令人信服的亲身经历，提供了一条清晰的道路。这本书是给每一位教师的礼物，无论你是新手教师、经验丰富的教师还是学校领导，这本书都值得你去读。

——罗恩·塞弗森

加利福尼亚州罗斯维尔市联合高中学区负责人

埃琳娜·阿吉拉尔的作品是每个老师都需要的解药，用来对抗倦怠，并以全新的眼光迎接有挑战性的学生。本书是充满力量的、具体明确的，能让你每天在课堂上展现出最好的自己。当你觉得有必要重新开始时，就拿起这本书看看吧！

——席琳·考金斯

哈佛大学教育研究生院客座教授、驻校企业家

我邀请每一位教育工作者把这本书放在自己的床头柜上。每个月，翻开新的一章，其中的内容都会为你提供全新的机会，让你探索如何建立自己的情绪弹性，如何致力于伟大的教学事业。

——斯蒂芬尼·赫希

“引领学习”（Learning Forward）教育机构的执行董事

《教师的情绪管理与压力管理》并不是一本让人感觉良好的增强情绪弹性的理论指南。它是一套严谨的、照镜子做的实用策略，可以让所有教育工作者在这个向来充满压力的职业中做到个人和专业最佳。

——科林·西尔

“像律师一样思考”课程（thinkLaw）创始人、批判性思维专家

无论学校规模的大小，学校领导们每年都要用到这本书！《教师的情绪管理与压力管理》将引导你通过应用最佳策略来培养教职员工和学生中的领导者。它揭示了一学年里的起起落落，以及如何让你的组织和你自己保持前进！

——米歇尔·卡彭特

华盛顿州沃拉沃拉县伯尼小学校长

作为教育工作者，我们有责任培养自己和学生的情绪弹性，这样我们才能继续启发、教育和领导学生。读读这本书。增强你的坚韧。在这个行业继续努力，改变教育现状。

——克里斯汀·卡尔森

“知识就是力量”项目（KIPP）丹佛东北中学教学教练

《教师的情绪管理与压力管理》开启了关于如何支持教师和领导者的真正对话。书中的每一页都讲述了我们作为教育工作者茁壮成长的最基本但往往被忽视的方法。每一位新教师和学校管理者都需要这本书。

——谢丽尔·拉娜·阿格拉瓦尔

加利福尼亚州圣马特奥县教育办公室成员

我们知道，对于教师来说，这项工作中的符号暴力是对被压制的自然反应，但这本书帮助我们创造了一个世界，在这个世界里，我们身后没有那么沉重的负担，同时培养了我们内心自由所需的抵抗力，让我们通过自身存在的本质和与情绪弹性的关系来感受这种抵抗力。

——马里奥·贝纳贝

STEM教育者

北京第一实验学校　罗俊僉 / 绘

纪念我的祖父母莉尔和弗兰克，他们是坚韧的化身，打了一场漂亮仗，并且深深地爱着我。

我们每时每刻都在用我们的生命回应这个贪婪、美丽、残缺、绚烂的世界。

维多利亚·萨福德

目　录

前 言

你在干旱的土地上艰难跋涉。口渴难耐，尘土飞扬，你只能集中精力，一步一步地往前走。炎热的天气让你头晕目眩，你怀疑自己是否迷路了。就在你到达极限的时候，你来到了一片空地。蜂鸟出现了，它们来回飞舞，钻进你眼前的地面上的一个大洞里，然后又从洞里钻出来。

走到洞旁，你窥见了一个深洞，洞底是一潭碧绿的水。这里树叶郁郁葱葱，清爽宜人。一架古老的木梯在向你招手，你试探着下到水潭中去。

你的忧虑开始消散。空气十分凉爽。当你的眼睛还在适应光线时，你只能听到水从钟乳石的末端滴落的声音。

你涉水而入，将身体浸入水中，让半透明的水将你包裹。当你仰面漂浮在水面上时，层层尘埃、疲惫和恐惧一扫而空。沐浴在这碧绿的泉水中，你知道自己无所不能。你将继续跋涉，即使你会再次面对干渴和疲惫，你也能继续前行。你现在知道了。你记得路。

在墨西哥尤卡坦半岛以及世界上的其他地方，地下几米深的地方就有天然井，这是几百万年前石灰岩崩塌形成的水洞。数千年来，这些由地下河和雨水注入的天然泉眼一直是人类的资源。古玛雅人在这些水潭周围建造了村庄，并相信它们是与神对话的门户——“cenote”，它的意思是“神圣的井”。如今，玛雅人继续守护着这些地方，并在漫长而炎热的夏季享受着泉水带来的舒爽。

当你漂浮在天然井中时，我可以向你保证，你会感到一切皆有可能。

天然井为情绪弹性提供了一个美丽的隐喻。在你的体内和体外，都蕴藏着生命能量的源泉，你可以获取和培养这些能量。在烈日炎炎的日子里，天然井可以为你提供解脱。它已经存在。我们的任务是找到通往它的路，了解它能提供什么，呵护它，然后自由漂浮其中。情绪弹性就在我们体内。让我们开始这段旅程吧！

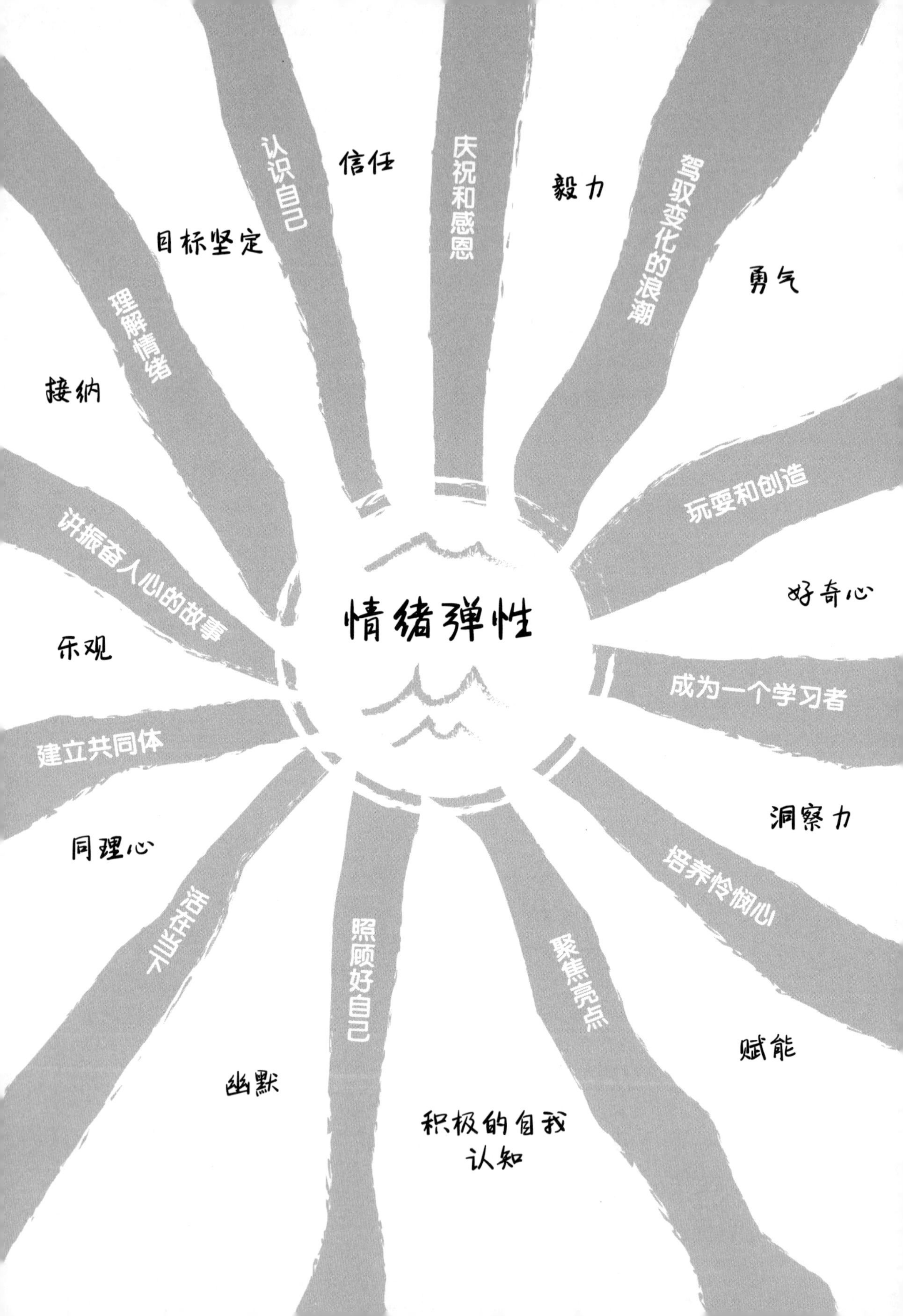
情绪弹性
认识自己
信任
庆祝和感恩
毅力
驾驭变化的浪潮
勇气
目标坚定
理解情绪
接纳
玩耍和创造
好奇心
讲振奋人心的故事
乐观
成为一个学习者
建立共同体
洞察力
同理心
培养怜悯心
活在当下
照顾好自己
聚焦亮点
赋能
幽默
积极的自我认知

导 论

想象一下，在一个阴雨绵绵的周五结束时，孩子们不能出教室，你不得不监督他们在室内休息。你只有10分钟的午餐时间，这期间，你吃了一袋薯片，喝了一瓶苏打水。在最后几分钟的打扫中，一个经常惹你生气的学生对你说了一些不敬的话。你只是让这个学生捡了一下垃圾。其他孩子都咯咯笑着，看你接下来会怎么做。

定格这一幕。

从事情发生到我们做出反应的这一刻，正是这本书的主题所在。这是我们培养弹性的时刻，也是这句话中提到的时刻："刺激和反应之间有一个空间。在这个空间里，我们有能力选择我们的反应。而在我们的反应中，蕴藏着我们的成长和自由。"

教育工作者每天都会遇到成百上千这样的时刻。学生的行为、计划外的消防演习、周三下午的强制会议通知、开学前5分钟出现在我们家门口的有情绪的家长、坏掉的复印机、因为代课老师没来而要求我们在备课时间去代其他班的课，等等。我们一次又一次地面临这样的挑战。单独来看，这些都是微不足道的小麻烦，但加在一起就会让人精疲力竭，耗尽我们的情绪弹性，导致职业倦怠。对于教育工作者来说，没有什么时刻比刺激和反应之间的这个时刻更重要了。如果我们放慢脚步去审视这些时刻，如果我们能培养出新的应对方式，我们或许就能将学校变成一个我们共同茁壮成长的地方。

变化是我们唯一可以坚信的事情。我们不希望下雨的时候，天还是会下雨；当我们筋疲力尽的时候，孩子们会说很多令人讨厌的话；领导们来来去去。然而，我们在如何解读所发生的事情方面有着巨大的力量，因此，在应对出乎我们意料的、不想要的或不喜欢的大大小小的事情方面，我们也有着巨大的力量。情绪弹性的契机源于我们如何理解所发生的事情，因为解读决定行动。在一个阴雨绵绵的周五结束时，我们可以用多种方式来解读学生令人讨厌的言论。而每一种解读都会导致我们采取不同的行动。每种行动都会产生意料之中和意料之外的后果，也会对我们自己、我们的班级以及我们与那个学生之间的关系产生影响。在这些时刻，我们可以做出选择。

让我们记住这一点：我们可以准确把握能够培养情绪弹性的确切时刻。你可以决定如何度过每一天；你不必成为世界动荡和不可预测的受害者。变化是生活的必然，而如何应对变化则在你的掌控之中。

毫无疑问，我们之所以选择从事这个职业，是因为我们想对年青一代产生积极的影响。实现目标的关键在于刺激和反应之间的那一刻。当我们审视这一时刻，养成不同于我们惯常的行为时，我们就能实现对教育公平的承诺。通过培养情绪弹性，我们可以实现从事这一职业的初衷。此外，有了这些知识，我们可以为解决因职业倦怠而离职的教师流失问题出一份力。我们可以更稳定、更连续地服务学生，以及身体力行，为他们树立应对生活中不可避免的挑战的榜样。

培养情绪弹性：是什么？为什么？如何做？

简而言之，情绪弹性指的就是我们如何经受住生活中的风暴，并在遇到困难后重新振作起来。最重要的是要知道你可以增强你的弹性，它是一套适应性行为。在这本书中，我希望能引导你发现你自身已有的弹性，并探索出培养弹性的多种方法。

情绪弹性在很大程度上与我们的态度和行为有关，这也是本书重点讨论的内容。而且，本书也强调，我们的情绪弹性中的复原力与韧性还与我们所处的环境有关，但我们影响环境的能力可能非常有限。此外，研究人员发现，情绪弹性有神经生物学基础。该项研究旨在了解人们面对逆境的方式为何会有如此大的差异：有些人克服了难以想象的困难，而有些人却因巨大的压力而生活完全脱轨。在我们的一生中，我们身体中的各种构造（特别是大脑），它们协同工作，使我们或多或少地具备一些抗压能力。我们的基因构成也可能发挥了作用：实际上，我们可能天生就具有一定的情绪弹性。表观遗传学（Epigenetics）这一新兴领域正在探索我们祖先遭受的压力是如何影响我们的情绪弹性水平。

虽然这项研究很有趣，而且有朝一日可能会产生大有裨益的影响，但我们还是要关注这样一个事实：我们的情绪弹性很大程度上是在我们的日常习惯中培养出来的。这是一个好消息。以下是对弹性的扩展定义，它构成了本书的基石。弹性是：

• 一种存在方式，让我们从逆境中迅速恢复，并且变得比以前更加强大，从而实现我们的人生目标。

• 一个自适应的动态过程，包括个体在复杂环境中长期的相互作用。环境起着一定的作用；弹性不仅仅是个人行为的结果。我们是谁，我们在哪里，都会影响我们培养情绪弹性的能力。

• 通过养成特定的习惯和特定的性格培养出来的。

• 让我们能够茁壮成长，而不仅仅是生存的能力。

情绪弹性为何重要?

学校是充满压力的地方。无论你是在一所久负盛名的、资源丰富的私立或郊区学校任教，还是在服务欠缺、经费拮据的社区学校任教，教学工作都是情绪化的工作，本身就充满压力。在某种程度上，这是从事助人行业和在复杂组织中为年青一代服务的本质。健康的压力是可以接受的，它可以考验我们，帮助我们发展。然而，在我们的许多学校中，健康的压力经常被“毒性压力”所取代。当各种要求持续超出我们的应对能力时，就会产生毒性压力。毒性压力首先表现为工作效率下降，然后升级为更严重的症状，如焦虑、分离、沮丧，最终导致职业倦怠。美国卓越教育联盟（Alliance for Excellent Education）在2014年的数据显示，美国每年大约有50万教师离开这个行业，离职率超过20%。

学校领导——包括校内领导和中心办公室领导——必须重视提高教职工的情绪弹性，以此促使学校转型。在美国过去的20年中，从教第一年的教师的流失率增加了约40%。士气、责任期望和薪资等一系列因素固然是人员流失问题的原因，但压力和对压力源的管理不善也被认为是教师离开这个行业的首要原因。

倦怠是身体和精神上的疲劳，而且我们当然可以为此做点什么。在城市地区、中学课堂以及特殊教育、数学、科学和外语等难以配备人员的学科领域，由压力和对压力源的管理不善导致的教师流失比例要高得多。

据美国卓越教育联盟估计，教师流失给学区造成的损失每年高达22亿美元，而在城市学区，每更换一名教师的成本超过2万美元。校内行政人员的流动率可能与之相当，尤其是在城市地区，但没有像统计教师流失率那样系统地收集相关数据。

因此，缺乏情绪弹性会造成经济损失，并导致人员不稳定，进而对学生的学习和体验产生负面影响。学校职工的高流失率，难以积累专业资本，阻碍了项目的实施，导致了利益相关者之间的低信任度，使教职工和学生文化变得脆弱。从经济角度看，专注于提高教职员工的情绪弹性是明智之举。

当然，我们的最终目标不仅仅是在教室里留住温暖的人性，还要满足学生的需求。孩子们需要热情、高效、尽职尽责的老师。为了留住这样的人才，学校领导需要为教师提供资源，以应对他们在工作中会遇到的各种挑战，这样他们才能从挑战中学习，克服困难，实现自己的目标。我们的目标是确保在我们工作、教学和领导的组织中，让每一个孩子在学业、社交和情感方面都能茁壮成长。我们必须培养情绪弹性，让所有的孩子都能感受到他们属于一个有弹性的社区，让所有的孩子都能毕业并有资格进入他们所选择的大学或职业，让所有的孩子都能拥有一套广泛的技能，为社会做出贡献。

在过去的一二十年里，美国和其他国家的许多学校都越来越关注孩子们的社交和情感学习（SEL）需求。他们制定了课程和标准，为SEL计划分配了资源，并对教职员工进行了培训。这在承认孩子们是复杂的、多面性的存在方面是一个巨大的进步，而作为致力于引导孩子们掌握实现丰富生活所需的大量技能的成年人，我们有责任关注儿童的社交和情感技能。

现在是时候用同样的眼光来看待教师和所有在学校工作的成年人了，将他们同样视为学习需求中包含社会和情感领域的人。在大多数学校，我们需要的不是更多关于解构标准或学术话语或使用数据驱动教学的专业发展，而是时间、空间，以及对压力管理和抗压弹性的关注。无论你是一位希望提高自己在这些领域能力的教师，还是一位担心大量教师离职的校领导，本书为你提供了开始此类学习的途径。我们必须注重培养自身的弹性，因为它将帮助我们应对身体和情绪上的压力，更加享受生活，实现我们作为教育工作者的目标。

我们必须进行3次对话

我们必须同时进行3次对话，来认真考虑培养弹性会如何改变我们的学校。如图I.1所示，这3次对话包括：

1. 个人弹性。我们可以做很多事情来提高自己的个人弹性，提升我们的幸福感，防止职业倦怠。归根结底，我们每天在想什么、如何处理自己的情绪以及采取什么行动来培养弹性，这些是我们最能影响和控制的。我们每个人都有责任关注自己的个人弹性。

2. 组织条件。仅仅关注个人幸福感和行动是不够的。如果教师的工作条件和环境不尽如人意，仅仅告诉教师多睡觉、审视自己的态度和心存感激是不够的。许多组织的工作条件并不能促进幸福感的提升。这些条件包括成年人文化、领导力以及基本的运作例程和制度。要解决职业倦怠和人员流失问题，各组织的领导者必须承担起责任，切实改善教职员工的工作条件。在那之前，我们仍然会看到教师“前赴后继”地离开——即使是那些个人弹性很强的教师。

3. 系统条件。我们必须解决教育系统的宏观、政治和经济问题。必须提高教师的工资，必须把他们当作会思考、会学习的人来对待。教师和行政管理人员的培训工作必须得到改善。我们必须解决包括学校在内的教育机构中存在的种族歧视、阶级歧视和性别歧视问题。我们需要讨论学生测试和公布分数以及绩效工资等相关问题。除非我们深入挖掘教育系统功能失调的结构性和系统性根源，否则教师的流失率还是会很高。这可能会开启潘多拉魔盒，因为我们需要讨论资本主义、殖民主义的遗留问题、财产税、谁在投票以及我们为谁投票。我们还需要讨论父权制和某些群体的非人化问题。然而，我们必须进行这些对话；我们的弹性和幸福感与这些对话息息相关。如果我们的真正目标是促进学校转型，我们就必须进行这些对话。

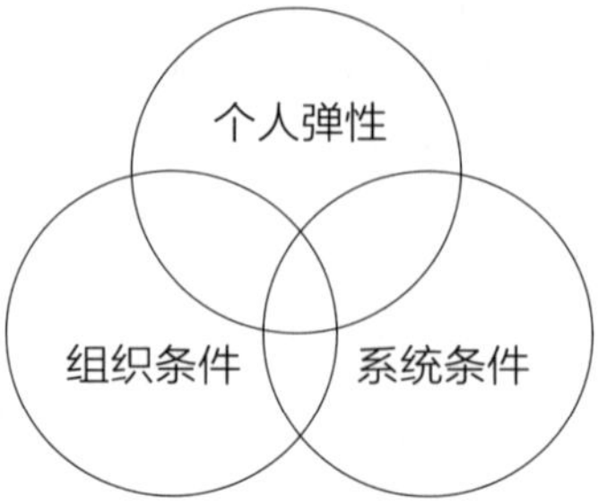

图I.1 为改变学校我们需要进行的3次对话

以下是我的行动理论：如果我们提高了个人弹性，那我们就会有更多的精力来解决组织和系统性的问题——选出能够为公共教育提供资金的官员，组织起来反对那些剥夺教育工作者人性的政策，并抵制那些惩罚性的评估政策和那些把教师变成机器人、把学生变成待填满的仓库的照本宣科的课程。有了更多的精力和更强的弹性，我们就能建立和巩固让我们能够茁壮成长的社区，在其中我们不仅可以参与专业发展，从而反思自己的偏见，还可以相互观察和学习。

本书旨在解决这些对话中的第一个问题：提供提高我们个人弹性的策略。这本书也会对推动第二次和第三次对话大有助益，因为在掌握了个人策略之后，有弹性的教育工作者就能改变作为社会子集的整个教室、作为更大子集的学校，甚至是更大的学区和教育系统。这些教育工作者也可能有精力参与关于宏观背景的对话，并采取行动改变它。

我知道我们中的许多人都渴望建立一个公正和公平的社会，为了建立这样的社会，我们需要巨大的弹性储备。我们必须改变我们生活和工作的宏观条件，而要做到这一点，我们将需要我们所能调动的所有物质和情感资源。正如弗雷德里克·道格拉斯（Frederick Douglass）所说："没有要求，权力就不会让步。"我们需要大量的能量来提出我们的要求。

弹性的概念框架

本书以一个4部分的概念框架为基础，基于弹性的关键组成部分以及它是如何发展的展开讨论。这4个部分分别是我们是谁，我们在哪里，我们做什么以及我们是怎样的。图I.2展示了这一框架。

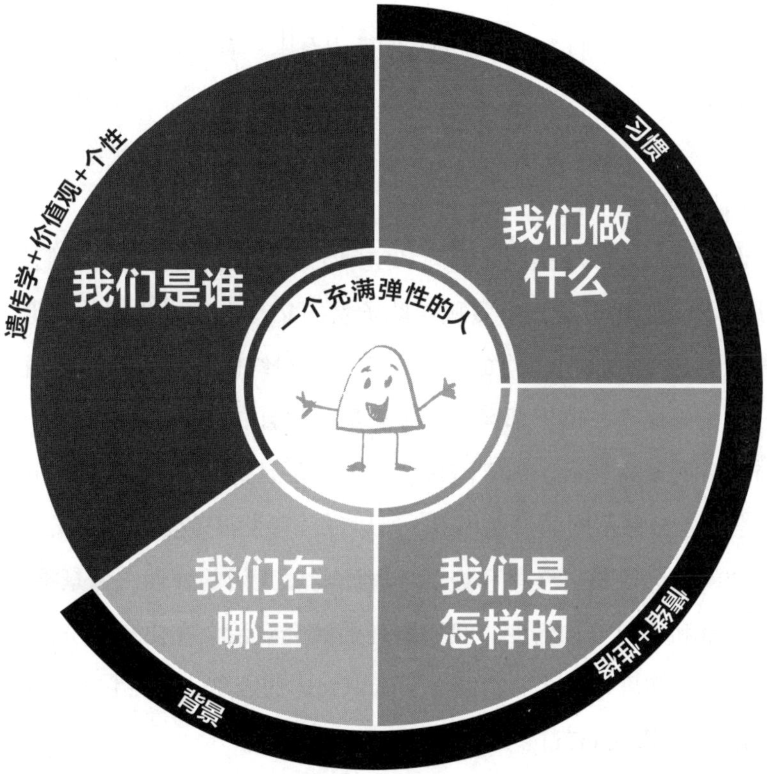

图I.2 概念框架

我们是谁：我们从何开始

我们是谁，在很大程度上取决于我们的基因、个性、身份，等等。然而，我们可以通过深入了解我们是谁的这些方面来培养弹性，这也可以帮助我们了解我们可以在哪些方面影响甚至改变我们认为自己固定的方面。我们是谁包括：

- 遗传学。
- 性格特征。
- 价值观和信仰。
- 能力和优势。

- 社会政治身份（包括性别、种族、民族、年龄、能力和社会经济地位）。
- 我们的心灵（包括影响情绪的生理因素）。

我们在哪里：背景很重要

背景很重要，即使我们改变或影响它的能力有限。背景包括：

- 环境和形势。
- 社会政治、文化和经济背景。
- 人生阶段和事业阶段。

我们是谁在很多方面与我们在时间和空间上所处的位置有关。我们的背景包括个人生活状况，比如我们是否是照顾年幼子女的父母，或者是否远离他乡。此外，还有专业背景，包括我们所工作的地区、学校或组织的性质和面临的挑战。例如，我们工作的学校规模小、位于郊区、资源充足，并且14年来一直由同一个高效的校长领导，与在一所规模较大、位于城区、资金不足且每年都会更换新的管理人员的高中工作，会有着截然不同的弹性环境。所以说，背景很重要。

我们所处的社会政治、文化和经济环境影响着我们的弹性。背景指的是学校的资金、教育政策和人口结构转变。我们所处的社会政治、文化和经济体系也深刻地影响着我们的信仰和思维方式。我们必须认识到这些因素，并将它们提出来。否则，它们就会隐藏在暗处，拥有过多的控制权。

最后，背景还包括职业阶段。在不同的阶段，我们会面对影响我们弹性的不同因素：例如，新入职的教师会在效率方面挣扎，而经验丰富的教师则会在动力和承诺方面面临更多挑战。背景很重要，我们要把它放在我们的周边视觉中，以明确我们的影响范围，磨炼我们对自己的想法和感受的认识。

我们做什么：有弹性的教育工作者的习惯

习惯和行为是这一框架的第三个组成部分，也是本书重点关注的内容，可以帮助我们有意识地、有策略地、有条不紊地、系统地培养弹性。在我的研究中，我确定了12种习惯，它们在培养教育工作者的弹性方面发挥着最大的作用。在导论最后，表I.1“有弹性的教育工作者的习惯和性格特质”总结了有弹性的教育工作者的12种关键习惯。

我们是怎样的：有弹性的教育工作者的性格

想一想你所认识的那些在逆境中继续前进，追求自己的梦想和热爱的人。你会如何描述这些人的态度和性格？乐观？顽强？幽默？这些都是性格。

- 性格是对一个人的气质、品质、体质、态度、心态或情绪的描述。
- 性格是一种存在方式。
- 性格是通过行为或习惯表现出来的。
- 性格是一个人的信仰和思想的反映。

性格不是固定不变的，而是可以学习的。我们可以学着变得更加乐观。习惯为获得新的性格铺平道路。这就是为什么本书强调的是能够培养弹性的习惯，而不太强调性格。练习这些习惯，最好是每天坚持，有助于我们培养弹性性格。

来自不同领域的研究人员发现了具有弹性的人的许多特质。我对这些研究成果进行了梳理，并归纳出了那些与教育背景最相关、在有弹性的教育工作者身上最突显的特质。

在导论最后，你可以在表I.1中看到这12种性格。如果你的情绪和气质反映出了这些特质，你认为你在课堂上的日子会有什么不同？如果你的校长表现出了其中大部分的性格特质，你的体验会有什么不一样？如果你的教学督查也这样做了呢？通过养成本书所描述的习惯，并结合书中提到的练习，可以强化弹性性格。

本书的灵感来源是什么？

我从8岁起就对弹性感兴趣，当时我母亲改嫁给了一个来自智利的流亡人士，他曾在奥古斯托·皮诺切特将军的统治下被囚禁并惨遭折磨。在我成长的社区里，有南非自由战士、流亡的南美教师，还有在世界上不止一个地方经历过反犹太主义的年迈的犹太移民。我对他们经历的细节了解之多，可能超出了一个孩子了解的正常范围。然而，我也看到了这些人尽情享受生活乐趣的时刻，他们唱歌、庆祝、跳舞和相爱。他们有一种忘我而独特的幽默感，他们用这种幽默感作为对抗自己所经历的痛苦的武器。我还看到他们为自己创造了有意义的生活，组建了社区，并奋勇向前，改变了世界。他们不认为自己是受害者，他们所经历的斗争并没有结束他们的生命。

长期以来，我一直痴迷于研究人们如何在逆境中生存下来，而且变得更强大、更富有同情心、更有决心并更有能量立志改造社会。此外，像我们所有人一样，我也有过自己的苦难，包括父母离异、移民、母亲因癌症去世。这些个人的逆境经历也是我创作本书的养分。

这是一本关于培养教育工作者弹性，帮助其应对情绪管理与压力管理的书。虽然书中描述的所有习惯与培养任何人的弹性都相关，而且任何读者都能从本书的内容中受益，但本书专为教育从业者所写。当在服务领域工作、与孩子们朝夕相处、按学年日历工作以及在复杂而动态的（通常是功能失调的）系统中工作时，对弹性的培养有特别的影响。本书主要针对这些特殊性而作。

我25年的教育从业经验为这本书的创作奠定了基础。这些年里，我在奥克兰（加利福尼亚州）联合学区的课堂上工作了很长时间，还在学区担任过其他职务。在过去的10年中，我担任过教学和领导力教练、教练培训师，还写过两本关于教练和团队发展的书(《教练的艺术》和《教练团队的艺术》)，这些经历也是我选择写这本书的灵感来源。从本质上讲，教练就是帮助人们改变习惯、强化性格。你可能不会注意到我所有的“教练动作”，但在本书中，我运用了我作为教练的技能来促进成长。

个人和职业的好奇心促使我研究情绪弹性、心理学、系统思维和变革管理。我查阅了积极心理学和神经生物学领域的文献，聆听了专家和智者关于正念和东方哲学的演讲，并阅读了大量自助书籍，以获得关于如何培养情绪弹性的见解和指导。我还阅读了所有我能找到的关于教师情绪弹性的书籍。

我已经在美国各地的学校、办公室和培训中心亲自尝试和测试过本书及其配套手册中的策略。我花了10年的时间，与教师和领导个人，以及与教育工作者团队一起，对这些策略进行了试验。现在，它们可以为你所用。

本书适合谁阅读

无论你是任教第1年、第15年还是第30年，这本书都适合你。生活会带来不断的变化和挑战，我遇到的所有人都觉得自己能够使用更多的工具来应对这些起起落落。在我写这本书的时候，我首先想到的是新手教师，以及那些初涉这个领域的教育工作者——无论是开办一所学校，教新年级或新学科，还是担任一个新的角色。变革的时刻会带来更多的压力，要求我们有意识地提高我们的情绪弹性。

如果你是因为关心你所在学校或学区教师的福利和流失问题而拿起这本书，我深感欣慰。我希望这本书最终能落入那些能运筹帷幄、引领方向并塑造未来的决策者手中，我也由衷希望你能被打动，去培养你教职员工的情绪弹性。如果你读本书的目的是提高你的学员、受训者或教职员工的情绪弹性，那你将获得一系列相关的技能和知识。不过，你也要知道，欲想帮助他人，你需要探索这个主题并亲自体验这些策略。要领导变革工作，首先要从关注自己的转变开始。

本书是为学校教职工或中心办公室团队、教练和校内管理人员设计的专业发展课程，基本上是为所有在我们的教育系统中工作或与我们的教育系统一起协作的团体而设计的。我设想各团体可以每周或每月聚集在一起举行专业发展会议，养成当月的习惯，共同参与工作手册中的活动。我希望这本书能帮助领导者们重新审视专业发展——我们如何、在哪里、何时以及为什么要这样做。

专为领导者设计

本书致力于帮助领导者培养自身和他人的弹性。为此，你会注意到本书设置了“对领导者的启示”的内容，其中提供了实施这些想法的策略和技巧。我对你提出的意见和建议，都是基于我多年来对领导者的指导经验，并结合我对你的角色和背景的理解而得出的。

本书组织结构

内容

每章重点介绍一种习惯以及它是如何培养弹性的。章节内容包含以下部分：

• “深入探究一种情绪”，探讨一种特定的情绪，如愤怒或羞愧，以及它与该章节介绍的习惯之间的联系。

• “性格特质”，讨论12种性格特质中的1种，以及它与本月习惯的联系。

有些章节包含一个“认识背景”的部分，其中介绍了社会、政治、历史和文化背景，并将这些背景与我们在学校的工作联系起来。

整本书的内容都是关于如何对自己的行为、习惯和常规做出大大小小的改变。附录B“如何做出持久的改变”提供了如何有效甚至无痛地建立和保持新习惯的入门指南。你可能想在继续往下阅读之前先读一下它，或者稍后再探讨。我将其作为附录处理，可以方便你找到并经常参考。

顺序

我已经把培养情绪弹性的习惯按顺序排列好了，让它们相互促进，并与学年的节奏相吻合。你可以一次读完这本书，但提到的策略如果在一年的时间里能被你消化、讨论并加以实践，则能得到最好的内化。

每个习惯都与最符合该主题的月份相关联。理想情况下，你可以从学年初（美国通常在6月）开始学习这本书，那时你可以重点学习自我认识这一习惯。在学年中（美国通常在11月），当大多数教育工作者都为新学年的开始而疲惫不堪时，你可以从本书中找到自我关怀的方法；然后在学年末（美国通常在5月），提供了一个关于庆祝与感恩的章节——显然这是一个适合学年结束的主题。如表I.2“学习日历”所示，它将每个习惯与每个月份联系了起来。

请按顺序阅读本书的前3章。它们提供了培养情绪弹性的基础方法。在那之后，你可根据自己的需求或者阅读过程中处于的月份，跳读到对你有帮助的章节。附录A“有弹性的教育工作者的习惯和性格特质：自我评估”可以帮助你决定阅读本书的顺序。

探索之旅邀请

情绪弹性并不是一剂神奇的灵丹妙药，它不能消除教学工作对身体、情感或认知的所有需求，但可以大大提高我们应对日常压力和从不可避免的挫折中反弹的能力。情绪弹性让我们能够倾听学生及其家人的心声，吸收痛苦的信息，因为它确保我们能够敞开心扉，接受我们的所见所闻。情绪弹性使我们对处理自己和他人激烈情绪的能力充满信心，它还能让我们进行棘手的对话，而且如果我们在努力改造学校的过程中没有进行棘手的对话，我们可能就没有取得有意义的进展。情绪弹性将使社区和教育工作者走出孤岛，建立健康的同志情谊。随着我们情绪弹性能力的增强，我们将有更多的精力来参与学校的转型变革。

通过这本书，我邀请大家加入到这场运动中来，认识自我、理解并接纳自我；拥抱情绪，在我们的公共和专业空间中为情绪创造空间；在成年人之间、成年人与儿童之间以及为青少年建立真实的社区，这样我们就可以创造空间，让年轻人能够获得茁壮成长的技能。本导论最后的“情绪弹性宣言”为这一运动提供了平台，我希望也能参与其中。现在，让我们开始我们的旅程。培养情绪弹性比你想象的要容易得多。在你的内心深处，你已经有了一汪泉水——你自己的内心天然井，你可以在其中畅饮和休憩。你已经有情绪弹性了。在阅读本书过程中，我希望能引导你回到这个力量和资源的宝库，帮助你找到填满它的方法，并为你如何更经常地在其中休息提供新思路。所以前进吧，不断前进，我们别无选择。

表I. 1　有弹性的教育工作者的习惯和性格特质

章节 月份	习惯 你的行为	性格特质 你的态度、品质或存在方式
第1章 6月	**认识自己**	**目标坚定**
	当你充分认识自己，了解自己的情绪、社会身份、核心价值观和个性的时候，你就会明确自己的生活和工作目标。有了目标的支撑，你就能应对挫折和挑战。	

（续表）

章节 月份	习惯 你的行为	性格特质 你的态度、品质或存在方式
第2章 7月	**理解情绪** 理解情绪，接受它们并制定应对策略，对于培养情绪弹性至关重要。有了对情绪的理解，你就能接受它们的存在，认识到你可以在哪些方面影响局势，并放下你无法控制的事情。	**接纳**
第3章 8月	**讲振奋人心的故事** 如何解释和理解事件，是情绪弹性增强或减弱的关键点。你可以选择讲述什么样的故事。当你讲述振奋人心的故事时，你的乐观情绪可能会放大，而乐观是有弹性的人的一个关键特质。	**乐观**
第4章 9月	**建立共同体** 我们是社会生物，我们需要彼此才能茁壮成长。一个强大、健康的共同体可以帮助我们度过充满挑战的时刻，并为我们的生活带来欢乐。当我们建立共同体时，我们就能建立对彼此的同理心，而相互之间的同理心又有助于我们建立共同体。	**同理心**
第5章 10月	**活在当下** 学会活在当下，不去评判它，可以增强我们的情绪弹性。它能让我们对自己的反应选择感到坦然和清醒。当我们完全处于当下时，我们更有可能在面临挑战的时刻找到适当的轻松感，并通过在某种情况下寻求幽默来缓解压力。	**幽默**
第6章 11月	**照顾好自己** 身体自我关爱和健康是许多其他习惯的基础。当你的身体得到照顾时，你就能更好地处理情绪。情绪充满弹性的人有健康的自我认知，他们致力于照顾自己，并或多或少接纳自己本来的样子。	**积极的自我认知**
第7章 12月	**聚焦亮点** 我们可以把注意力集中在自己的优势、资产和技能上。这会让我们总体上感觉更好，让我们更有效地应对挑战。关注自身优势还能提高我们的自我效能水平，我们会觉得自己更有能力影响周围的环境。	**赋能**
第8章 1月	**培养怜悯心** 怜悯自己和他人，有助于我们应对每天面临的人际关系挑战。洞察力可以让我们认识到情况的复杂性，使我们与他人产生共鸣，从长远角度看问题，从一时的戏剧性事件中解脱出来，并对事件做出更广泛的反应。	**洞察力**
第9章 2月	**成为一个学习者** 如果我们将挑战视为学习的机会，如果我们在遇到障碍时都能调动自己的好奇心，我们就更有可能找到解决方案。这种习惯和性格不仅能帮助我们在逆境中生存，还能在逆境中茁壮成长。	**好奇心**

（续表）

章节 月份	习惯 你的行为	性格特质 你的态度、品质或存在方式
第10章 3月	玩耍和创造	勇气
	创造力和玩耍能释放内在资源，帮助我们应对压力、解决问题和享受生活。当我们有创造力时，我们就能随机应变，用全新的、独创的方式解决问题，从而激发我们的勇气。我们的思维得到拓展，与自己和他人的联系也会加深。	
第11章 4月	驾驭变化的浪潮	毅力
	我们可以指望的就是变化，当我们遇到变化时，我们可以利用我们的身体、情绪、心理和精神能量，引导它们带来最大的变化。毅力、耐心和勇气有助于我们应对变化。	
第12章 5月	庆祝和感恩	信任
	个人和集体的庆祝，以及感恩的实践，是本书中最顶层的习惯。即使身处艰难的时刻，如果我们能转而采取感恩的态度，我们就能建立起自己的情绪弹性。感恩能培养我们对自己、对过程、或许对更大的事情的信任，这有助于我们应对生活中不可避免的挑战。	

表I.2 学习日历

章节	习惯	月份
第1章	认识自己	6月：这个习惯是所有其他习惯的基础。在6月，你可以反思上一个学年，然后过渡到夏季，思考下一个学年，同时加深对自我的了解。
第2章	理解情绪	7月：夏天是反思自己情绪的理想时节，因为你有希望能多睡一会儿，享受温暖的夜晚，并抽出几分钟时间来细细回味。
第3章	讲振奋人心的故事	8月：你的想法是开启情绪弹性储备库的钥匙。以这个关键习惯开始新学年吧。
第4章	建立共同体	9月：在这个月里，我们周围都是新朋友，建立牢固的人际关系必须成为我们的首要目标。我们建立的共同体是我们情绪弹性能力的基础。
第5章	活在当下	10月：进入秋季，我们的能量减弱，更容易爆发情绪。学会把握当下，让我们能够培养对情绪的觉察力，做出能够培养我们情绪弹性的选择。
第6章	照顾好自己	11月：当你拖着疲惫的身躯走向寒假，情绪低落时，自我关爱是情绪弹性的根本。

（续表）

章节	习惯	月份
第7章	聚焦亮点	12月：当白昼短暂，而你还未从深秋的疲惫中恢复过来时，请寻找光明吧。
第8章	培养怜悯心	1月：新年伊始，请增强对自己和他人的怜悯心，开启另一种情绪弹性资源。
第9章	成为一个学习者	2月：年中前后，你可能会有足够的时间来反思自己的学习方式，并回归初学者的心态，因为通过学习可以收获成长和培养弹性。
第10章	玩耍和创造	3月：春假带来了探索玩耍和创造力的机会，这样你就可以将这些活动融入日常生活。情绪弹性源于创造。
第11章	驾驭变化的浪潮	4月：虽然变化是永恒的，但春季给学校带来的变化尤其大。要学会用专注、耐心、坚持和勇气来驾驭这些变化的浪潮。
第12章	庆祝和感恩	5月：学年结束是值得庆祝和感恩的时刻，这为今后的情绪弹性能力奠定了基础。

情绪弹性宣言

宣言是对原则和意图的公开声明。愿这些原则可以指导我们个人和集体对弹性的承诺。

1. 我们体内蕴藏着情绪弹性的源泉。我们比自己想象的更强大。

2. 我们生来就具有个人和集体的弹性。我们的任务是找到通往这些内在源泉的道路，并加以培养。

3. 我们培养情绪弹性，是为了让自己茁壮成长，而不仅仅是为了防止倦怠或为了生存。

4. 情绪弹性是通过日常习惯和思想培养出来的，这些习惯和思想能够强化我们的性格。

5. 探索和表达情感是一项人权。

6. 为了帮助孩子培养情商和情绪弹性，我们必须同时培养自己的。

7. 强大而高效能的教育从业者都会在工作中谈论情绪。

8. 我们如何解读事件和讲述自己的故事最重要。在解读过程中，我们可以自由选择自己的态度。

9. 我们相互联系，彼此负责：关爱他人就是关爱自己。

10. 我们培养自己的情绪弹性，让自己变得更强大，这样才能帮助他人变得更强大，我们才有能量治愈和改变世界。

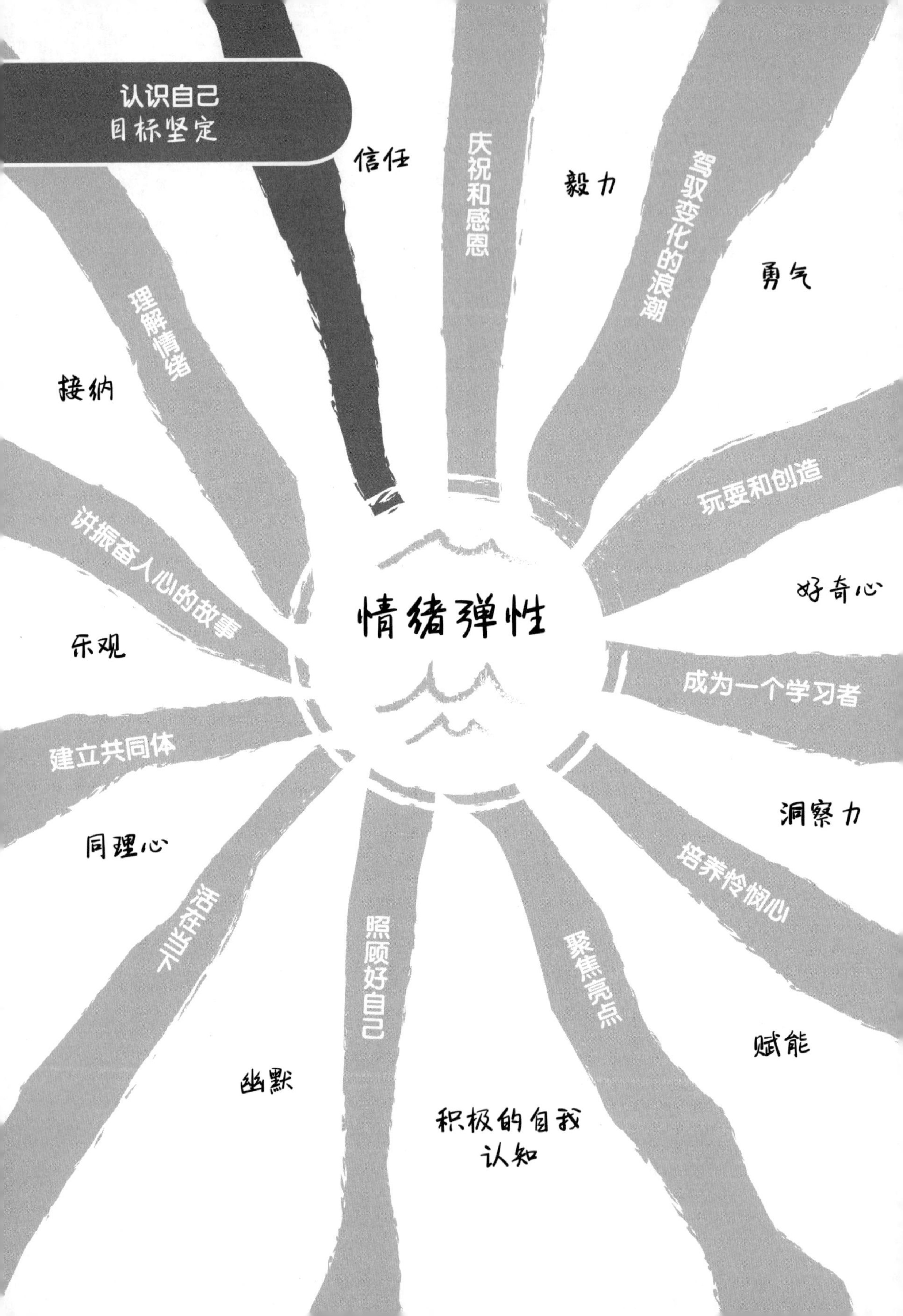
认识自己
目标坚定
信任
庆祝和感恩
毅力
驾驭变化的浪潮
勇气
理解情绪
接纳
玩耍和创造
讲振奋人心的故事
情绪弹性
好奇心
乐观
成为一个学习者
建立共同体
洞察力
同理心
培养怜悯心
活在当下
照顾好自己
聚焦亮点
赋能
幽默
积极的自我
认知

第1章
认识自己

当你充分认识自己，了解自己的情绪、社会身份、核心价值观和个性的时候，你就会明确自己的生活和工作目标。有了目标的支撑，你就能应对挫折和挑战。

6月：这个习惯是所有其他习惯的基础。在6月，你可以反思上一个学年，然后过渡到夏季，思考下一个学年，同时加深对自我的了解。

那是我教书第一年的春末，我站在校长面前泣不成声，不是普通的啜泣，而是那种无法控制的、过程中还会发出奇怪的声音。我太生气了。

我们之间出现了沟通障碍。如果我告诉你所有的细节，你可能会想，埃琳娜，这没什么大不了的。但是，当我发现沟通有障碍时，我感到很委屈。我觉得不被尊重，没有得到重视。我啜泣着，争吵着，然后从办公室跑了出来，但我还没有完全深陷在情绪的漩涡里，我注意到了她脸上的惊讶。我的校长是一位资深教育工作者，她每天都穿着裙子、尼龙长袜和高跟鞋，我从未直呼过她的名字。她总是沉稳、专注、冷静。但是，在担任校长的几十年里，库克夫人肯定目睹过无数个心力交瘁的年轻教师歇斯底里的样子吧？然而，当我回想起她惊讶的表情时，我不禁怀疑，也许我真的是第一个这样做的人。

虽然这件事已经过去几十年了，但我仍记忆犹新。在暑假前的最后几个星期里，我感到非常尴尬，然后不惜一切代价躲着我的校长。虽然我有点想把这段记忆封锁起来，但一旦我休息了几周，有了新的想法，在库克夫人面前的这次崩溃就促使我对自己有了更深刻的了解。

那个夏天，当我回想上一学年时，我明白了自己为什么会如此沮丧。我觉得我所坚持的尊重和感谢的价值观受到了侵犯。在这一年里，我也没有得到任何反馈。我希望得到库克夫人的认可，或者至少是一个迹象，表明我走在正确的教师职业道路上。我不知道学校是如何运作的，也不知道教职工之间该如何沟通。代际和文化差异也是导致我经历沟通障碍和做出那种反应的诸多因素之一。现在回想起来，我可以明白这一切，但在事情发生的那一刻，我并没有意识到这些因素。自我意识的缺失让我陷入了困境。相比之下，如果那天在库克夫人的办公室里，我对自己有更多的了解，我就能更好地深呼吸，做出更冷静的反应。自我认知能让我们对自己的行动更有信心，对自己的决定更有把握。它能让我们以自己想要的方式表现。

快进到几年后，我与另一位校长发生了类似的沟通失误。在稍微（私下的）崩溃之后，我进行了反思，运用我积累的自我了解，主动和她开展对话。由于我在自我认知方面的学习和成长，我们之间的关系变得更加稳固，我感到自己被倾听和尊重，我很满意自己的处理方式。

自我认知是真正的力量

一个真正了解自己的教师，会敏锐地意识到自己的价值观和信念，其行为也会始终反映出这些价值观和信念，知道自己性格的各个方面是如何影响自己的工作和生活的。这样的教师利用这些知识来决定自己的生活，并接受自己的个性特征，对自己的社会政治身份有敏锐的感知，并理解主流文化在其经历中所起的作用，知道自己擅长什么，喜欢做什么，了解自己的情绪，并有办法处理这些情绪。

你的自我：你区别于他人的本质存在，包括你的价值观、个性、品格、才能、兴趣、身份、思想和心理。

有了这种深刻的自我认知，教师就能巧妙地应对每天面临的成千上万的挑战，发挥自己的优势和先天资源，利用自己的资产来自渡难关。当发生不顺心的事情时，这类教师不太可能对号入座，因为他们知道自己是谁，能区分外部事件和自己。换句话说，这类教师很有弹性。

情绪弹性是通过每天数以百计的微小选择培养出来的。为了做出最佳选择，你需要了解自己。有了自我认识，你才能预见到可能触发你的时刻。自我认识能让你与他人建立更牢固的关系。了解了自己独特的天赋、能力倾向和兴趣，你就能发挥自己的优势，明智地管理自己的精力。当你明确自己的价值观时，你就会将自己的技能、时间和精力与自己的目标结合起来，而目标坚定正是拥有情绪弹性的关键特质。

在本章中，我们将探讨自我意识是如何成为提高你的情绪弹性的关键决策的基础。我们将探讨以下自我要素：价值观、个性、社会政治身份以及优势和能力倾向。由于心灵，即我们的情感自我，是情绪弹性的核心，因此在第2章将专门对它进行讨论。图1.1“自我要素”反映了我们将在本章和第2章中探讨的自我的各个方面。

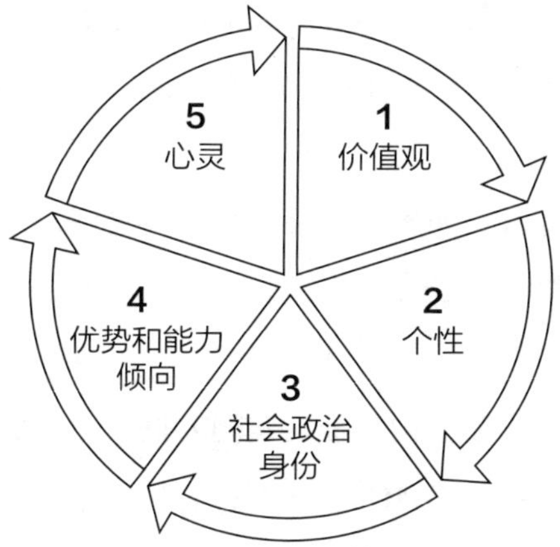

图1.1　自我要素

价值观：我们所相信的东西

如果你跟着利奥一天，你会发现这位校长始终如一地按照自己的价值观行事。他的3个核心价值观是家庭、仁慈和公平，无论他是与学生、办公室职员、上司还是教师交流，你都会看到这些价值观的体现。当他决定如何分配资源时，他会从公平的角度出发。他耐心倾听并尊重学生，对他们寄予厚望，“因为我知道他们的能力水平。”他说。当他给出严厉的反馈时，他也很和蔼。我指导利奥好几年了。我听到了他内心的想法，并为认识像利奥这样始终如一地践行自己价值观的教育工作者而深受鼓舞。他的教职员工也对此表示赞赏，他们每年的反馈都对他的领导力赞不绝口，以及他学校教师的留任率也非常高就证明了这一点。最后，利奥认为，他的价值观和行为之间的一致性是他内心力量的源泉。“我知道我是谁，”他说，“这有助于我应对这份工作的挑战。只要我尊重自己的身份，我就会做得很好。”尽管面临着无休止的压力和紧张刺激，利奥在大部分时间里确实做得很好。对拥有情绪弹性的学校领导者的研究证实，成功的领导者是以他们的价值观为基础的。

价值观是我们赖以行动的坚定信念。我们的核心价值观通常是可以追溯到原生家庭或宗教传统的持久信念。价值观的例子包括同情心、责任感、勤奋、正义和团体。有时，我们会互换使用“价值观”和“信念”这两个词，它们是同一理念的不同方面。核心价值观会随着时间的推移而改变。你在年轻时可能有不同的价值观。价值观本质上是信念，而信念是强烈的观点。记住信念是可以改变的，我们自己的信念和他人的信念都是如此，这一点很有用。有些人的价值观可能多年不变，这也没有关系。

你的核心价值观是什么？如果你还没有意识到它们，你可以在回答这些问题时先思考一下自己首先想到的是什么：你最看重什么？你最欣赏他人的哪些行为和价值观？

我们的价值观为我们指明方向，推动我们前进，为我们提供支撑。当我们的行为与价值观保持一致时，我们就会体验到完整性。当我们的行为与价值观不一致时，感觉就不太好。我们可能会对自己说“这不是我”，这可能表明我们的行为没有反映出核心价值观。当内心的声音这样说时，请仔细倾听。有趣的是，心理神经免疫学家发现，我们的免疫系统会因我们生活的完整性程度而增强或减弱。当我们的行为与价值观不一致时，我们的身体就会感觉不舒服。这就是为什么当你被要求做一些你不相信的事情时，你可能会说“不得不做这件事让我感到反胃”，因为你的身体确实感到不舒服。

你能回忆起最近一次觉得自己的行为和价值观一致的时候吗？或者你做的事情与价值观相冲突的时候？如果能像超级英雄那样坚定自己的价值观，那会是什么感觉？当你意识到自己的价值观时，它就会成为你力量的源泉。我知道你有自己的价值观，即使你现在并不清楚它们是什么。我们也可能忘记自己的价值观是什么，发现自己在“自动驾驶”，有时与我们的价值观不一致。这就是为什么我们需要时间来反思我们是谁，我们的价值观是什么，并与他人讨论我们的价值观。你可以计时5分钟，引出一个关于你自己的清单，让大脑自由联想，记下任何事情（包括你认同的、能引起共鸣的、你爱的或关心的任何东西）。

对领导者的启示

- 让教职工确定自己的核心价值观并相互交流，是开启新一学年的好方法。
- 当教师感到心烦意乱或困惑时，询问他/她的核心价值观是什么，或者如果你知道他/她的核心价值观是什么，就提醒他/她。
- 当组织拥有明确的、共同的价值观，并且在实践中与这些价值观保持一致时，组织就会蓬勃发展。学校需要明确的、鲜活的价值观。
- 人们希望与价值观联系在一起，并通过价值观相互联系。如果共同价值观不强，人们就会诉诸自己的个人价值观，从而削弱学校的整体使命。邀请你的团队进行一次完整性审视，回顾一下你们组织的使命或愿景，看它们是否包含明确阐述的、具有启发性的、能促使人们采取行动的价值观。

个性：我们的样子

虽然我们的价值观在一生中会不断发展和变化，但我们的个性却不会有太大的改变。请快速回答以下陈述是对还是错：

- 在开学前一周发现课程表发生了变化，这让我心烦意乱、不知所措。
- 为了让我接受一项新举措，不要一开始就告诉我细节。我需要先了解全局。

• 如果你想让我实施一项新计划，请给我看能证明它有效的数据。我想知道有哪个地方在像我们学校这样的孩子身上尝试和测试过这个计划。

• 截止日期有助于我保持专注和动力。有了明确的截止日期，我就会在日历上划出时间，然后坚持完成。

• 如果我刚开始教一个单元，然后我听说了另一种听起来更有效的方法，那就应该停下来改变方向。如果有更好的方法，你为什么还要继续用一种方法呢？

你对这些陈述的反应与你的个性有关，包括你独特的习惯、特质、态度、思想和偏好模式。心理学家一致认为，对于我们大多数人来说，我们的个性在年幼时就已经固定了，并随着年龄的增长很少会改变（除非我们经历过严重的创伤）。我们的工作、生活、社交方式，甚至我们的感受，在很大程度上都与我们的个性有关。然而，我们中的许多人都没有意识到这一点，也无法将我们的个性与我们喜欢如何度过一个阳光明媚的周日或如何从校长那里获取信息联系起来。

心理学领域有不同的方法来解释人格类型。我认为最容易理解和应用的是迈尔斯-布里格斯类型指标（MBTI），它以荣格心理学为基础，被广泛应用于公共和私营部门。该模型提出了人格的4个领域，每个领域有两种倾向，见表1.1。

表1.1　迈尔斯-布里格斯性格类型的简要概述

领域	倾向
1. 精力来源	外倾（E）或内倾（I）
2. 如何搜集信息	实感（S）或直觉（N）
3. 决策方式	思考（T）或情感（F）
4. 如何应对外部世界	判断（J）或感知（P）

在每一种人格倾向中，我们都会沿着一系列特征发展。例如，我们每个人或多或少都有内向或外向的倾向，有些人的倾向非常接近中心，他们则认为自己是“中间性格者”。如果你做了迈尔斯-布里格斯性格测试，你会得到4个字母的组合。例如，我是INFJ（提倡者型人格）。这些字母的不同组合代表了不同的性格类型，因此，尽管我是一个内向的人，但结合我性格中的直觉和情感方面，我有时会显得很外向。这个框架有大量的细微差别和复杂性，它旨在提供洞察力，并激发关于你自己的问

题。它并不是一门硬科学，也不能决定你能做什么，但有些性格类型的人很难接受这一点！

了解性格的一个最有用的方面是你的内向或外向倾向，这和你是如何获得能量有关。内向的人通过独处或在小团体中度过的时间来补充能量储备；相比之下，内向的人则会因为在大型团体中、在专业发展课程中不断更换伙伴以及大量新的社交互动而耗尽能量，而外向者则会因为大型团体和大量的社交互动而精力充沛。内向的人喜欢安静地处理信息，独立工作，在一段时间内与同一个伙伴合作，而外向的人则喜欢有大量的时间进行口头交流，喜欢经常变换小组和配对的组合。当你思考自己在学校里是什么样子时，你认为自己的内向或外向倾向起了什么作用？

对自我的认识和理解有助于提高你的情商，我们将在第2章中探讨这一点。对人格特质的了解让我更能接受自己，接受自己强烈的内向倾向，也使我成为一个更有效、更友善的教练。例如，当我帮助一个9年级团队选择新的咨询课程时，我利用自己对教师人格类型的了解来介绍不同的选择。一些教师希望得到不同课程的使用数据，以及它们产生的影响。其他教师则想听听这些课程是如何实施的。当他们浏览课程并说出“我感觉这个课程最适合我们的孩子”或“有很好的数据说明这个课程是如何影响与我们类似的人群”之类的话时，我看到他们是根据自己的“思考”或“直觉”倾向来接受信息的。我没有对想要数据的人感到恼火（因为这不是我的倾向），而是接受了他们，满足了他们的需求。这种意识也帮助我理解了为什么我可能会被那些非常注重数据而似乎对数据背后的故事不感兴趣的领导者所触发。了解自己和他人的个性有助于培养同理心和自我同情，我们所能做的任何能够培养这些状态的事情都是优先级最高的。

如果我们了解了自己的性格倾向，也就能找出自己可以成长和学习的地方。例如，如果你是感知型人格，那么外部结构可能会让你感觉不舒服或没有意义。你可能会想，我不需要用这种格式来写教案，一切都在我的脑子里，我知道我在教什么。尽管这样的方式很适合你，但没有教案的教学也有一些缺点。也许，如果你能更多地了解自己喜欢如何安排事情，你就能找到适合自己的备课方式，而不会觉得不符合自己的个性。相比之下，判断型教师可能会过于执着于自己的教案，从而错过“适于教学的时机”。我们经历的一些冲突与我们被要求做的事情和我们觉得自己是谁之间的不匹配有关。

对领导者的启示

- 了解自己的性格类型，以及它是如何影响你的指导、管理和领导方式。我们倾向于以自己感觉最舒服、最熟悉的方式与他人交往，换句话说，就是以适合自己性格的方式与他人交往。但这并不总是适用于其他人。你可能会发现，你与那些性格与你最相反的人冲突最多。
- 请教职员工参加MBTI性格测试，让他们有机会与你和其他人分享测试结果。将教职员工及其性格类型的列表保存在一个容易找到的地方。当你与某个人发生冲突时，寻找他/她的性格类型与你如何与他人沟通之间的联系。
- 根据团队成员的内向和外向倾向设计会议和专业发展课程。提供同时满足内向型和外向型需求的活动。你能提供哪些让内向者感到舒适的返校员工联谊体验？
- 在了解教职员工如何感知信息和做出决定后，在介绍新信息或试图让他们接受新事物时，要有策略、有目的。

社会政治身份：社会归属和群体归属

你的社会政治身份的哪个方面可能对你与学生的互动影响最大？你的年龄？你的文化背景？还是你的性别？你自我的这个方面对你如何体验教师或领导的工作起着关键作用，但我们却很少思考或谈论它。

什么是社会政治身份？

首先，让我们来明确一下“社会政治身份”这一术语的定义。你的社会政治身份指的是你所属的社会群体——这些群体可能与你的种族或民族、性别、阶级背景相一致——以及这些群体相互交织并影响你在不同社会空间中权力大小的复杂方式。

你身份的这些要素可能与自我的其他方面（如信仰和价值观、个性和心灵）密不可分，因为它们深受你的社会政治身份的影响，而社会政治身份自出生或童年起就是你的一部分。例如，你的价值观很可能是由你的文化遗产塑造的，你的个性可能受到了社会性别建构的影响。如果不了解自我的社会、政治和文化建构，就很难真正了解自己是谁。

你是谁的这些因素在你如何与学生相处以及你如何经历压力方面发挥着作用。由于你的社会政治身份，你可能会发现自己在某一环境中感受到或多或少的压力。你对自己的了解可以帮助你洞察自己在哪些方面需要培养弹性。例如，如果你在一所学校工作，而学校里很少有与你属于同一文化群体的人，你可能会想要寻找学校之外的社区，让你感到更有归属感。

此外，对自己社会政治身份的认识可以帮助你了解自己的价值观和信仰是如何形成的。如果我们认为自己的方式更好，我们就很难在与其他文化背景的人共处的环境中有效地工作。这并不意味着我们的价值观是错误的，也不意味着它们有什么不好的地方；这只是意味着我们需要知道，它们并不是放之四海而皆准的，我们也没有权利要求它们是这样的。这种自我认知还能帮助你发现潜在的偏见，这种认知也是一种力量。我们将在第4章中深入探讨这一点，因为如果我们要建立真正强大、健康、有弹性的社区，我们就需要提高对社会政治身份的自我认识。

社会政治自我意识有助于改善与学生的关系

玲是一位年轻的女性，在她教书的前两年里，我曾指导过她。她努力与高中学生建立关系，尤其是男生。她对9年级学生的期望过高，经常对学生的行为感到愤怒，并因为一些小事而大动肝火。第一年教到一半时，她曾考虑过辞职。当她告诉我她的打算时，她说："我无法忍受了，他们不尊重我！"

在我们的谈话中，当我们梳理她的经历之结的时候，一些与社会政治身份有关的因素浮出了水面：玲是一名中国移民，童年时期家境贫寒。她的家庭对权威和尊重、男女关系以及年轻人如何对待长辈等问题有着强烈的观念。玲认为，因为她知道学生们正在经历什么，所以她有理由"不溺爱他们"。当她发现自己的成长经历和她的教学习惯之间的这种联系时，她意识到自己对学生有着极大的同理心，许多学生也是来自低收入家庭的移民，试图在不同的文化中找到生存方向。

玲意识到，她经常不自觉地将自己的文化价值观强加给学生，并以自己独特的经历来看待学生，这使她无法了解学生并与他们建立牢固的关系。随着玲逐渐意识到自己的社会政治身份是如何在课堂上表现出来的，她做出了更好的实时决定。当一个男生不合时宜地大声喧哗时，她会对自己说："这对我来说是个导火索，因为在我的文化中，在我的家里，男孩们绝不会这么做。"有了这种意识，她就可以回应说："如果你想参与讨论，请举手。"这样，事件就不会升级——无论是和她的学生之间还是在她自己内心。这只是一个快速的调整，玲并没有感到丝毫的不尊重。

对玲来说，至关重要的是，她要认识到自己的社会政治身份在她的课堂经历中所扮演的角色。这并不是说她需要与众不同，也不是说她的背景和经历是一种障碍。事实上，在很多时候，她的背景会促进她与学生之间的理解和联系。但是，当玲能够在特定的互动中分辨出她的身份是如何影响她的经历时，她就能更清楚地选择如何回应。

你能想到自己曾被学生、同事或上司以某种与你的社会政治身份有关的方式激怒过吗？也许你觉得有人因为你的年龄或性别而不听你的话。也许你觉得某个学生因为你的种族而不尊重你。

在我们对自己的社会政治身份有了自我认识后，我们就能更好地理解自己为什么会被触发，以及我们的优势和资产。这可以帮助我们不把事情个人化，并认识到我们思考问题的某些方式并非生活常态，而是可以改变的思维模式。有了对社会政治身份的认识，我们还能知道如何利用我们的身份与他人建立关系。

与意识到自我的其他要素一样，对自己社会政治身份的认识最终也可以为你赋能。身份可以是力量的源泉，一个锚点，也是一种与他人联系起来的方式。它还能帮助你了解如何进一步增强自己的弹性：如何加强与他人的信任，如何发现并了解自己无意识的偏见，以及如何与学生、同事和上司建立更深层次、更有益的联系。

对领导者的启示

- 对自己的社会政治身份有自我认识至关重要，因为你的身份是你如何领导的核心。理想的情况是，你可以在一位经验丰富的领导力教练的支持下，也可以在同事的陪伴下，进行这种学习和反思。

- 同样至关重要的是，你的教职员工要有机会了解自己的社会政治身份，并认识到这一身份对工作的影响。无论你的教职员工是否深入研究了学生的人口结构，这种对自我的认识都是胜任教学工作的基础。经过深思熟虑设计并巧妙执行的探讨身份认同的专业发展课程，可以对教职员工的情绪弹性和学生的成功产生强有力的影响。
- 围绕自我这些方面的反思和对话很可能会引发不舒服的感觉。作为领导者，你有责任创造条件，让人们能够有效地进行这些反思。正如你可能知道或怀疑的那样，这是一项艰巨的领导工作，你可能会怀疑自己是否准备好或有能力完成这项工作。你可以做一些学习和准备工作，与他人协商合作，然后展开对话。要意识到自己的恐惧，并对恐惧的来源感到好奇，但不要让恐惧阻碍你发起重要的对话。

优势和能力倾向：做我们喜欢和擅长的事

你小时候喜欢做什么？人们总是说你擅长什么？你学什么东西很容易，甚至是自然而然就学会了？通过你对这些问题的回答，我们可以了解你独特的才能——你与生俱来和后天习得的能力、技能和才干。

带着长处从优势开始

知道自己能做什么，以及真正清楚自己喜欢做什么，是自知之明的另一个组成部分。我们中的许多人都很清楚自己的缺点和需要改进的地方，也知道自己不喜欢做什么。然而，我们往往很少花时间去了解和欣赏我们的技能和能力，以及我们的兴趣和激情。如果我们了解自己的技能，我们就能做出更好的决策。从确定自己的优势开始培养对技能的了解，然后考虑一下你目前的角色：你多久有机会发挥自己的长处？这对你在工作中的精力和情绪弹性有什么影响？如果你所扮演的角色至少有50%的时间是在发挥和发扬你的长处，而不是专注于在你较弱的领域发展或管理你的缺陷，那会怎样？

基于优势的工作方法并不意味着你会忽视需要成长的领域。从优势出发的部分原因是，你有更多的精力来应对新挑战的汹涌波涛。作为一名新手教师，我敏锐地意识到了我所不知道的一切。事实上，在教学第一年的几个月里，我坐下来列出了所有这些事情。在踏入课堂之前，我没有意识到我需要这么多技能，需要掌握这么多知识。清单很长，列完之后，我被吓到了。“我现在就应该辞职。”我内心深处戏剧性的、疲惫的那一面说道。

然后，我内心更明智的一面建议我列出一份清单，列出我知道的和能做的事情。这份清单虽然没有那么长，却让我明白，我可以读一本图画书，我可以用引人入胜的方式上一堂基础知识科学课，我知道在孩子哭闹时该怎么做，我知道如何安抚伤心的家长，我还会说西班牙语。我知道我需要让课程具有文化相关性，而且我坚信，我爱我的学生。当我在清单上写上这一点时（至今我还保留着这份清单，因为我不爱扔东西），我放下了笔，躺了下来，如释重负。我对学生的爱意味着我必须学习我不知道的东西（清单上有“教阅读课”这一项），但我也知道爱是至关重要的。直觉告诉我，我对学生的爱会激发我的学习动力。

写下这份清单，仅仅是我不断增长知识和技能的开始。有一次我遇到计划外的消防演习，那时我对自己说：“啊，在9月份的演习中，我不知道该做什么，当时一片混乱。现在，我多少知道了一些。我知道的比我想象的要多。”

你可能已经意识到了，我正在培养一种成长型思维模式（关于成长型思维模式的描述，请参阅第9章）。我知道我有学习的能力，我已经学会了，然后我所面临的挑战就是学习上的问题。这种认识是一种解放。我并不像我有时对自己说的那样是个糟糕的老师。我可以看到自己的教学技能在不断提高。

我们必须了解自己的长处，才能有足够的情绪承受力去面对一长串需要学习的东西。所有的新教师都会在第一天就把一些技能和知识带进自己的课堂，所有“有情绪弹性的”老牌教师都有自己的长处。当我们能够停下来，认识到我们有好的东西可以发扬光大，而且有很多事情我们已经知道如何去做时，我们既能建立情绪弹性，也可以在疯狂的日子中享受片刻喘息。

你擅长什么？花点时间思考一下这个问题。

找到你可能茁壮成长的地方

明确我们的能力倾向可以增强我们的情绪弹性，并为我们的工作地点和工作内容提供更多选择。随着你对自己的技能、特长、激情、价值观、个性和社会政治身份的认识不断提高，你可能会发现，虽然你在目前的岗位上苦苦挣扎、疲惫不堪，但你可以选择换一个岗位，直接或间接地为儿童提供更好的服务。

米奇是一名8年级数学教师，他在与学生建立良好关系和管理课堂方面都很吃力。他对数字的理解能力很强，想从事教育工作。在经历了两年混乱的教学工作后，他进入了数据分析部门的中心办公室工作，在那里他的技能得到了需要和赞赏。

教5年级的蕾切尔被学生们的活力和聒噪压得喘不过气来。她希望有一个安静的教室，但这与学生们最佳学习所需的环境需求相悖。她在一对一和小组合作时表现出色，尤其擅长辅导学业上有困难的学生。她善于发现创意十足的技巧来帮助孩子们学习。成为特殊教育教师后，蕾切尔找到了自己的位置。

许多新教师和经验丰富的教育工作者都认为，教育领域的角色选择有限。有时是因为我们对其他角色了解不多，有时则是因为我们对自己擅长什么、喜欢做什么不够清楚。如果清楚地了解自己的能力倾向，你就更有可能找到更适合自己的角色，或者确认你现在的角色就是最适合你的。

对领导者的启示

- 当你的教职工阐明自己的能力倾向时，一定要听听他们对自己的了解。你可能会洞察到他们在某些领域茁壮成长或举步维艰的原因，这可能会影响人事决策。如何引导教职工进入正确的角色是一个值得研究的领导难题。

- 为教职工创造空间，让他们分享自己的价值观和性格类型，从而培养他们的同理心。你的教职工也会很乐意了解你。

认识背景：主流文化

迈克自称是一位“软心肠教学教练”。我们第一次见面时，他说：“当看到老师痛苦时，我有时情绪会很激动。我正试着变得坚强起来。”迈克的自我意识受到了主流文化中关于男性和情绪的价值观的影响。在主流文化价值观之外，你很难了解自己是谁。

> 环境是我们觉得自己无法左右、无法控制的东西。有时候，我们对它的影响比我们想象的要大。有时候，把它说出来并认识到它的存在就很重要。

主流文化是在一个可能存在多种文化的社会群体、组织或社会中最强大、最广泛或最有影响力的文化。文化是我们的行事方式——我们的价值观、习俗和沟通方式。在学校里，文化体现在我们如何相互协作、管理者和教职工之间的权力态势、我们如何给予和接受反馈、我们如何做出决策以及更多方面。这些行事方式被视为规范，它们不被质疑，成为标准。例如，男性应该克制自己的情绪，尤其是在工作场所，这种观念已被广泛接受，以至于我们忘记了这是一种社会建构的观念。在美国以及大部分西方国家，主流文化是男性、白人/欧洲人、基督徒、中产阶级和异性恋。将这些身份集中起来，就形成了对我们认为“正常”的东西以及我们所重视和尊重的东西的定义。如果我们在看到一个成年男子哭泣时感到不舒服，那是因为我们已经内化了关于男性如何表达情感的信念。

主流文化会让我们难以了解自己。别人总是通过对我们的性别、种族或民族、性取向、能力和经济地位的主流观点，以及这些身份相交的许多地方，来看待我们。而且，我们会接受这些观点，并将其视为自己的观点。迈克认为，作为一个男人，他不应该那么情绪化。他接受了这种主流文化价值观。

让我们再来看几个例子。穆罕默德是一位60岁出头的教学教练，是一名正统的巴基斯坦人，也是一名虔诚的穆斯林。他皮肤黝黑，每天都戴着一顶帽子。他说，他担心教师会因为他是穆斯林而害怕他，并说正因为如此，他发现自己总是在微笑，而且常常是强颜欢笑。“我笑得快累死了。”他告诉我说。

穆罕默德的恐惧并非毫无道理。几百年来，西方世界一直在宣扬关于深色皮肤男性和穆斯林的负面社会信息。这些信息得到了当权者的支持。几个世纪以来，种族决定着谁拥有自由、谁可以投票、谁可以在哪些地区买房、谁可以获得某些工作，甚至谁更有可能被警察射杀。当穆罕默德坐下来与学员，尤其是与女性学员见面时，他意识到主流文化对他的扭曲建构，他对要减轻他所怀疑的女性学员对穆斯林男子的恐惧感到有压力。

蒂芙尼是一位乡村社区的白人校长，年纪比较大。她是这个社区当地的人，但她的许多年轻教职员工却不是。蒂芙尼向我解释说，她是在贫民区长大的。她觉得，由于她的阶级背景，她的一些教职工并不尊重她。“我觉得他们不相信我有能力，我觉得我每天都要证明我配得上这个角色。”

和穆罕默德一样，蒂芙尼的情绪弹性也消耗殆尽。他们的社会身份，包括性别、阶级、种族、文化、宗教，都不是问题所在。问题在于社会低估了他们的身份，将他们不属于的主流文化正常化。主流文化是一张复杂、黏腻的网，它用无形的线将我们捆绑在一起。随着蒂芙尼和穆罕默德培养了自我认识，也了解了主流文化在他们的经历中所扮演的角色，他们的思路变得更加清晰，这种清晰培养了他们的情绪弹性。

以下是如何摆脱主流文化束缚的方法：学会认识和识别主流文化的网络，说出它们的名称及其力量，将它们置于历史背景中，并识别它们如何影响世俗社会交往的细微差别。认识这些方面可能会让人痛苦，因为我们会认识到有多少人受到了主流文化观念的伤害。仅仅认识到这一点并不意味着压迫制度不存在或将消失；它们是真实存在的，并将继续影响大多数人的生活。但是，认识到它们可以让我们在主流文化之外定义自己。有些时候，我们可以在主流文化的束缚之外采取行动，通过这样做，我们可以培养自己的情绪弹性。此外，认识主流文化还能让我们客观地看待自己的经历，并将主流文化视为问题所在，从而有精力去改变它。

我指导穆罕默德和蒂芙尼认识文化和权力网络，探索自己的社会身份。我们做了一些练习，帮助他们在看到主流文化在起作用时，应付那些不得不回应的对话。

经过多次指导课程后，蒂芙尼讲述了一次对话，放在以前这个对话会让她无比生气，但这次却让她感觉到了力量。一位即将结束第一年教学工作的男教师来到她的办公室，对下一年的总课程表提出了自己的意见。“他说的话和语气都很权威，”蒂芙尼说，“有一次，他居然建议我把他的想法记录下来。首先，我问自己，这个年轻人告诉我应该如何制定总计划表，是因为他认为我不知道怎么做吗？这是因为他内化了我们的文化对老年女士和低收入人群的看法吗？但我知道自己在做什么，我不需要他的意见。于是我说：‘我猜你是想帮忙，我很感激，但我很想知道，你为什么认为我在这方面需要帮助？我在这里已经当了12年的校长了。’在那一刻，我感觉自己的思路非常清晰，充满活力。对文化网络的理解让我觉得所发生的一切既越来越个人化，又变得不那么个人化，这很好。”

虽然蒂芙尼的问题让那位年轻男教师一时感到不舒服，但她还是坚持了下来，并提出了自己的担忧，担心因为自己的社会身份而不被尊重。蒂芙尼解释说：“我只是不断地告诉自己，他的假设是有问题的，需要让问题浮出水面并加以解决。为了成为一名优秀的领导者，这就是我现在需要做的。”在给我讲这个故事的时候，蒂芙尼的坐姿发生了很大的变化，不像平时那样耷拉着脑袋。“他离开后，我感觉很好，”她说着向后靠了靠，微笑着说，“事实上，这可能是我今年感觉最好的一天。”

相比之下，穆罕默德尝试了另一种方法。“我只是不再经常笑了，”他说，“这没什么。我决定，我有权感觉自己是一个正常人。”穆罕默德还找到了其他有色人种的男性教育工作者，与他们一起讨论这些经历。通过结交同志情谊和阅读一些关于种族主义读物，他感到了新的活力。“并不是说我没有意识到这一切。”他说，“毕竟，我是一个62岁、皮肤黝黑、在美国生活了大半辈子的穆斯林。但我现在可以用更多的语言来描述我所看到的一切，我的理解力更强了。这让我感觉充满活力。它使我所经历的一些事情不再那么个人化，我也更清楚自己可以采取哪些方式来应对。”

随着蒂芙尼和穆罕默德对自己社会政治身份的理解不断加深，他们解决主流文化、隐性偏见和种族主义问题的决心和信心也在不断增强。两位领导者都围绕社会政治身份和主流文化设计并主持了专业发展课程，这些课程受到了广泛欢迎，为所有人提供了高度支持的学习体验。他们还进行了多次一对一的谈话，讨论了浮出水面的问题。当我与蒂芙尼的合作结束时，她给我发了一封电子邮件，其中有这样一段话：

> 我想要得到指导是因为我已经精疲力竭了。我只想高效地管理我的学校，我厌倦了这些年轻人对我评头论足。现在像是打开了潘多拉的魔盒，我成了一名公平领导者。我们在教师如何看待来自低收入背景的学生方面取得了进步，在其他方面我们也都得到了成长。现在感觉事情真的在发生变化，而我也正在改变。这感觉比高效办学更重要。我比15年前更有活力。
>
> ——蒂芙尼

了解你的自我可以带来力量，因为自我是在社会和政治中构建的。无论你的种族或性别、年龄或民族，或者你所宣称的任何其他社会身份如何，你都能更深入地了解自己在这个世界上的活动方式、他人对你的反应以及你的行动选择。它还会帮助你更好地理解他人，包括你的同事、学生和他们的家长。这种理解对于建立健康的社区至关重要，我们将在第4章讨论这一点。

在继续阅读之前，你不妨花点时间思考一下本节给你带来的启发。你认为主流文化在你的自我意识中扮演了什么角色？你的哪些价值观、信仰或行为反映了你所处的主流文化？你觉得主流文化与你对自己的看法之间在哪些方面存在脱节？

关于主流文化如何影响我们的自我意识和情绪弹性，我们还有很多需要探索的地方。本节的目的是认识到这一背景，提出一些问题，并且我希望能引发进一步的探究。

深入探究脆弱

2017年夏天，我向2000多名陌生人发表了主题演讲，其间我谈到了作为一名教育工作者感到无比羞愧的时刻，一个让我意识到自己无意识的偏见的时刻。在我教学的第二个学期，3个非裔美国男孩说，他们觉得我好像把他们单独拎出来了，我对他们比对其他人更严厉。尽管我嫁给了一个非裔美国人，生了一个混血男孩，我还这样对他们。因为这些事实，我感到更加羞愧，我早该意识到这一点的。

在这次主题演讲之前，我从未写过或谈论过这件事。但在我撰写关于如何建设公平学校的演讲稿时，我决定把这个故事写进去。我在这次主题演讲中传达的总体信息是，我们大多数人都在无意识中延续着不平等，因为偏见的根源很深，我们都需要尊重和接受自己的情绪，我们需要对自己有意识和无意识的行为负责。我致力于做我要求别人做的事情，所以我觉得分享这3个男孩的故事是正确的。

演讲时，我全神贯注，乐在其中，尽管我内向，但我并不害怕公开演讲。房间很大，很暗，所以我看不见观众的脸，这对我很有帮助。但演讲结束后，我迅速溜下舞台，离开了会场。我感到一阵强烈的脆弱感袭来。我在大厅里遇到许多人，都不敢和他们眼神交流。我感觉自己太暴露了。人们当时在想什么呢?

不过，这并不是我第一次分享让我感到脆弱的故事。在我的写作和讨论会中，我也讲过自己作为教师和教学教练如何搞砸的故事。讲这些故事时，我常常很紧张，我的心跳加速，手心冒汗。我分了一半的神在想，你到底在干什么，埃琳娜?但我还是讲出了我的故事。我意识到，逃避讲故事的那个我是感到羞愧的我，而那个我对我来说没有任何用。我对真相、公平和社区的承诺要大于我内心深处害怕被评判和被拒绝的那个弱小、恐惧的我。我还了解到，我的真情流露和脆弱是受到赞赏的。通过分享我的故事，我允许其他人分享他们的故事。我传达的信息是，我们都是人，我们都会犯错——我们需要为自己的所作所为承担责任，从中吸取教训，然后继续前进。如果我们要谈论我们在学校中持续造成的不公正，我们就需要鼓起勇气，面对一些痛苦，并感到不舒服。在这个过程中，我们将会经常感受到脆弱。

是什么让你感到脆弱?当你感到脆弱时，你会怎么做?什么时候你会选择脆弱?是什么促使你做出这样的选择?

社会学家布芮尼·布朗(Brené Brown)，也许是世界上研究脆弱的专家，她将脆弱定义为做自己的勇气。她说，除非你能脆弱地面对自己，否则你就无法了解自己。你必须愿意去感受自己的柔软之处，承认自己独特的天赋和才能，看到自己的阴影自我——那些你不了解的、你可能不喜欢的部分。与他人相处时的脆弱，包括并始于独处时的脆弱，包括我们的思想、情感和反思。

我想，本章的内容可能会让你感到脆弱。毕竟，我是在鼓励你仔细审视自己，而任何时候，只要我们看看镜子里的自己，就都可能会感到脆弱。我要求你脆弱，是因为我认为这样做是值得的。通过这样做，你会了解自己，你会变得更强大、更有力量、更有勇气、更能接纳自己。你还可能与他人建立更深的联系。

如果你和同事一起阅读这本书，一起尝试活动，那我预计你会感到更加脆弱。脆弱是通往完整和联系的道路。同时，在分享自己的故事时，你可以深思熟虑一些。你不必一头扎进深水区，全盘托出。当你在自己和他人面前挑战突破脆弱的边缘时，练习控制自己的不适感。轻轻地走出你的舒适区。你比自己想象的要坚强。

对领导者的启示

- 对教职工表现出脆弱的一面是一种强大。如果你认为自己需要时刻表现出自信、干练和权威的形象，那么你可能会削弱自己的领导力。这种形象是不真实的，而人们一眼就能看出来。它会削弱别人对你的信任。为了做到真实，你需要了解自己是谁，并按照对自己的理解行事。
- 你上一次向教职工承认自己不知道答案是什么时候？你能分享一下你的职业目标以及作为一名领导者你对自己的认识吗？这也是脆弱的一种方式。

性格特质：目标坚定

自我认知是我们培养目的性的入口。当你觉得自己有目标时，你就会从你迈出的每一个自信的步伐中，从你说出的每一句话中，从你跌倒后掸掉膝盖上的灰尘重新站起来的方式中感受到它。

我们在本章中重点讨论的习惯是“认识自己”，这是极其理想的反思习惯，决定着培养情绪弹性的核心品质。如果你阅读到此处时正在夏季，那么你的生活有了一点额外的时间和空间，你能更好地思考“为什么”“你的目的”“你早上起床的理由”。你越了解自己，你的目标就越清晰。当你牢牢立足于自己的内在动机，当你知道自己为什么要起床去给那120名学生上课，当你朝着那一天迈进的时候，你的脚底仿佛长出一个弹簧，让你的脚步轻盈跳跃。当艰难的时刻来临时，你的眼睛会盯着奖励——实现你的目标感。当你需要做出决定、选择战斗的时候，你的目标会让你坚定不移、勇往直前。所有关于情绪弹性能力的研究都发现，有弹性的人对自己的目标都是坚定而明确的。

你为什么要做你现在做的事？你为什么要教书、领导或做教练？如果你要体现这种性格，你必须对这些问题有答案，你就必须从骨子里感受到这些答案。

如果你的目标不明确，那就去发现它

卡梅拉是一名幼儿园教师，她不喜欢教授大部分课程（这一点大家都知道），并形容自己通常脾气暴躁（这一点我也观察到了）。她经常生病，她的管理者认为她有抵触情绪。我开始指导她时，要求她写一份使命宣言。她的初稿写得很一般，很笼统。随着深入了解，我得知对艺术的热爱和欣赏是卡梅拉的动力。她认为自己的使命就是为孩子们提供机会，让他们创造自己的艺术，并欣赏他人的艺术。鉴于目前幼儿园的课程设置，她无法实现这一目标。两年后，她在邻近的一所学校担任美术教师，她说她完全变了一个人。当我去她的新学校看望她时，她和学生们相处得很愉快，充满活力，教室里贴满了学生那些让人赞不绝口的艺术作品，新校长不停地告诉我拥有她是多么幸运。

有时候可能就是这么简单。当我们所处的环境或所做的事情与我们的使命感或目标感脱节时，从心理和灵魂层面来说，这可能会让我们痛苦不堪。这就是让我们变得暴躁、抗拒、脱离实际、生病、精疲力竭和效率低下的原因。这类情况我见过很多次：教师们工作的社区没有体现出他们的使命感；教师们教授的学科或年级与他们的使命感不符；领导们所在的学区感觉不可能按照他们的使命感行事。明确目标可以帮助我们做出决定。

但明确目标并不意味着我们一定要辞职或换学校。有了目标感，我们就能在艰难的时刻坚持下去，就能聚焦在更大的事情上，超越工作中日常和乏味的方面。明确自己的目标可以激励我们应对工作中的困难挑战。

确定自己的目标可能需要一些探索。有时，我们可能不愿意探索自己的目标，因为我们担心会发现一个难以接受的事实——我们的使命或是环游世界，或是采集知识与能力的种子，又或是在百老汇翩翩起舞。如果是这样，那就去探索吧。你知道自己的使命是什么，总比茫然徘徊要好得多。如果你发现自己选错了职业，至少你会认识到，你在教授新课程时感到痛苦并不是校长的错；只是你被要求做的事情与你觉得自己来到这个世界的原因完全不匹配。有了这种清晰的认识，就有了潜在的能力，因为你在哪里，你在做什么，都在你的影响范围之内。

坚守目标

明确目标能让我们获得深层的能量储备。请回忆一下，想到在学校过得很顺利的那一天，试着找出让它如此顺利的原因。现在看看其中是否有任何因素与你的目标感有关。

作为一名教师，我最美好的时光就是学生们努力学习新观念的日子，我知道他们会在操场上、走在回家的路上、晚上和家人一起继续谈论这些新观念。在那些日子结束时，我常常感到疲惫，我可能上过一节课，需要很长时间来精心设计或管理复杂的课程结构和流程，但离开学校时，我也常常感到精力充沛，因为我在实现自己的目标。意识到这一点至关重要。我可以告诉自己，我已经精疲力竭了，我正在做我生来就要做的事情。如果没有自我意识，我们就无法建立这样的联系。

当大地在你脚下颤抖

当我回忆起在奥克兰联合学区工作的19年中最艰难和最低谷的时候，都是发生重大变故、我感到无能为力的时刻。在那些时刻，引导我做出决定的是我对自己社会身份的认识。我越是清楚自己是谁，越是坚定自己的价值观和目标，越是接受和拥抱自己的技能和个性，就越容易做出决定。

当一位主管告诉我，我必须采取一系列我极力反对的行动时，我从学区辞职了。当她和我说的时候，我想，我不是这样的人。这种清晰认识让我豁然开朗。我对学区的发展方向感到悲伤和不安，但我并不困惑——困惑是令人痛苦的。我知道自己与学区发展方向的关系，也知道自己该做什么。在那一刻，我动用了我的情绪弹性储备，让我度过了感觉痛苦的分离时刻——我真的不想离开这个学区——但在这个过程中，我培养了更多的情绪弹性。

在情绪波动的时期，自我认知至关重要，它可以帮助我们管理在变革中或想要领导变革时产生的强烈情绪。自我认知是超级英雄的基础能力，这并不是说教师需要立志成为神奇女侠，但我们可以从她的故事中吸取教训，因为神奇女侠知道自己是谁。她知道自己的价值观是什么，并按照这些价值观行事。真正的自信来自对自我的了解。当你知道自己是谁时，你就会从骨子里感觉到这一点，当你走在走廊上时，你的步伐会告诉你：我在这里。这不是霸道的姿态。这是一种深沉的内在力量的姿态。自我认知也是了解自己目标的先决条件——如果你不知道自己是谁，你怎么能清楚自己在这里要做什么？神奇女侠知道自己的使命是什么。当她需要做出决定时，她很少会感到困惑或迷茫，因为她内心的指南针会根据她的自我认知为她指明方向。神奇女侠还知道自己擅长什么，她可以利用自己的技能和本领来实现自己的目标。她能够接受自己与生俱来的局限性，并认识到自己可以改变和成长的地方。

超级英雄有时可能会乔装打扮、改头换面，但他们始终记得自己的真实身份，必要时，他们会披上斗篷，完成必尽的使命，因为他们知道自己为什么来到这个世界。也许对我们来说，因为我们不是生活在漫画世界里，所以关键是要把自己超级英雄的那部分与我们日常的普通自我结合起来，这样我们就不需要伪装，就能成为一个完整的人。这才是真正的力量。

本章思考

- 在本章介绍的各种自我要素中，你认为哪些要素对你作为教育工作者的日常经验影响最大？
- 在这些自我要素中，你想进一步了解哪些要素？
- 你怎样才能探索自己的目标并感到更有目的性？

情绪弹性
目标坚定
认识自己
信任
庆祝和感恩
毅力
驾驭变化的浪潮
勇气
理解情绪
接纳
玩耍和创造
好奇心
讲振奋人心的故事
乐观
成为一个学习者
建立共同体
洞察力
同理心
培养怜悯心
活在当下
照顾好自己
聚焦亮点
赋能
幽默
积极的自我认知

第2章
理解情绪

理解情绪，接受它们并制定应对策略，对于培养情绪弹性至关重要。有了对情绪的理解，你就能接受它们的存在，认识到你可以在哪些方面影响局势，并放下你无法控制的事情。

> **7月**：夏天是反思自己情绪的理想时节，因为你有希望能多睡一会儿，享受温暖的夜晚，并抽出几分钟时间来细细回味。

多年来，我一直试图成为一名不去处理自己或他人情绪的教学教练。谁有时间处理情绪问题呢？我想。要做的事情太多了。要设计课程，要和家长见面，要铲除不公正。无论是面对自己还是别人的情绪，我的心态都是：我知道你很伤心，我很抱歉，但你要面对它。擦干眼泪，开始做事吧。这并不是说我缺乏同理心，而是我觉得没有必要去探究成年人的情绪，我也不认为这是我的职责所在。然而，这种立场使我无法达到我想成为的教练、领导者和普通人类的目标。

我现在认为，我们教育工作者必须探索自己的情绪，否则就无法完成教育孩子的使命。一系列事件让我坚定了这一信念。有一次，一位聪明的朋友听我抱怨学校的问题时说：“你听起来很愤世嫉俗，每个愤世嫉俗的人曾经都心碎过。”那一刻，仿佛一层面纱被揭开了，我看到了自己无尽无垠的悲伤。这让我感到恐惧，但也让我如释重负，因为阴暗的情感地带变得清晰起来。我还感觉到，除了一直感受低级的愤怒之外，可能还有另一种感受方式。

有时，我也会看到别人的情绪，但我并没有回避或推开它们，而是小心翼翼地靠近——目的不是要压制这些情绪，而是要承认并尊重它们。我发现，有了同情心和好奇心，我可以很快地探索情绪。在指导一位新教师时，我们既能探讨他/她的无能感，又能完成一些备课工作。

在我工作过的一些学校里，学生们参与了社会情感学习。教育工作者谈论社会情感学习的标准，描述社会情感学习的重要性，并实施新课程。有时，我在观摩一堂社会情感学习课程时，会发现自己仿佛是一名学生，而不是一名教练。我想，我小时候从来没有了解过这些，我意识到我不知道一些基本的东西——既不知道情绪的名称，也不知道如何定义一种情绪。“累”是一种情绪吗？沮丧又是什么？愤世嫉俗是悲伤吗？哪里有针对成年人的社会情感学习课程呢？

随着我对情绪的了解，并将新方法融入到教学教练的工作中，我作为教练的效率也越来越高。同时，我在工作中也感觉更好了，精力更充沛了，而且，还有一个附加好处，我发现自己在应对个人生活中的冲突时更加娴熟。我明白了自己和他人的情绪都不会吞噬我。我知道了管理自己的情绪和帮助他人管理情绪比我想象的要容易得多。我知道了我们应该谈论自己的情绪。为了实现我们作为教育工作者的目标，我们必须勇敢地进行这些对话。

暂停一下，开始反思

- 在思考和谈论情绪时，你感到舒服吗？
- 如果你对情绪有更多的了解和理解，你的职业和个人生活会有什么不同？
- 如果你有更多的工具来应对情绪，你的生活会有什么不同？

什么是情绪？

回忆一下最近几周你感受到的强烈情绪。你能说出这种感觉的名字吗？到底发生了什么？这种情绪是一种想法吗？还是由某个想法引发的？这种情绪是一种生理体验吗？还是一种生物化学层面上的冲动？让我们搞清楚这些东西是什么。

情绪是一系列事件

情绪是你对某一事件的反应。事情发生后，你的大脑会进行处理，你的身体会做出反应。然后，你根据大脑的解释和身体的反应做出相应的行为。情绪是一种生理、认知和行为体验。让我们来看看由6个部分组成的情绪周期（如图2.1所示）。

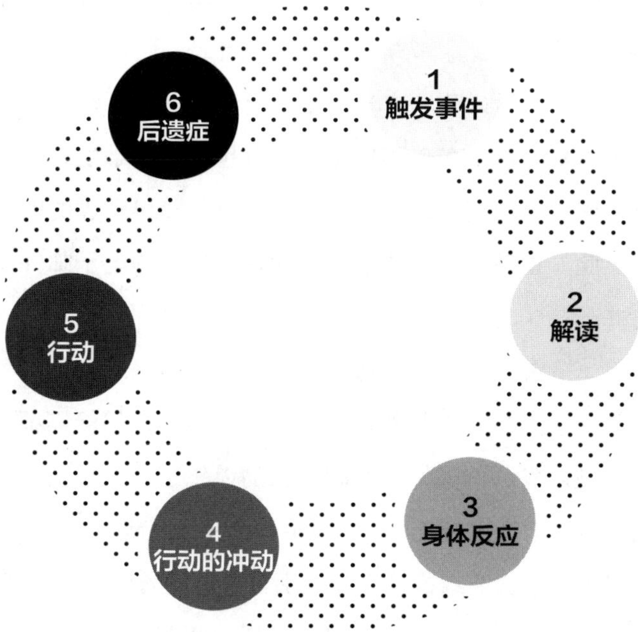

图2.1 情绪周期

触发事件： 这是发生在你外部环境中的事情，比如一场意料之外的消防演习、一次取消的会议、一个哭闹的孩子、发现自己的教室一夜之间被人闯入，等等。触发事件也可能发生在你的内心，它们可以是思想、记忆，甚至是其他情绪。

解读：你的大脑会对所发生的事情做出解释。事件经过你的评价、理解、信念和假设进行过滤，然后你用一种特定的方式向自己解释这件事。例如，你认为这次意外的消防演习再次证明，你的副校长对老师工作的艰辛一无所知：如果他教过1年级，他肯定知道周五午餐后不是演习的时间。也许他本来就应该早点安排这个演习，而且他必须在周末前完成这个任务。你认为这件事证明了你们副校长的无能和缺乏尊重。

身体反应：事件和你的解读会导致你的身体产生生理反应。你头脑中副校长缺乏尊重的想法会让你产生压力荷尔蒙，使你心跳加速、喉咙收紧、双手颤抖。

行动的冲动：几乎在身体出现反应的同时，你会有一种想做某事的冲动。你可能会、也可能不会按这种冲动行事，但注意到你在最初的那一刻感到不得不做什么是很有用的。当你对副校长的无能和不尊重感到愤怒时，你可能会开始给你的校长写邮件，表达你的不满。

行动：然后是你的实际行动。这时，你可能会觉得自己能控制自己的行为，也可能不会。当你手里拿着班级名单和应急用品背包，带着学生跑出教室时，你可能会冲着某人大喊大叫，摔门而出，或者在副校长找你要出勤表的电子版时，你可能会冲着他摆一个臭脸。稍后，你可能会把那封带着愤怒的电子邮件发出去，或者只是伸手去拿一袋饼干。

后遗症：最后，情绪会影响其他情绪、想法和行为，以及你的身体。后遗症可能是一个触发事件，引发另一个情绪周期。有时，最初的情绪需要更多的处理；有时，第二种情绪会被触发。例如，你对副校长的愤怒会导致你陷入对工作的焦虑循环。后遗症可能包括感觉身体疲惫或对自己的行为感到后悔。

这是所有情绪体验的普遍结构。学会识别自身情绪周期的各个部分能带来自由，因为这个循环周期是可以被打断的。你可以在任何环节进行干预。当你的大脑对你的副校长决定进行一次计划外的消防演习做出解释，并闪现出“真是个不体贴的蠢货”的念头时，你可以对自己说：“啊，我现在正在做一个假设。”就在此刻，你改变了对情绪周期的体验。或者，当你的双手颤抖，喉咙因愤怒而紧缩时（因为你为下午精心准备了一堂精彩的课，现在却全泡汤了），你可能会意识到自己在这个情绪周期中的位置，然后做一些深呼吸，改变你的体验。或者，也许你在行动那一步控制住了自己，你不会大喊大叫、抨击或摆臭脸。

你知道发现情绪周期的步骤是多么的自由吗？从阅读中休息一下，看看你是否能想起上周触发情绪周期的一件事。你还记得自己是如何理解这件事的吗？你能回忆起自己的生理反应吗？你究竟做了什么？这种情绪的后遗症是什么？

情绪是暂时的

通过认识情绪体验的周期，你会学到关于情绪的最有力量的一课，那就是情绪是暂时的。我们常常害怕情绪，因为我们错误地认为情绪是永久性的；毕竟，当我们经历这些情绪时，感觉是如此强烈。有情绪弹性的人在逆境中会迅速反弹，而且会变得比以前更强大。为了在沮丧和挣扎时振作起来，你需要知道你所经历的情绪是暂时的。这种信念能帮助你重新站起来，因为你意识到了自己掌控着情绪的循环。你不需要等待别人来接住你，也不需要等待外部世界的某些事情发生改变；重新振作起来的方法与你如何看待正在发生的事情有关。它与你对情绪周期中可以干预的地方以及你可以使用的工具的了解有关。在本书和工作手册中，我将为你提供许多干预情绪周期的工具。

我们对情绪的看法会影响我们对情绪的体验

如果你曾经被愤怒或悲伤等强烈情绪所困扰，那你就会明白，为什么有史以来，情绪在世界各地都被视为不受欢迎的、可怕的东西。早在古希腊时期，情绪就被描述为外部效力：我们被愤怒“征服”，被快乐“控制”，被爱“击中”。在新西兰原住民毛利人中，恐惧是一种控制人们的精神。有些文化接受甚至欢迎强烈情绪的暂时存在，而有些文化则无法容忍情绪的表达。

在主流的西方文化中，对于在何时何地、如何表达情感，以及什么对男孩和女孩、男人和女人是合适的，存在着强烈的分歧。根据年龄、性别、种族或民族的不同，人们对情绪的理解也不尽相同：愤怒中的女性可能会被视为“歇斯底里”。我们描述对情绪的反应方式有时暗示着情绪是不可取的：我们必须“管理”“控制”或

“驾驭”情绪，好像它们是不听话的下属或孩子。对我们的情绪缺乏认识以及我们对情绪的假设影响了我们与情绪的关系，从而影响了我们对情绪的体验。

人们常说情绪有“积极”和“消极”之分。但情绪并没有好坏之分；相反，我们对情绪的反应方式可能是积极的，也可能是有问题的。不管你喜不喜欢，我们几乎一直都在体验各种情绪。大多数情况下，这些都是我们可能意识不到的低强度情绪。现在，暂停阅读——你有什么感觉？是低度的平静或满足，还是轻微的紧张？当我们的感觉很强烈时，我们往往会注意到它们，我们会花费大量精力去试图阻挡不舒服的情绪。

情绪是对发生的事情的一种反应，在向我们的身体传递信息和指导我们的行动方面发挥着重要作用。我更喜欢“舒服”或“不舒服”或“痛苦”情绪。例如，愤怒让人感到不舒服，如果我们不能很好地应对它，就会对自己和他人产生负面影响。但是，如果我们能学会倾听，愤怒也能教给我们很多东西。

培养弹性能力的关键在于：学会将情绪视为信使、潜在的能量来源以及人类存在的事实。这可以让你在情绪爆发时停下来，去理解它们想告诉你什么。改变你对情绪的看法，你就会改变你对情绪的体验。

对领导者的启示

- 了解教职工对情绪的看法和感受。洞察他们的心态，你就能更有效地引导围绕情绪的讨论和探索。
- 厘清自己对情绪的想法和信念。你不能在自己都不清楚的情况下领导别人。
- 鼓励教师领导为各部门和团队提供讨论和处理情绪的机会。

了解情商

在过去的一个多世纪里，心理学领域推动了一种文化上的转变，使人们开始探索和接受情绪，扭转了将情绪视为必须压抑和否认的东西的文化态度。研究学者、作家丹尼尔·戈尔曼（Daniel Goleman）教授是这一运动的先驱，他提出了情商的定义，包括4个组成部分：自我意识、自我管理、社会意识和社会管理。

情商的定义

自我意识：意识到自己的感受，知道自己什么时候有情绪，并说出它是什么的能力。这种意识能让你认识到情绪的影响以及自己的优势和局限。

自我管理：对如何应对情绪做出慎重决定的能力。这包括自我控制、清晰度和适应能力。

社会意识：认识和理解他人感受的能力。这包括同理心（感知他人的情绪，理解他们的观点，积极关注他们担忧的事情）和服务（认识到他人的需求并予以满足）。

社会管理：形成健康的人际关系、处理与他人的冲突、合作、激励和鼓舞他人的能力。与他人建立信任的能力是社会管理的一种表现形式。

这些能力是相辅相成的。如果你没有意识到自己有情绪，你就无法管理好它们。如果你没有意识到自己的情绪，也没有应对情绪的工具，你就会在与他人的关系中挣扎。

尽管我很重视情商方面的工作，但我对一些术语感到不舒服，首先是“智力”一词。它与“脑力智慧”（或智商）以及与智商相关的权力和特权联系在一起，有很多历史包袱。同样，“管理”一词也有问题。它呼应了一种技术的、工业的方法来应对完全人性化的东西——我们的情感表达。然而，由于这些术语非常普遍，我将继续使用它们，但我也会整合一些同义词，希望我们能够摆脱那些反映过时的、不健康的情绪心态的语言。例如，我不会建议你“管理”愤怒，而是鼓励你“回应”愤怒或“与它接触”。如果你把自己的情绪看作是访客，那当它们来敲门时，你就不需要慌慌张张地去管理它们，强迫它们坐在椅子上，面向前方；你只需要用一些工具来与它们互动。

近年来，随着我们了解到情商与个人和职业成功之间的联系，社会各界——从商界到军方——对情商领域的兴趣与日俱增。在一项又一项的研究中，我们发现情商是成功工作表现的最有力预测指标。特拉维斯·布拉德伯里（Travis Bradberry）和珍·格里夫斯（Jean Greaves）的研究发现，在世界各个领域、各个级别和各个地区，90%的优秀员工都具有较高的情商。如果考虑到情商是信任关系、人际沟通、灵活性和自信心的基础，这就说得通了——更不用说它是如何帮助调节压力、面对愤怒、处理意外变化以及与他人合作的。

关于情商，要知道的最重要的一点是：它是一套后天习得的能力。我们可以学会理解自己的情绪，也可以掌握应对情绪的策略，从而让我们感觉更快乐、更强大、更健康，与他人的联系也更紧密。

和情绪做朋友

皮克斯电影《头脑特工队》在暗示我们如何与情绪相处方面具有变革性意义。影片将情绪描绘成存在于我们内心的角色，每种情绪都有不同的颜色，都是我们整体情绪健康所必需的。如果你还没看过这部电影，现在就去看吧。它为情绪提供了一种解放性的文化建构。

人类渴望良好的人际关系。当我们在课堂管理上遇到困难时，我们与学生的关系往往是问题的根源。当孩子们觉得自己没有被倾听、理解或尊重时，他们就会做出过激行为。这并不意味着我们不用设立明确的界限或要求他们遵守行为规范，而是意味着我们需要了解他们，而不仅仅是制定规范。

这种想法同样适用于情绪。我们希望自身的这些方面能够被别人理解，同时也需要界限。就像电影《头脑特工队》中展现的那样，把自己的情绪想象成角色，有助于我们以一种健康的方式与情绪相处。

对领导者的启示

- 通过观看和讨论《头脑特工队》，与教职工开始关于情绪的对话。工作手册提供了可以讨论的问题。

准确描述我们的情绪

情商的第一要素是识别自己的情绪。但情绪是很难确定的，因为它们往往是多层次的、复杂的。如果我的校长通知我，我计划的野外旅行未获批准，我最初可能会感到失望，然后是愤怒，接着是悲伤，甚至可能是如释重负。

情绪会有波动和不同强度。沮丧是愤怒的一种表现，争强好胜是嫉妒的一种程度，而轻松则与快乐有关。愤怒、嫉妒和快乐被专家称为核心情绪。关于核心情绪有多少种以及如何分类，心理学家们争论不休。我采用了艾琳·奥利沃（Erin Olivo）的清单，它提供了8种核心情绪和许多描述这些情绪的词汇。因为我认为它们对你来说是一个很好的资源，所以将这些清单放在了附录C“核心情绪”中，这样你就可以很容易地找到它们了。

当我第一次看到附录C时，我非常着迷，因为在一张双面纸上，竟然可以写下我狂野、不透明的情绪经历。我真的可以用手指触摸那些反映我感受的文字。我感到如释重负。在我的教练工作中，我经常向教育工作者提供这份文件，并观察到他们也有类似的反应：清晰、洞察力，也许还有迸发的力量。当我们能够识别某些东西，尤其是难以捉摸的情绪时，我们就能决定该怎么做。我们会感觉到经验或情绪的束缚稍有松动。

本书旨在帮助你在戈尔曼所列出的4个领域中培养自己的情商。也许这是显而易见的，但还是值得明确指出：情商是培养情绪弹性的基础。

我压力太大，不堪重负

当我询问教育工作者的感受时，最常听到的一句话是：“我好累”“我不堪重负”“我压力好大”。听起来耳熟吗？附录C中没有列出“累”“不堪重负”和“压力大”，因为它们不是特定的情绪。相反，它们跨越了情绪家族。它们代表一种情绪状态，但不一定是一种情绪。它们是由情绪产生的症状。同样，“很好”和“还好”也反映了情绪状态——它们本身并不是情绪。这些词可能表示积极情绪，也可能掩盖痛苦。“情绪低落”“心烦意乱”和“麻木”也是情绪状态。

将这8种核心情绪看作是8个相关的情绪家族。每个情绪家族都是独一无二的，包括情绪发生的时间和原因，经历时的感觉、外观和声音，以及经历后的感受。你可能会发现很难确定自己是愤怒、悲伤还是害怕，但辨别情绪是应对情绪的第一步。你对这些情绪家族及其显著特征了解得越多，就越能熟练地应对你所经历的情绪。

倦怠

从教大约10年后，我经历了一段强烈的倦怠期。那是一种令人不安的情绪状态，因为它与我母亲去世后的抑郁感觉截然不同，我不知道怎么描述它。我经常因为学生而感到沮丧，因为一些从来没有困扰过我的小事而恼火；我找不到在课堂上一直以来感受到的快乐；我对能为缺乏服务的社区的儿童做些什么感到悲观。从学校回到家，我只想躺在沙发上看电视，这完全不符合我的性格（现在也是）。虽然我意识到自己需要做一些事情，但我不知道如何处理导致我这种状态的因素。但我从沙发上爬了起来，开始了早上6点的运动训练营，这让我重新回到了思路清晰的状态。在经历了那次强烈的倦怠之后，我开始探索通往教练职业之路，接受了我需要在工作生活中做出改变的事实。

在从事高压工作的人中，多达一半的人在职业生涯中会遭受某种形式的职业倦怠。压力、焦虑和抑郁可能与倦怠并存，但倦怠是一种明显的精疲力竭状态，其特点是冷漠、疲劳、沮丧、愤怒、抑郁和不满。关于如何预防倦怠的研究结果并不令人惊讶：我们可以通过战略性地自我更新、增加睡眠和更频繁地休假来预防倦怠。我们还可以通过增强我们的情绪弹性来防止倦怠。

有趣的是，研究表明内向型教师可能比外向型教师面临更大的倦怠风险。这可能是因为内向型教师比外向型教师需要更多的安静和独处的时间来充电，而教学工作本身就很嘈杂，需要社交。我辅导过的许多内向型教师都希望教室比学生想要的更安静，也更难参与到专业团体中。倦怠感在那些得不到管理者支持或与上司关系不融洽的，以及那些与学生关系不融洽的教师中也比较普遍。

什么时候找医生

情绪会转化为心境，如果心境持续的时间足够长，就可能成为可诊断的情绪问题，如抑郁或焦虑症。在附录D中，你可以找到帮助你自我评估抑郁和焦虑的资源。如果你发现自己经常感到“不堪重负”，这可能是抑郁症的征兆。如果你发现自己经常感到“压力大”，这可能是焦虑的征兆。了解抑郁症的征兆以及何时寻求帮助或鼓励他人寻求帮助非常重要。

抑郁症的常见指标

- 睡眠、食欲、注意力、精力水平、日常行为和自尊发生变化。
- 过度哭泣、烦躁、易怒和社交孤立。
- 对曾经带给你快乐的活动失去兴趣或乐趣。
- 持续的绝望、内疚、焦虑、悲伤或冷漠状态。

对领导者的启示

- 2014年，相关研究人员估计，美国约有10%的教师患有抑郁症，高于6.7%的全美平均水平。
- 当教师面临巨大压力，却很少得到支持来应对压力时，他们会以适应不良的方式做出反应，表现出常见的生理、情绪和行为上的压力。此外，他们还会在课堂上营造压力氛围，进而对学生产生负面影响。
- 教师抑郁会对学生产生有害影响。在课堂上，有抑郁情绪的教师会努力营造健康的课堂氛围，花费较少的时间与孩子们接触，也不太关注他们之间的关系。
- 警惕教职员工和自己出现抑郁迹象。即使是那些没有抑郁倾向或从未经历过抑郁的人，也可能陷入抑郁或患上焦虑症。当心存疑问时，请寻求帮助。
- 当我想鼓励我正在指导的人寻求帮助时，我会这样对他说：“我真的很关心你，你看起来很痛苦。我想确保你得到所需的关心。我不是治疗师，也没有这方面的技能，我在想你会不会觉得与心理健康专业人士谈谈会对你有帮助。”如果他同意，我就会鼓励他马上打电话预约。

我们的身体

我们作为人类的身体经历先于我们的情绪和思想存在。在本书中，从本章开始，我们将定期审视我们身体经历和交流的东西，以及我们的身体经历如何削弱或增强我们的情绪弹性。我们的情感经历植根于我们的身体——跳过对身体自我的探究是不负责任的。

关注自己的身体，提高自我意识

下课铃刚响，一位暴躁的家长冲进教室，我们的身体会发生以下反应：我们的心跳加速，呼吸加快，出汗。我们的血压飙升，压力荷尔蒙充斥全身，血液流向主要肌肉。我们的中枢神经系统对它所感知到的威胁做出了快速反应，而所有这些行为都会导致其他事情发生：我们的高阶大脑功能减慢。一切非直接生存所必需的功能都被抛弃了，包括解决问题的能力、学习能力、同理心和灵活的思维。我们的注意力变得固定而狭隘。

有了情商，我们就能记录自己的身体状态，学会调节生理反应的策略，从而回到更清晰的思维状态。在那一刻，如果我们能干预情绪的循环，也许就能避免对那位暴怒的家长说一些事后会后悔的话。

处理好人际关系并不是我们需要学习如何调节生理反应的唯一原因。不舒服的情绪所带来的生理症状不会让我们感觉良好，不管是当下还是长期来看。我们会头痛、消化不良、失眠，等等。烦躁的情绪会削弱免疫系统，并可能会影响某些疾病的发展、进程和结果。

你的身体感受往往是你情绪感受的映射。调节情绪的首要步骤之一，就是找出表明存在强烈情绪的身体感受。管理我们的情绪可以从与我们的身体做朋友开始。

以下是一些培养身体意识的方法：

- 进行身体扫描：感知身体各部位的状态，包括你的肩膀、下巴、胸部、手臂。当你注意到身体的变化时，看看是否能感受到某种情绪。也许你注意到你的身体感觉放松——你感到快乐吗？或者你注意到你的手在出汗——你紧张了吗？

- 当你感觉到强烈的情绪，并注意到你的身体已经做出反应时，深呼吸3次，想象呼吸进入你身体对这种情绪做出反应的部位。

- 如果你能预料到某个人会触发你的情绪，例如，某个学生的交流方式特别烦人，那么，一旦这个人出现或和你说话，你就用食指轻敲你的大拇指。把这作为一个提示，将你的意识代入身体，并让气从收紧的部位呼出。

你的身体会为你的情绪提供线索。当你更加关注它时，你对自己情绪的理解也会随之加深。

中断情绪的强度

呼吸是中断激烈情绪的破坏并转换体验的最快方法。放慢呼吸可以减缓心跳，使荷尔蒙释放正常化，放松紧张的肌肉。呼吸是关闭情绪困扰信号的开关，这些信号有时感觉就像自己打开了一样。

利用呼吸的关键在于：慢慢呼气。用鼻子吸气，然后用嘴呼气，呼气时慢慢数到5。就是这样。下次当你被强烈的、不舒服的情绪所控制时，就这样呼吸。做5次这样缓慢的深呼吸会改变你的生理机能，让你开始恢复清晰思考的能力。

关注肢体语言，提高社交管理能力

虽然注意他人的肢体语言很重要，但同样重要的是，我们要把目光转向自己，探索自己的非语言交流。这是研究情商领域的关键，也就是所谓的社会管理。当我们感受到某种情绪时，我们的身体会发出一些信号。悲伤时，我们可能会耷拉着脑袋。痛苦时，我们可能会皱着眉头，或者身体后仰，双手交叉。羞愧时，我们可能会自我封闭，让自己变得渺小。在努力培养信任和建立关系的过程中，我们需要注意自己的肢体语言。

索尼娅是我指导过的一位校长，她头脑聪明，思想深刻，经常给我启发，我从她的领导方式中学到了很多东西。她博览群书，有条不紊地制定计划，是个创造工具提高效率的大师。有一天，她因与一位教师的交流而苦恼，于是向我寻求建议。索尼娅为这位教师提供了精心准备的反馈意见。刚听到索尼娅的开场白，这位教师就哭了起来。在离开办公室之前，这位教师说："你总是对我做的每一件事都那么挑剔！我做得对的地方你从来不说！"

我注意到，索尼娅在转述这件事时，她蜷缩着肩膀，呼吸很浅，双手握拳，紧绷着下巴。我问她身体里感觉到了什么。她被我的问题惊呆了。她静静地坐了一会儿。"我不知道，"她说，"我并不生活在我的身体里。"她向下瞥了一眼自己，仿佛在打量一个外来的附属物。"我不知道。"她重复道。我分享了我对她的肩膀、下巴、手的观察。"哇，"她说，"我和我的身体完全脱节了。"

在索尼娅与那位教师的互动中，她可能已经在她的肢体语言中表现出来了她的情绪困扰——她的沮丧。我曾多次观察到，她在回应他人时，言语看似体贴，但肢体语言却传达出一肚子的情绪。那天，在那次令人沮丧的互动之后，我邀请索尼娅参与一个关于她的非语言沟通的探究项目。作为计划者，她利用自己的优势，制定了一个行动计划，包括目标，来了解自己的身体。

第二周我见到索尼娅时，她说："今天是肩部训练日。我整天都在观察自己的肩膀，在与人交谈时，我会注意不端着肩膀。昨天我观察的是眉毛。我把自己开会的样子录了下来，之后我关掉了声音，只观察眉毛的动作。大多数时候，我扬起眉毛，很有表现力，但也有几次我皱着眉头，看起来很吓人。"索尼娅运用她的分析能力来审视自己的肢体语言。她的意识不断增强，对自己情绪状态的洞察力也在不断提高，从而更有技巧地应对自己的情绪，与教职工进行了更为有效的沟通。

探索情绪的生理机制

也许你正在阅读这本书，你觉得无论你做什么努力，你都无法走出低谷，或者你经常感到焦虑，或者你觉得你应该（也希望）有更多的精力来面对生活。也许你甚至服用过处方药来解决情绪问题，这些药物可能对你有所帮助，但你也不得不面对一系列令人不快的副作用。如果你已经尝试了各种方法来改善情绪，但却没有达到你想要的效果，我建议你去探究一下你的情绪状态背后的生理机制。

在获取关于我们的身体、情绪和精神状态之间联系的科学知识方面，医学模式还处于起步阶段。饮食会影响情绪，睡眠时间和活动量也会影响情绪。你可以尝试我建议的所有方法，但如果你的身体没有得到所需的营养、休息和锻炼，你在健康方面就会碰壁。

如果你已经想尽一切办法让自己感觉更好，我鼓励你与营养师合作，或者干脆研究一下情绪、营养和身体健康之间的联系。例如，荷尔蒙对我们的情绪有着深远的影响。如果你长期处于巨大的压力之下，那可能是你的肾上腺没有发挥应有的作用，从而影响了你的荷尔蒙，让你感到疲倦和沮丧。如果你在饮食中没有摄入氨基酸，你就会感到精力不足，甚至情绪低落。我们很多人都缺乏维生素D和维生素B。许多教师没有喝足够的水，而脱水会让人感觉反应迟钝、精神不振。很多时候，你感到焦虑、悲伤或精力不足，都有可能是生理上的原因。做一些研究，向专家咨询，尝试服用补充剂，并改变饮食习惯。我将在第6章进一步讨论关于这个话题的更多内容。

审视工作环境

我们的工作环境对我们的情绪健康有着巨大的影响。我曾幻想过在能考虑到我们身体的生理需求和节奏的组织中工作。在这些学校里，我们将在合理的时间开始上课，比如上午9点。师生都将有充足的睡眠，有时间锻炼，教师或许还有时间与同事开个晨会。上完几个小时的课后，教师将有两个小时的休息时间。在这段时间里，他们会坐在一起吃饭，也许会冥想一会儿，散散步，甚至打个盹儿，然后再上几个小时的课。放学后，他们会准备第二天的课程，然后及时回家准备晚餐或去上舞蹈课。

当我想象这所考虑到我们生理需求的学校时，很明显，学生们不仅会从休息好、吃得好、会散步的教师那里受益，也会从他们自己的生理需求——他们对休息、食物、运动和安静环境的需求——中受益。

在我们的工作环境发生改变之前，你们可以想办法稍事休息，甚至整个周末都休息。这些都是可以做到的。此外，本书和工作手册中的数百条建议都是为了应对无休止的压力。如果你是一位性格内向的教师，尤其要勤于寻找充电的时间。培养了自己的情绪弹性后，你就会有更多的精力去倡导结构性变革，而这些变革是为了能让我们所有人在更好的条件下生活和工作。

对领导者的启示

导致倦怠的许多因素都不是你所能控制的，但你可以为教职工提供战略性恢复状态的机会，下面有一些方法：

- 新学年伊始是教师们精力最旺盛的时期。当然，要与新生和他们的家长见面，还要参加返校户外烧烤团建活动、新委员会会议、新课程采用推广会、学区新教师会议，等等。考虑一下如何减少精力的释放，以及如何在它与恢复状态之间取得平衡。还要记住，所有这些社交活动对于内向的人来说都比较困难——无论是活动的数量还是活动本身。有组织的互动有助于缓解不可预测性，从而最大限度地减少能量消耗。
- 限制要求教职工在晚上和周末做的事情。对领导说“不”是很难的：这会让人觉得他们“没有团队精神”，而实际上，他们需要的只是休息时间。
- 当教师们（在上了一整天课后）来参加下午的专业发展课程时，可以先进行反思、结对交流、朗读诗歌，或开展一些活动，让他们静下心来反思，或围绕有意义的事情与他人建立联系。在课程期间创造一些安静的空间。给大家吃点有营养的零食，哪怕只是杏仁和苹果，因为一天工作结束后身体是会疲惫的。
- 如果教师们经常在一起备课或制定评估计划，可以考虑加入一些让大家安静下来的结构。使用异步协作工具，如共享文档。
- 考虑在课前安排10分钟的正念活动（见第5章）。我所在的一所高中，每天早上都有一些教职员工参加这项活动，即使是性格非常外向的校长也觉得冥想非常有帮助。

- 如果你担心某位教师可能出现倦怠的迹象，请与她谈谈。倾听，表达你的担忧，共同想出一个支持计划。倦怠并不是永久性的。有些人可以恢复并留在自己的岗位上，而有些人可能会选择在该领域另谋高就。

深入探究愤怒

没有什么事情能比看到一群教育工作者坐在一起谈论愤怒更让我高兴了。我不是在开玩笑。在所有的情绪中，愤怒也许是我们最害怕的一种情绪，甚至俨然成为一个不可讨论的话题。我们有充分的理由对愤怒保持警惕，它在我们的世界和家庭中引发了许多混乱。然而，我们需要与它交朋友，这样才能理解和利用它。如果我们能够坦率地谈论愤怒，我们就会在改善学校方面取得巨大进展。

愤怒带来的危险

首先，我们要弄清楚这一点：愤怒和攻击是有区别的。愤怒是一种能量，当它表现为一种行为或一系列想法时，就变成了攻击。攻击是摔打盘子、贬低别人、沉默不语、无休止地抱怨、过度挑剔、怨恨或充满愤怒。攻击是对痛苦的不适应反应，这种反应——而不是愤怒——才是问题所在。如果你对自己表达愤怒的方式感到不舒服，你需要关注的是情绪的表达方式，而不是谴责愤怒本身。愤怒试图告诉你一些事情，但它的表现却让你和周围的人付出了代价。这是不对的。你有责任探究自己的愤怒，并找到其他方式来表达助长攻击行为的情绪。

了解你的愤怒

你有责任了解自己的愤怒。愤怒可能是最难处理的情绪，但我们必须处理它。愤怒让人很不舒服，以至于一有愤怒的迹象，我们中的大多数人就会反击、发怒、封闭自己或逃避。然而，我们必须愿意去探究它，有时这需要勇气。愤怒从何而来？它是如何出现在你的身体里的？它对你的睡眠、情绪和人际关系有什么影响？它想告诉你什么？对自己的愤怒感到好奇是重要的第一步。

愤怒通常不是单一的，它往往包含悲伤、恐惧、无助、沮丧和恐慌。有一年暑假结束时，就在开学前一周，我突然得知自己不能再教授教了多年的选修课了。取而代之的是，我被分配去教授一门照本宣科式的阅读干预课程。我气坏了。为什么这个决定拖到夏天快结束才公布？为什么我没有任何发言权？为什么我们的管理者不顾我们与学生的实际情况就屈服于中心办公室的要求？在我的怒火平息后，我才意识到自己受到了伤害。我觉得自己不被重视。我觉得自己为选修课付出的努力没有得到认可。我花了大量的心血来完善这门课，当听到我将不再教授这门课时，我感到很受伤。

在我的愤怒之下往往隐藏着悲伤，有时悲伤比愤怒更难处理。愤怒能让我站起来，走出家门；愤怒能让我精力充沛。悲伤让我感到恐惧、空虚和疲惫。这往往就是我不想探索愤怒的原因。我太害怕自己可能会发现什么。虽然花了很长时间，但现在，当愤怒来临时，我已经学会不再害怕它。我现在也有了更多的工具来探索和回应它。

从愤怒中学习和了解愤怒可能会让人感觉不舒服。愤怒会滋生恐惧和羞愧，因为我们害怕被压倒和失去控制。我们会为这种“负面”情绪是我们的一部分而感到羞耻，因此我们会压抑愤怒或做出过激行为。但是，你可以学习如何有效地应对强烈的情绪。我们中的很多人都会压抑愤怒或做出过激行为，以此来避免体验强烈的情绪。我们可以体验一种情绪，但不能失控，造成痛苦、折磨和问题。愤怒也会操纵我们的理性思维，因此我们必须放慢脚步，这样才能清晰地思考，做出明智的决定。

利用它，然后放下它

愤怒可能会帮助我们度过危机时刻，但它也会给我们的身体带来压力，使我们忽略大局，影响我们的判断力，并可能表现为攻击性。如果你把愤怒看作是一种来了又去的能量，而不是你自己本身，就会更容易放下愤怒。美国人经常说“我是生气了”，好像我们的固定状态就是生气。在罗曼语中，表达这一概念的语法结构是“我有愤怒”，而藏族人则说“愤怒是存在的”。我们的文化心态和反映这种心态的语言会影响我们对情绪的看法，但你本身并不是你的情绪。

处于权威或特权地位的人经常告诉别人，他们不应该生气，他们不应该如此激动，或者他们所经历的一切都是他们自己的错，而事实上，他们有充分的理由生气。这在不健康的人际关系中，在社会和政治体制中，都是如此。当我们面对不公平的行为时，愤怒可以帮助我们说“不”，坚持要求更好的待遇，激发我们的决心。但是，一直处于愤怒之中会让我们的思想变得狭隘，心灵变得封闭，往往会让我们感到困惑、敌对和怨恨。我们有愤怒的权利，我们要对自己如何表现愤怒负责。我们可以以一种不会延续痛苦、不会对自己的健康和幸福造成负面影响的方式表达愤怒。压抑愤怒、耿耿于怀并将其转化为攻击行为会耗尽我们的情绪弹性。

愤怒的力量

在最纯粹的形式下，如果运用得当，愤怒可以给世界带来美好。感到恼火、厌烦、生气或气愤，可以让我们警觉到世界或个人生活中需要纠正的真正威胁和伤害。愤怒可以激发我们的能量和动力，让我们对自私、剥削和不公正采取行动。

你不需要愤怒就能说出内心的想法或向权力说出真相。你需要的是能动性、自信、强烈的同情心和真实性。马丁·路德·金用愤怒而非攻击的能量来解决不公正的问题。印度独立运动领袖圣雄甘地用行动表明，我们可以领导变革，而不必陷于无益的愤怒之中。

我们还必须学会如何面对他人的愤怒（而非攻击），而不是惊慌失措或自我封闭。为了改变学校和社会，我们需要就美国国家的历史展开对话：关于对原住民的大屠杀，关于奴隶制，以及其他许多肯定会引起愤怒的不公正行为。如果我们要治愈分裂我们的深层创伤，如果我们要建立公平的学校，我们就需要技能和策略来应对我们自己和他人关于这些感受的经历。这就是为什么我希望有一天，教育工作者可以坐在一起谈论愤怒。我们可以承认愤怒，从愤怒中学习，倾听他人表达他们的愤怒经历，并在某一天释放愤怒。这样的对话将表明，我们终于真正走上了治愈和变革的道路。

我还没有在学校里看到过这样的对话。但是，当我在自己主持的研讨会上提供讨论愤怒的机会时，我注意到了几件事：人们投入到对话中——起初是忐忑不安的，但随后就会全身心投入；他们分享故事，带着好奇心倾听彼此；有时人们会哭泣；有时人们看起来很痛苦。对话结束后，很多人都表示感到疲惫。他们也对有机会分享一些需要分享的故事表示感谢，并承认他们需要讨论愤怒。在给人们时间谈论愤怒之后，我总会让他们出去散散步。身体运动会有很大帮助。当他们回来后，我们重新开始讨论研讨会的内容时，我经常听到有人说，“我对那个活动感到很紧张，但我也很高兴我们做了这个活动”，“这并不像我想象的那么难”。试一下这样做：下班后邀请同事一起去喝茶或散步，然后对他说：“告诉我你在学校注意到和经历过的愤怒。”

性格特质：接纳

“我是一个纸牌玩家，”阿蒂告诉我，“现在这种感觉就像我看着自己的手，而我对手里的牌无能为力。”阿蒂是我一直在指导的一位学监，他正与董事会进行一场激烈的斗争。

“手里的牌？”我问他，想要理解他的比喻。

“我很生气，”他说，“我和他们玩这个游戏已经一年了，我试着保持冷静和镇定，但我现在看到的是我很生气。”我点了点头。几节课下来，我一直在鼓励阿蒂认识到自己的情绪，但他一直不愿意承认他的愤怒，而在我看来这种情绪是如此明显。

“那么，愤怒是其中的一张牌吗？还是说这些牌代表的是目前的处境？”我问道。

“愤怒是其中的一张牌。另一张是沮丧。另一张是恼怒。”他停顿了一下，在椅子上晃了晃，目光从我身上移开。桌上放着“核心情绪”（附录C）。“还有悲伤，”他补充道，“我很伤心。他们为什么要这样对我？我想我也有被背叛的感觉。”我静静地听着他这些话。

阿蒂转过身来对着我，身体前倾。“也许情绪就是纸牌——出于某种原因，看到我有愤怒和悲伤会很有帮助——但这些牌也代表了目前的处境。去年春天，董事会决定这样做。他们在上次会议上告诉了我。他们希望我这样做。”每说一句话，他就做一个放下假想的扑克牌的动作。然后阿蒂笑了。“我的袖子里还有几张王牌呢！”他说。他的情绪略有变化。

“你现在感觉如何？”我问道。

“把我的情绪看成牌，也让我看清了目前的局势。现在，我手上只有这些牌。这可能会改变，但现在我必须打好眼前的牌。这让我感觉好多了。我手上有过更糟的牌。我只需要一点耐心、清晰的思路和策略，一切都会好起来的。”

当我们的情绪混乱时，就很难对现实有清晰的认识。我们无法有意识地或清晰地行动。痛苦往往是不接受现实的结果：我们希望事情有所不同；我们不想待在现在的地方；我们不想和现在的人在一起；我们不想成为现在的自己。我们不喜欢、不想要当前的现实，并将其推开，这就产生了痛苦。有情绪弹性的人能够接受现实。在不舒服的时候，他们会找出自己能改变什么，接受自己不能改变的。

接受不等于认命。有情绪弹性的人不会举起双手说：“哦，好吧，我试过了。”接受意味着认识到，即使我们不喜欢，当下的情况就是如此。这种行为能让我们感觉更平静、更清晰，并看到许多前行的道路。接受是理解和克服情绪的关键。

作为一名教师，我必须接受许多不舒服的时刻，当我接受所发生的一切以及我所产生的情绪时，我发现自己内心的能量更多了。我不得不接受，我别无选择，只能实施新的规定课程，并接受随之而来的愤怒。我不得不接受我有史以来最好的搭档老师惠子离开了教学岗位——接受随之而来的悲伤。我不得不接受我需要离开教室，在学校里扮演不同的角色——接受我既欣慰又悲伤的复杂心情。最初，在每一个这样的时刻，我都不喜欢正在发生的一切。我希望事情有所不同。我不想体验那些浮现出来的情绪。但是，当我抵抗这些情绪时，它们却愈演愈烈，或者找到了其他表达方式。接纳帮助我认识到这些情绪，看到它们的消长，最终帮助我找到了成长的可能性。

重拾拥有情绪的权利

在接下来的章节中，我们将探讨如何干预情绪周期，但我们必须接受情绪会出现的事实。了解我们为什么会有情绪以及情绪如何为我们服务，有助于我们接受情绪。如果我们能明白情绪对人类的生存至关重要，也许我们就会更加珍惜情绪。我们在非洲大草原上的远古祖先之所以能够在重重挑战中生存下来，是因为他们学会了害怕什么、如何建立联系、如何建立社区和在社会群体中生活以寻求保护。愤怒和嫉妒也在帮助人类生存的过程中发挥了作用——尽管不难看出它们也造成了很多伤害。我们从所谓的负面情绪中获得了好处。

情绪促使我们采取行动、组织起来、确定优先次序和解决问题。情绪还能帮助我们了解他人的感受，帮助我们建立和维系社会纽带。情绪帮助我们识别机遇并作出回应。我们可以学会聆听情绪带给我们的信息，并从中吸取教训。了解情绪是培养弹性的基础，因此在本书的每一章中，我们都会深入探讨一种特定的情绪，以便我们能够思考它的目的和影响，并掌握更多描述这种情绪体验的语言。

弹性是遇到逆境时恢复得比以前更强大，支撑我们实现目标的能力。每天，我们都要做出几十甚至上千个决定：是否或如何回应学生的冷嘲热讽；是否或如何请求校长重新考虑他关于学生野外旅行的决定；是否或如何辞去工作。每一个决定都可能增强也可能消耗我们的情绪弹性。了解我们的情绪自我让我们能够辨别自己的选择，并最终接受我们无法改变的事情，把精力放在我们能够改变的事情上。

与教务主任、体育老师或我们的学监谈论情绪，可能会让人觉得有违文化传统，因为长期以来，情绪一直被认为在专业环境中没有立足之地。它们因其不可预测性和混乱性而被恶意中伤；它们被贬低为是专属妇女和儿童的领域；它们被限制在心理治疗师的办公室里。情绪一直是人们感到羞耻或羞于表达的东西。但我们的生理和社会特性决定了我们会有情绪。否认情绪就等于切断了我们的一部分。为了让我们的学校成为成年人和孩子都能茁壮成长的地方，我们需要重新获得体验情绪和相互交流情绪的权利。这样，我们就能找到能量、力量和联系的源泉，从而实现我们作为教育工作者的目标。

本章思考

- 本章内容如何转变了你对在学校讨论情绪的看法？
- 本章中的哪些信息或观点对你来说是新的？
- 你想进一步了解哪些与情绪有关的内容？

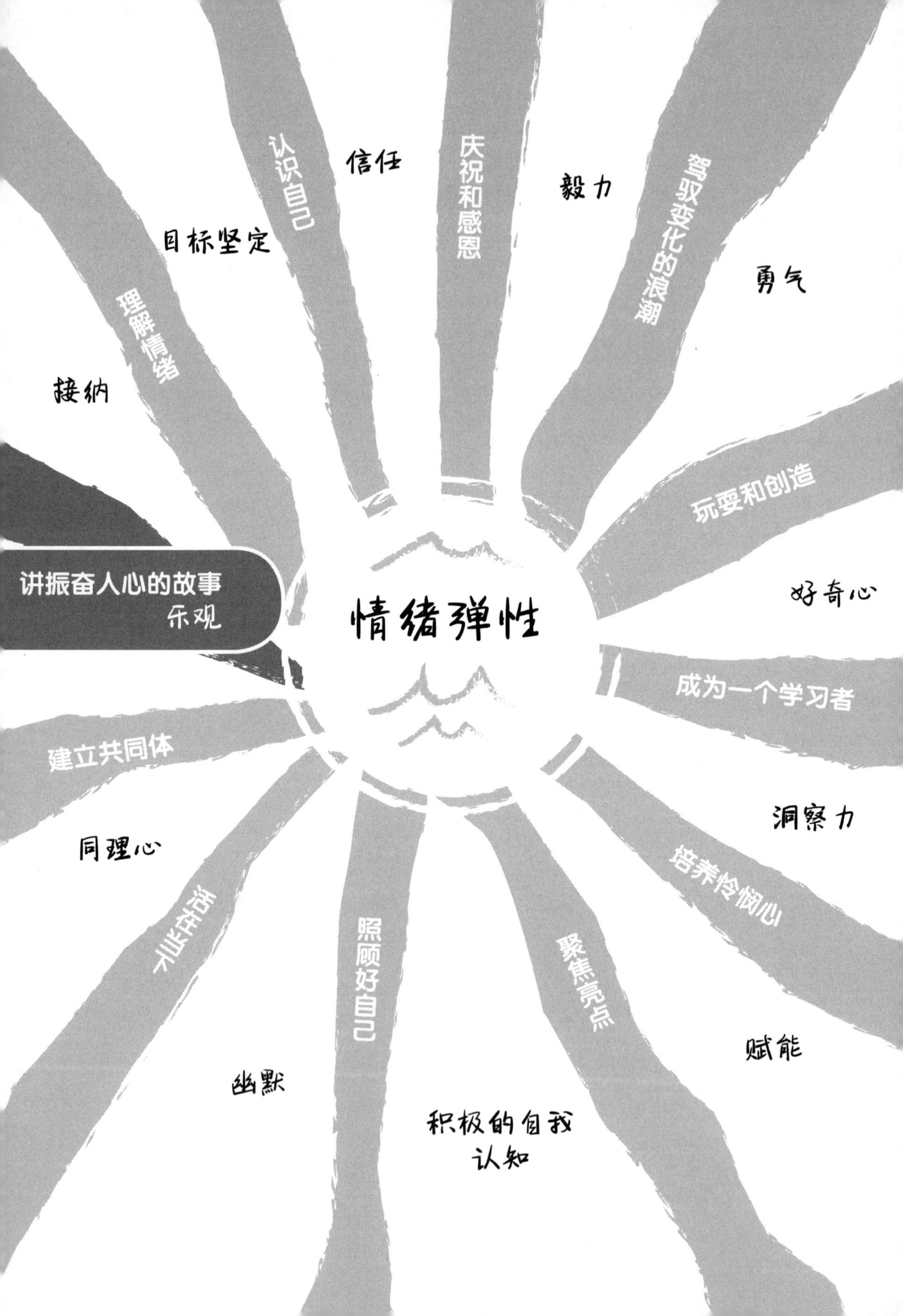
情绪弹性
认识自己
信任
庆祝和感恩
毅力
驾驭变化的浪潮
勇气
目标坚定
理解情绪
接纳
玩耍和创造
好奇心
讲振奋人心的故事
乐观
成为一个学习者
建立共同体
洞察力
同理心
培养怜悯心
活在当下
照顾好自己
聚焦亮点
赋能
幽默
积极的自我
认知

第3章
讲振奋人心的故事

> **8月：**你的想法是开启弹性储备库的钥匙。以这个关键习惯开始新的学年吧。

如何解释和理解事件，是情绪弹性增强或减弱的关键。你可以选择讲述什么样的故事。当你讲述振奋人心的故事时，你的乐观情绪可能会放大，而乐观是有弹性的人的一个关键特质。

作为一名新教师，我不知所措。我不停地工作。我筋疲力尽。我觉得自己效率不高，时间表或计划的微小变动都会让我手忙脚乱。我的教室总是乱糟糟的，堆满了纸张、打开的颜料瓶、废弃的科学项目和成堆的失物招领物品。我经常想，我肯定熬不过今年，我不可能继续教书了，这是不可能的，我是个彻底的失败者。

教学第一年年初，我拿着一张图画纸和记号笔坐下来，画出了我想要体验的现实。我用简笔画、注释气泡和只有我自己才能读懂的涂鸦，勾勒出自己在一个有序、整洁、平静的教室里的形象。在我的课桌上，我画了一份健康的午餐。学生们全神贯注，十分投入，相互交流着他们学到的知识。最重要的是我头上的思想气泡，上面写着："我爱教书！""我的孩子们学到了很多东西。""我昨晚睡得很好，虽然我备的课被取消了，但没关系！""我简直不敢相信今年会有这么大的进步！"

这对我来说是一个转折点。尽管我的大脑试图破坏我的努力，但我还是为创作出这张贴画而感到欣喜若狂。它不停地告诉我：这永远不可能实现。继续做梦吧。

我叫它安静点。事实上，我说的是“闭嘴”，当我的批判性自言自语的声音变大时，我经常这么做。同理心会出现得晚一些，但当它打断我的工作时，我会用色彩鲜艳的语言把它吓跑。贴画完成后，我把它挂在了家里的墙上，每天早上提醒我，不同的现实是可能的。

在接下来的几周里，当我发现自己说“我肯定熬不过今年”时，我就会反驳自己说：“你会的。明年会不一样的。”当我看到房间里一团糟时，我会说：“你需要做什么才能把这里收拾干净？让我们开始吧。”渐渐地，事情变得简单了。第二年的情况明显好转，事实上，有很多日子都和我墙上的那幅画里的一样。

讲故事的前景与陷阱

文字塑造了我们理解自己和认识世界的方式。当我们将生活中零散的事实和瞬间编织成故事时，我们就赋予了生活事件以形式、意义和长久的生命力。文字赋予事物以本质。故事将我们与他人的过去、现在和未来联系在一起；故事承载着我们的记忆，传递着智慧；故事告诉我们，我们是谁，我们可以做什么。作为一名新教师，你可以把每天的原始元素加工成各种故事：你作为一名新教师的学习之旅，或者你作为一名糟糕的新教师的学习之旅。

故事可以是危险的。当一个学生对我们翻白眼时，我们会想：她不尊重我，我们编织了一个破坏我们情绪弹性的故事。我们也会有意无意地编造和传播一些使他人失去人性、与我们更大的使命背道而驰的故事。因为我们是故事的作者，所以这正是我们可以提高情绪弹性的地方。

这可能是最难培养也是最重要的习惯。这个习惯让你有能力决定该如何思考。在上课前，当你的校长在学校大厅与你擦肩而过，没有跟你说早安时，你可以想：我做了什么？她为什么不理我？或者你可以这样想，她一定有很多心事。就在这一刻，在你的解读中，你一天的情绪弹性会根据你的想法——根据你讲述的故事——增长或下降一点点。你可以每天练习这个习惯数百次，然后选择一些元素，把它们融入你生活的史诗叙事中。“讲振奋人心的故事”这个习惯最直接地培养了乐观精神，而乐观正是一个有情绪弹性的人的核心特质。

在本章中，我们将从个人心理层面探讨如何讲故事。我们还将考虑在更大的范围内——在我们的学校、地区和社会中——讲故事。我们将探讨如何转变对我们不利的思想和信念，以及如何创造新的故事。

为了讲出振奋人心的故事，不妨考虑以下6个要素：意识到自己的想法、认识到并转变扭曲的想法、根除隐藏在无益想法之下的有问题的核心信念、创造新的故事、认识组织叙事，以及分享你的故事。这些都有一定的顺序，但不完全是。你可以在学习识别扭曲想法的同时编造一个新故事，但如果你还没有解构你的扭曲想法，并揭露它们的错误本质，这个新故事可能就没有那么强大了。图3.1展示了讲振奋人心的故事的6个要素。

这是底线：如果你想改变自己的感受，就必须改变自己的思维方式。我们的故事就是我们的思想，我们可以创造出为我们服务的思想。让我们想一个创作故事的起点——我们如何解释发生在我们身上的事情。有了这样的认识，我们就能以增强我们弹性的方式来叙述我们生活中发生的事件。

图3.1　讲振奋人心的故事的要素

挖掘解读的根源

有一个著名的禅宗故事，讲的是一个人划着独木舟在雾中缓缓前行。小船很新，刚刚刷过油漆，此人对它的洁净状态感到非常自豪。他看到另一艘船向他驶来，于是大声警告，但对方置若罔闻，尽管他竭尽全力，还是无法避开对方的船。虽然他没有受伤，但他的新船被剐了一个大口子。他怒火中烧，对另一艘船上的人充满愤怒，直到他仔细一看，才发现那艘船只是在漂流，没有系绳，也没有人驾驶。他的愤怒瞬间消失了，因为他对事件的心理框架发生了变化。这给我们的启示是：你可以通过管理你的心理框架来管理你的情绪反应。我们将先从个人心理层面来探讨讲故事的方式。

培养意识：解读就是一切

请记住，情绪有6个步骤：触发事件、解读、身体反应、行动的冲动、行动和后遗症。事情总会发生，我们对此无能为力。但我们可以在事情发生后，在我们做出解读之前立即干预，这可以为不同的体验开辟道路。

考虑一下这些对教师来说是常见压力的简单情景，以及对事件的解读（见表3.1）。

表3.1　常见压力及不同教师的解读

事件	X老师的解读	Y老师的解读
一位家长发来邮件，要求明天见面。	我现在该怎么办？我什么都做不好。他是又一个要批评我的人。我甚至不记得今天和他的孩子有什么互动。他可能是因为我做了什么事生气，现在我的一天要从应对一个愤怒的家长开始了。	我想知道发生了什么事。我希望他的孩子一切都好。也许他想见面，是因为他错过了上次的会面。联系一下也不错。
复印机又坏了。	这里什么都不能用。办公室职工太不称职了。	复印机坏了。机器老旧，很难找到替换零件。
当你要求一个学生做某事时，他翻白眼。	他无礼又粗鲁。没有什么办法能让他听话。	我想知道他是怎么了。我需要和他建立更好的关系。
当你在走廊上经过校长身边时，她没有跟你打招呼。	她不喜欢我。她根本不在乎我是否在这里教书。	她有很多事要忙，也许她今天累了。

当你读到X老师的解读时，你可能会想，这是在妄下结论。是的，的确如此，但我们总是在不知不觉中这样做。我们总是在瞬间对事件做出解读——为了在这个世界上生存，我们必须这样做——但有时我们讲述的故事是有问题的。有时，我们的想法并不是我们的朋友。看看Y老师解读能够培养情绪弹性的想法。

你的想法就是你的感受。我们的解读可能会导致、恶化或加剧情绪困扰，也可能会增强我们的乐观情绪，帮助我们与他人建立联系，使我们能够关爱自己，养成许多能够增强情绪弹性的习惯。正是你的解读产生了情绪。改进你的解读，你可能会感觉更好。

中断解读

好的，那你该怎么做？为了改进你的想法，你需要保持冷静。当你发现自己被强烈的情绪控制时，给自己一点时间放松。做深呼吸和渐进式肌肉放松都有帮助。此外，给自己一点时间去真正感受你的感受。你不必急于解决问题和进行分析；有时你只需要坐下来感受它，让自己去体验它。

你可以这样做：坐下来，让自己感到悲伤、愤怒或被拒绝，而无需做任何事情。如果你的身体反应强烈，保持呼吸。对自己说，我真的很生气。我看到了自己的愤怒。我感觉到它在我的下巴和肩膀上。我看到了。这听起来像是承认自己的感受，它会有很大帮助。

接下来，你需要确定自己的想法，这比听起来要难。以下问题可以有所帮助。

确定你是否有这些想法：

- 当触发事件发生时，你脑海中闪过的第一件事是什么？
- 你现在是怎么告诉自己的？
- 是什么让你如此难过？
- 该事件激起了你的哪些回忆？
- 你认为这说明了什么？对你的生活有什么影响？
- 你认为这会让别人怎么看你？
- 这让你对另一个人或其他人有什么看法？

- 你现在担心会发生什么？

确定这些想法举例说明：

事件：今天早上，寒假后的第一个早晨，我的校长在走廊上从我身边走过，甚至没有和我进行眼神交流，也没有对我微笑或和我打招呼。

- 我首先想到的是：真不敢相信她会这么做，真是个浑蛋。
- 我告诉自己，我不能为一个如此麻木不仁、粗鲁无礼的人工作。
- 我很难过，因为我觉得我在这里根本不被重视，我的工作得不到赏识，我收到的都是批评的短信和邮件。她根本不在乎我是否在这里。
- 我回忆起我曾为其他学校领导工作，他们不尊重我，也不关心我。
- 我觉得这件事说明，我在学校里永远不会感到被欣赏、被重视，甚至不会被当成一个人来看待。
- 我不知道这会让别人怎么看我。也许是我不需要尊重，或者是我不在乎别人对我的不尊重。也许他们认为我只是一个不需要认可的仆人。
- 这告诉我，我的校长是个浑蛋。我也不尊重她。
- 现在我很担心，也许是我做了什么，惹上了麻烦，所以她才不认可我。或者她真的不在乎我。

读到“确定这些想法”的例子，你可能会再次认为，这反应过度了。她妄下结论，但我们中的许多人都有所谓的扭曲思维，我们将在下一节中讨论这个问题。有许多因素会影响我们的解读，包括我们的情绪和早期的情感经历。如果你已经处于消极的状态，你就更有可能对事件做出消极的解读。但是，你的想法也可以帮助你避免消极的痛苦，或者在它发生时加以控制。记住，你可以改变你的想法，从而改变你的感受。

对领导者的启示

为了帮助你的教职工成长并领导系统性变革，你必须引导你的教职工呈现他们所讲述的关于他们的实践、学生、专业自我、教学和学习的故事。然后支持他们改写这些故事。以下是一些你可以用来启动这一对话的话语：

- 听起来你好像已经对发生的事情得出了一些结论。你能说出是什么结论吗？你能告诉我你是如何得出这些结论的吗？你还能根据发生的事情得出其他结论吗？
- 我听说发生的事情让人很难过。你认为这说明了什么？你认为这会让别人怎么看你？你还能从其他方面思考所发生的事情吗？
- 我听说发生的事情让你觉得________________，你由此得出的结论是________________。如果这就是你得出的结论，那对你来说有什么可能（对你与他人的关系，你作为教师的潜能，等等）？

扭曲的思维：故事如何破坏我们的幸福

要改变我们的想法，首先要认识到哪些想法是无益的或不准确的。心理学家所说的扭曲思维包括一系列模式。这些思维方式很难被察觉，因为它们通常是习惯性的；我们几乎没有意识到这一点，并且已经这样做了很多年。当我们体验到强烈的、令人痛苦的情绪时，我们中的许多人都会转而使用一种或多种无益的解释模式。我们中的一些人可能会在某一时刻使用这些模式，或者我们可能有自己最喜欢的模式。表3.2列出了最常见的扭曲思维模式。

当你读到这些内容时，你能找出你最常跳到的那些思维模式吗？有时，我们都会有这些扭曲的思维习惯，它们对我们毫无益处。请记住：你可以干预自己的思维，打断情绪的循环，让它朝着有益的方向发展。

让事情变得更糟的核心信念

当我开始辅导伊兹时，她对6年级课堂上发生的许多典型事情的反应让我感到很困惑。伊兹已经教了3年小学低年级，所以她对教学并不陌生，但当校长建议她修改给家长的自荐信，或者她的学生在她布置的第一个大项目中遇到困难，或者同事提

表3.2 常见的扭曲思维模式

扭曲的思维模式	描述和示例
非黑即白思维	玛吉经常使用“总是”“每一次”“从不”等词语。事情非对即错，非此即彼，非伟大即可怕。没有灰色地带，没有复杂的人和情况，没有中间地带。当她计划的课程没有按照她的预期进行时，她就宣布这堂课彻底失败了。她说：“我的校长从来不说我做得好！”
妄下结论	杰森在不了解所有事实的情况下，有时甚至在没有任何事实的情况下，就对情况下结论。即使没有证据，他也会做出负面的假设。在评估别人对他的感觉时，他感到非常自信；他可以在没有听到别人说什么的情况下推断出别人的动机和感觉。他经常能预测未发生的事情的结果，而且几乎总是负面的。他说：“我的校长今天突然来观察我。我知道她会给我记过的。” 他解释别人的行为（包括他们的面部表情或非语言交流）时，除了自己的想法外，没有其他任何输入，也不检查自己的假设。他认为，教练不喜欢我，因为她从不对我笑。
不切实际的期待	当别人或生活没有达到她认为“应该”达到的标准时，艾米莉就会很生气。她对事情应该如何发展有着不折不扣的规定。她把无法控制的事情归咎于自己和他人。她对别人和自己都很苛刻。她经常使用“应该”这个词，她说：“我不是完美主义者，我只是有很高的标准。”
否定正面思考	雷吉关注并放大一个人、一种情况或一段经历的消极方面。他忽视或淡化任何积极的事实或经历。如果有一天孩子们完成了任务，他就会说：“今天是侥幸。明天他们又会失控。”如果有人赞赏他做了什么，他会说：“这没什么。谁都能做到。”
以偏概全	安琪仅凭一项证据就迅速得出结论。学年初，她的校长要求查看她所教的单元。她想，这家伙不信任我。我不能和他一起工作。复印机坏了，她想，这所学校什么都用不了。她的结论是基于一个选定的事实、情况或事件。
小题大做	佩特拉认为所有事情都会出错。她很擅长预见最坏的情况，并警告他人。她告诉自己，情况是可怕的、无法忍受的。开学一个月后，她的班上来了一个新学生，她宣布班上岌岌可危的平衡将被打破，这一年将一去不复返。当校长宣布一项新的行为管理计划时，她喃喃自语：“这绝对行不通。”
情绪化推理	麦克斯认为，他的感觉反映了事情的真实情况；他的感觉就是事实。他告诉自己，如果我有这种感觉，那么它就一定是真的。当他犯了一个简单的错误时，他就会断定自己一定很愚蠢。
罪责归己	对安妮来说，一切都与她有关，尤其是那些不好的事情。她确信任何负面的事情都是针对她的，或者是她造成的。她把自己无法控制的事情归咎于自己。如果出了什么问题，她会告诉自己：不知为什么，一定是我的错。如果会议改期到一个对她来说不合适的时间，她就会想：他们这样做只是为了惹我生气，或许是因为他们希望我不会去。

出问题时，她似乎就崩溃了。她会哭着给我打电话，说“我不应该当老师……我真是个浑蛋！我部门里的同事绝不会把事情搞砸的……我的孩子们还是找长期代课老师比较好……”之类的话。我会想，这是一种过度反应，但我不知道该如何引导她走出这种阴影。

我试着引导她绕过路上感觉像是有一块巨石的地方。但似乎每走5步，她就会撞上一堵由她对自己根深蒂固的看法组成的坚固围墙。在她的思维过程和解释的表面之下，助长她的情绪状态的是一种信念，即她天生有缺陷或无能。当伊兹谈到她作为一名教师所面临的挑战时，我会想，问题出在你的想法上。每一次经历和事件都是通过这些有问题的想法过滤出来的，而她似乎并没有意识到这一点。

一个周末，我去拜访一位从事社会工作的朋友，她开始向我讲述自从20多年前我们第一次见面以来，她对自己的“核心信念”发生了怎样的转变。当我们交谈时，我顿悟了伊兹的情况：她对自己的核心信念扭曲了她作为一名教师的成长和发展能力。我以前从未听说过“核心信念”这个词，于是请我的朋友解释一下。以下是我搜集到的主要观点：

- 核心信念顽固不化，根深蒂固，难以改变。它们会让人感觉是我们的一部分，与我们的身份密不可分。有时，它们也会产生问题。
- 无价值感——一种认为自己天生有缺陷或无能的普遍感觉——可能是一种核心信念。另一个有问题的核心信念的例子是觉得自己不招人喜欢，并认为别人不会理解或接受你。
- 有些核心信念是在我们生命的特定时期形成的，也许有道理，但我们可能不再需要它们了。
- 意识到自己的核心信念，我们就能评估并改变它们。

在研究核心信念的过程中，我了解到有问题的核心信念往往有一些共同的主题，包括无价值感、不值得被爱、缺乏信任、无助、优越感、自我牺牲、完美主义和消极。附录E“常见问题核心信念”对这些主题进行了描述。我怀疑伊兹的核心信念是无价值感。

我们再次见面时，我说：“我真心致力于支持你成为一名不断成长的教师，我一直在学习一些东西，我想与你分享。”然后，我描述了核心信念和我学到的关于无价值感的知识，还没等我问她的看法，她就哭了起来。“听到这句话，我真是松了一口气。”她最后说，这让我很惊讶。

“你的意思是？”我问道。

“是的，我经常觉得自己一无是处。”她回答道，“但我从来没有认识到这一点，可能也会害怕得出这样的结论，但知道有这种情况存在，知道其他人也会遇到这种情况，这让我莫名感觉好了很多。”

“当你按照这种信念行事时，你认为它看起来或听起来是什么样子？”我问道。伊兹列举了一系列她认为表明这种信念就在她意识之下的迹象，其中包括怀疑自己所做的一切、过度自我批评、对批评或反馈反应过度。

“如果你坚持这样的信念，那么作为一名教师，作为一个人，你可能会怎么样呢？”我问道。

“我将继续感到糟糕，继续碌碌无为，我将无法帮助我来到这里要帮助的孩子们。”她说。

“当这种信念出现时，当你在你的感受、言语或行为背后看到它的时候，你会对自己说什么呢？”我问道。

伊兹停顿了一下。“我会让它下地狱。”她说。我笑了。“而且，”她继续说，“我可以说，‘我知道那个核心信念来自哪里，但它不是真的。我不必让这种信念影响我’。”我没有探究伊兹的信念从何而来，那是治疗师的工作，而不是教练的工作。揭示有问题的核心信念的来源可以赋予我们力量，因为这让我们能够辨别它们的起源、它们在我们接受这些信念时发挥的作用以及它们现在的相关性。有时，我会建议我所指导的人与治疗师一起探索其核心信念的起源，尤其是真正顽固的核心信念。

伊兹在我们谈话几天后打电话给我。她说：“我一直在追踪自己与‘我不配’这一信念产生冲突的频率。到目前为止，本周已经发生了17次。”

“追踪它们的感觉真好，”她说，“每当我意识到自己在回应这种信念时，我就会说‘这就是那个有问题的核心信念’，这让它变得更弱一些。我不差劲，是这个信念差劲。我可以决定是否听从它。”

识别有问题的核心信念

有问题的核心信念是那些你一直认为是正确的信念。它们是全局性的，而不是局部性的。这些核心信念的问题之一在于，它们在为你过滤世界的同时，也过滤掉了不利于它们的证据。如果你的核心信念是“我不适合任何地方”，那么你就不太可能找到一个你觉得适合自己的地方，因为你的注意力会被支持这一核心信念的证据所吸引。

你如何知道自己有问题的核心信念是什么？如果你很难相信对某一事件更平衡的解读，那么很可能是某个核心信念在阻碍你。你可以通过和学校同事、朋友、家人好好聊聊的方式，记录下来你的核心信念有何变化，是否存在问题，这将有助于你了解自己有问题的核心信念，并将它们从脑海中清除。

你明白弹性的源泉在于你如何解读事件吗？你如何通过认识自己的想法、摒弃那些不利于你的想法并创造新的想法来开启弹性之门？你能窥见振奋人心的故事背后的自由吗？

你有能力选择自己的想法，那么你想怎么想呢？哪些想法可以帮助你过上幸福而有意义的生活？哪些故事能让你实现工作目标？

精心创造新的故事

当你扭曲的想法和有问题的核心理念崩溃时，你需要找到你的大脑能抓住的赋能思维。创造这些新的故事需要练习，而练习会巩固这些振奋人心的故事，这样下次需要解读事件时，你就能更容易地找到它们。这样，下次当你的校长走过大厅，无视你的存在时，你的大脑就不会默认地执着于从无价值感和恐惧感中产生的故事线，而是会附着于一个更有力的故事，即你的校长心事重重，注意力高度集中，她的行为与你无关。

你可以每天在睡觉前写下3件让你顺心的好事情，通过这个练习来帮助你打造全新的故事。让我们来看看3个对确定新故事线特别有帮助的常规方法，你可以将它们应用到我们在本书中探讨的许多习惯中：把你想要的变成现实、多肯定自己和设定意向。

把你想要的变成现实

开始确定新故事线的一种方法是想象你希望成为现实的事物。你可以真的闭上眼睛，在脑海中创建图像，也可以画画、写作或与他人谈论你的设想。例如，如果你想成为一个健康的职业社区的一员，就想象自己在那里。想象一下你与同事的对话。写下你听到的同事之间以及同事对你说的话，比如“我们很想听听你对这种情况的看法”，或者“当你班上有学生这样做时，你是如何回应的？”或者“我们很高兴你加入了我们的团队！我们太幸运了”。想象你的同事看到你来参加会议时的笑容；想象你离开学校回家时的心情。

如果你打算放弃那些不适合你的故事，你就需要精心设计你愿意身处其中的新故事。也许你想教书，想摆脱学生不尊重你的故事线。那会是什么样子呢？你需要发挥创意。如果你看不到另一种现实，就很难找到它。这可能感觉很难：毕竟，你怎么能想象出你不知道的东西呢？如果我让你想象一个叫“sharzetmsuao”的东西，你可能会觉得很困难，因为你不知道那是什么。其实，这个词是我胡编乱造的，可千万别上网搜索。也许你会想，我不知道教书和受到尊重是什么感觉。你甚至无法在脑海中勾勒出一幅画面，但其他人知道那是什么感觉，问问他们吧。就像穿上戏服一样，你不是仙女教母，并不意味着你不能想象出那种成为仙女教母的感觉。如果你想身处其中的话，你需要开始为自己构建一个新的心理模型，一个新的故事。我想你们可能会对被学生尊重的感觉有一些小小的想法，所以不要进行那种“非黑即白的、我没有任何想法的”思考。

在这个阶段，还有一个小窍门：美化你的故事，尽情发挥。这些都是你的想法。你可以尽情发挥。写下你想说的话、想听的话、想想的事。

多肯定自己

在你创作新故事的过程中，可以尝试使用肯定句。这种做法可能听起来很虚伪或新潮，但背后是有科学依据的：说肯定自己的话会提高你的感觉良好的荷尔蒙水平，促使你的大脑形成新的“积极想法”神经元群。这是为你的大脑重新布线的基本方法。它简单、容易且很有力。

量身定制你的肯定句，使其能引起你的共鸣，因为你只会对自己说这些肯定句。肯定句要简短、积极，并且你在说的时候感觉良好。最有力的肯定句将是你自己创造的，但这些肯定句可以帮助你开始：

- 我会挺过去的。
- 我是强大的。
- 我有价值，我天生属于这里。
- 万物皆备。
- 我本就会完美如初。我的付出足以改变世界。
- 每一天，我都是一个更好的老师。
- 困难时刻很快过去。

设定意向

设定意向是一种帮助你创作新故事的做法。你可以在做任何事情之前设定一个意向——教书、开会、与困难学生的家长谈话、批改试卷，等等。这是一种简单的例行公事，你要对自己说，你打算如何经历某件事情或在某种情况下如何做。下面是一些意向的例子：

- 今天的第五节课，我要保持冷静和耐心。
- 在年级组会议上，我会好好倾听、好好体会。
- 我会在评估会议上虚心接受反馈意见。
- 我会享受这次野外旅行。

意向会给你的大脑一个故事，让它身处其中。它为你的大脑指明了方向。它还能激发你的大脑做出选择，从而实现它。如果你告诉你的大脑，你的意向是享受这次野外旅行，那么当你的大脑看到关于你的意向的证据时，它可能会召唤出一些验证数据：嘿，看看凯蒂现在的表情！她被迷住了！当你看到学生脸上愉悦的表情时，你就会意识到自己是多么享受这次经历。如果你告诉自己，在会议上你要好好倾听、好好体会，那么当你的大脑开始评判你同事的观点是错的，并准备与之争论时，你大脑的另一部分就会说：嘿，我今天的意图是倾听，那就让我听吧。

来自内布拉斯加州的校长西蒙博士参加了我的几次研讨会。他年纪比较大，一辈子生活在中西部，每天都穿着西装。我们第二次见面时，他这样告诉我：

“埃琳娜，你在奥克兰举办的第一次研讨会上，谈到了设定意向的概念，本着勤奋好学的原则，我决定回去就试试。几个月前，我参加了一个争议满满、会把我逼到极限的学校董事会会议，但我在会前就设定了意向，并坚持实现了它——那是我在这个学区工作12年来最棒的一次校董会。我和平时不一样。董事会成员也和平时不同。我将其完全归功于设定意向的力量。我现在是一个‘皈依者’，并在整个学区推广设定意向。这可能是专属加州的一种煽情做法，但它很管用，我一直在寻找行之有效的方法。”

设定意向，让你有机会宣布你在某种情况下想要怎样——归根结底，这才是你真正能控制的。你如何出现。你是如何体验某事的。这是你可以融入日常生活的最有效的方法之一。我几乎可以保证，如果你坚持一个月每天都这样做，你会感觉非常不同，甚至会脱胎换骨。

> 我们就是我们的故事，故事既可以是监狱，也可以是撬开监狱大门的铁锹；我们编造故事来拯救自己，或困住自己或他人，故事让我们振作起来，或让我们撞上自身局限和恐惧的石墙。解放在某种程度上总是一个讲故事的过程：打破故事，打破沉默，创造新的故事。自由的人讲述自己的故事。一个有价值的人生活在一个她的故事有一席之地的社会中。
>
> ——丽贝卡·索尔尼

讲故事促进集体赋权

我们都会讲述发生在我们日常生活中以及贯穿我们一生的故事。我们已经探讨了你的解读是如何削弱或增强你的情绪弹性。我们讲给自己听的故事会成为我们与世界分享的叙事——我们讲给他人听的故事。但是，一旦我们达到了讲故事的社会层面，那么权力和特权就会发挥更大的作用，它们会影响哪些故事被讲述、谁来讲述以及我们如何听到这些故事。让我们跳出个人心理，在更广阔的背景下考虑讲故事的问题。社会故事讲述也可以成为培养学校教职员工、整个地区的工作人员以及全体公民的情绪弹性的途径。

破坏性主流叙事的遗产

对妇女、穷人、农村人口、黑人、残疾人等的去人性化叙事在我们的世界中仍然普遍存在。延续这些叙事破坏了我们的集体弹性。我们有责任认识到，我们什么时候说了这些话，什么时候听到有人在说这些话——我们有责任及时澄清这些叙事。

去人性化叙事一直被占统治地位的社会、政治和经济力量所利用，作为物化人和剥夺人的权力的一种方式。当欧洲开始对非洲、亚洲和美洲进行殖民统治时，知识分子精心编造了关于这些地区的居民在认知上低人一等的叙事，作为奴役和剥削他们的理由。在现如今的世界里，这些叙事依然存在；有些已经软化或转变，有些则更加隐蔽和阴险，甚至有些仍然是公开传播的。

这些具有破坏性的主流叙事的一种运作方式就是压制他人的故事。太多人被阻止向广大受众传播他们的故事；获得演讲、书写和阅读工具的机会受到限制。奴隶主知道，如果奴隶们能够阅读和书写，他们的故事将使奴隶制的残暴难以自圆其说。在其他时代和地方，当边缘化群体的故事进入公共领域时，他们的故事就会被抹黑，有时甚至被毁掉。几乎每一个专制政权首先采取的措施就是禁书和焚书。每当人们被噤声，每当一些群体的故事无法被讲述，集体的社会健康、福祉和情绪弹性就会受到损害。

我们世界的愈合可能在于我们如何为故事的讲述留出空间，我们如何倾听故事，以及我们如何讲述自己的故事。正如尼日利亚作家奇玛曼达·恩戈齐·阿迪奇（Chimamanda Ngozi Adichie）在2009年的TED演讲中所说："故事被用作剥夺和恶意中伤的工具。但故事也可以用来赋权和赋予人性。故事可以打破一个民族的尊严，但也可以修复这种尊严。"

讲故事具有政治性。讲述自己的故事可以是一种解放行为。倾听他人的故事可以是一种团结的行为。因此，无论是在学校、地区还是在国家，讲故事和听故事都是增强我们集体弹性的机制。

说出你的真实想法，倾听他人的真实想法

当我们在大范围内努力改变权力和特权的获取途径时，你今天也可以做一些事情来增强集体弹性。邀请一个你不太了解的人向你讲述他/她的故事。保证尽你所能，敞开心扉，以开放的心态倾听他/她的故事。如果你不同意别人的观点，就试着去理解这个人为什么相信他/她所相信的一切。你不需要同意；你只需要倾听他/她的想法，对他/她的信念的来源感到好奇，并使他/她变得人性化。负责任地倾听，对对方的话保密，并感激自己是一个倾听者。

如果有人邀请你讲述自己的故事，请说出你的真实想法。磨炼你的说话技巧，尽可能以别人能听懂的方式讲述你的故事。要注意，“说出你的真实想法”并不是允许你把语言当作武器。这也不是说服别人接受你的观点或让她听你说话的有效方法。

在学校里，我们在很多事情上存在分歧：教什么、怎么教、如何管理学生行为，等等。我们不善于就这些分歧进行对话，冲突破坏了学校中无数充满希望的项目。如何才能倾听彼此的意见？如果我们这样做了，会有什么可能呢？

倾听彼此的故事或许能帮助我们弥合分歧。播客主持人克里斯塔·蒂佩特（Krista Tippett）写道：“事实证明，我可以不同意你的观点，但我不能不同意你的经历。一旦我了解了你的经历，你和我就会建立起一种关系，承认彼此处境的复杂性，倾听时就不会那么戒备了。我们的意见分歧可能会保持不变，但它不再定义我们之间的可能性。”

在故事中找到观点

你对如何管理学生行为有什么看法？你的观点是否源于一个故事？

我对学生行为的看法源于关于我弟弟的一个故事，在他小时候，大家认为他的行为是失控的。他被送进校长办公室的次数多得数不清。如果要我来给你讲这个故事，我会告诉你关于他的癫痫和脑瘤，关于我父亲离开我们后家里弥漫的焦虑，以及关于那些不知道该拿他怎么办的老师们。我会告诉你他是如何从不觉得自己属于

学校，以及他是如何在16岁那年辍学的。

通过讲故事来帮助他人理解你的信念和观点。讲出你的故事，不要期望它们能改变别人，因为它们本就是你要讲述的故事，也应独立于你而存在。当你作为一个倾听者时，要允许让别人的故事改变你。

认识背景：组织叙事

如个人一般，组织也会讲述故事，而组织叙事可以加强或削弱我们讲述的个人故事。

你讲什么故事很重要

在一些学校中，几十年来一直在讲述同样的故事：鉴于目前我们所处的工作环境，你希望我们做什么？或者是，学区总是对我们不公。谁当校长都一样。这些故事嵌入到做事的方式中，并在无数的行为中反映出来。它们的作用方式与个人故事、信念和想法十分相似：它们会让我们感受到力量和弹性，或者它们也会导致我们停滞不前、疲惫不堪。

关于学校、校领导和教育的一般假设——无论是积极的还是消极的——听起来可能像以下任何一种：

- 所有学生都能学会。
- 教师想要帮助学生。
- 学区（和组织）的特点是复杂性、模糊性和悖论性。
- 学校领导根据他们个人的政治议程作出决策。
- 学校是为了维持现状而设计的。
- 学校正在辜负孩子们的期望。
- 孩子们需要被控制。

你持有其中哪种观点？在学校和中心办公室的走廊里，你听到了哪一种观点的回响？

破坏性的组织叙事很棘手，因为它们通常有一定的真实性，但最终会打击士气，让我们失去力量。这类故事表现在以下这样的陈述中："这所学校让孩子们失望太久了"或"除非发生X、Y和Z，否则我们永远无法建立我们想要的那种学校"或"鉴于这个社区发生的事情，我们能做的已经不多了"。识别这类故事，倾听那些同意、灌输和维护这种说法的人。

如果你发现自己陷入了令人无力的组织叙事中，要么打断这些故事，要么远离它们。如果你有精力在你所在的学校或地区与它们较量，请找一些盟友，这样你就不会被拖垮。同时，要注意你所讲述的关于这场战斗、这些破坏性的组织故事以及那些相信这些故事的人的故事。否则，你可能会在不经意间在其他故事的基础上再叠加新的破坏性故事。

由你来讲你的故事也很重要

在北极星学校（North Star School），没有留校察看，没有勒令停学，学生不用穿校服，也不用"安静地排队走直线"。那些长期以来缺乏教育服务的学生在一天的大部分时间里都可以自主学习，追踪自己的学习进度，设计自己的学习课程。在外人看来，尤其是在刚开始的阶段，一切都显得有些混乱。在学校成立之初的几个月里，学区领导在走廊里视察，并表达了他们的担忧。课间学生们吵吵闹闹，孩子们穿着连帽衫，手挽手走着——而这些在该学区的其他学校都没有发生过。但是，学校校长是一位勇猛、强大、乐观的女性，她预先制止了中心办公室的焦虑，并反复表示："我们会讲述关于我们在这里做了什么的故事。我们不会让别人来讲这个故事，因为他们不像我们那样深入了解和理解我们的学生。"通过视频、家长座谈会和学生写作等各种创新方式，北极星学校讲述了自己的故事，并在发展一种与众不同的办学方式的同时，打消了外界的担忧。它成了这个地区最耀眼的明星，它的学生也取得了前所未有的成功。

当你试图做一些新的或不同的事情时，无论是在你所在的班级、部门、学校还是地区，至关重要的是你要把正在发生的事情讲述出来。如果你不这样做，其他人就会替你做，而你可能会不喜欢他们的叙述。

无论你在组织中处于什么位置，都要注意你所相信的故事、你所讲述的故事，以及你所创造和提出的故事。

对领导者的启示

- 你的想法和信念会对你的组织产生巨大影响。你有责任讲述能够培养教职员工情绪弹性的故事，并最终服务于孩子们。如果你发现自己讲述的是具有破坏性或者是无用的故事，那你就有责任改变它们。你可能已经继承了这个学校以往的一种叙事方式，那就请与教职员工合作，创造出一种新的方式。否则，你可能要为传播一个无用的故事负责。
- 你不一定需要独自完成这项工作。你可以找到那些致力于讲述振奋人心的故事的同事，或者找一位领导力教练。通过关注自己的想法、倾听自己的故事，并邀请教职工分享他们听到的你的故事，开始这项探索。
- 你的故事最重要，因为它们会塑造别人要讲述的故事。如果你发现自己多年来一直把学校的所有问题都归咎于学区，那你可能需要一段时间才能摆脱这种叙事。然后记住：当你讲故事时，你的教职工需要确信你是相信他们的，所以你要尽可能地讲最真实的故事。

深入探究爱

为什么要在一本关于学校适应力的书中，或者在关于讲述振奋人心的故事的章节中思考爱呢？因为爱是我们可以讲述的最有力量的故事；爱是一个值得讲述的故事，就像悲伤和痛苦一样。我希望这部分内容的加入能让我们明白，在周三下午的专业发展课程中，在学校图书馆里讨论爱，我们会感到不适或者我们渴望这样做。如果我们与同事进行一次关于爱的对话，会发生什么呢？

当我想谈论我对学生的爱时，我遇到了术语的限制。在西方，在这个时代，我们缺乏表示爱的词汇。古希腊人的词汇更为丰富，他们为我们提供了eros（浪漫之爱）、filia（友谊之爱）和agape（对陌生人的善意表达）。我可以用什么词来形容我对我的学生们浓烈饱满的情感呢？现在，就让我们用love一词来表达——然后让故事来定义它吧。

9月的第一个早晨，当32名2年级学生突然闯入位于东奥克兰深处的斯通赫斯特小学（Stonehurst Elementary School）时，我没有预料到自己心中涌起的那股广阔的爱意。这种感觉出乎我的意料，让我很不舒服，也很难应对。

与控制我对奥斯卡、曼纽尔、比利、莉泽特和凡妮莎的强烈的关心相比，计划课程和制定评分制度要容易得多——即使22年过去了，我仍毫不费力地就能想起他们的名字和面容。“初恋”永远是难忘的。

如果我让你讲一个关于你爱过的学生的故事，你会怎么讲？

我还想知道你心碎了多少次——也许是在学校，也许是在教室之外。

我发现，是爱让我在多年充满挑战的学校工作中坚持了下来。许多年来，我爱上了许多学生（恐怕没有别的说法了）。一切并非一帆风顺。我发现有些学生比较难相处。另一些学生则让我怦然心动。我并不假装自己是圣人，我也不知道我的学生是否都感受到了我的爱。当我们谈论爱的时候，我们也必须谈论那些我们偏离目标的时刻，那些我们不爱的时刻，那些由我们自己造成心碎的时刻。我们的谈话中如果包含这些话题，会让我们感到解脱。

但是，让我们从简单的地方开始——从谈论对学生的爱开始——这样我们就可以在一个广阔的领域里看到彼此，并建立起必要的信任。我遇到的每一个教育工作者，都能告诉我关于她爱过的一个学生的故事。当她向我讲述那个年轻人的故事时，我几乎可以看到她体内的分子迅速重新排列，变成一个焕然一新的人：眼睛放光，姿势挺直，面部肌肉放松，说话抑扬顿挫，声音悦耳动听，脸上浮现出毫不费力的笑容。讲故事是使人充满能量，给人肯定和安全感的。一些最好的故事提醒我们，我们渴望爱，渴望去爱别人。

最后，我们将讨论马丁·路德·金坚持要我们展现的那种爱，那种圣人和佛陀要求我们毫不畏惧地表现出来的爱。在学校里践行这种爱会是什么样子呢？我们怎样才能带着无条件的爱，从事教学、领导和指导呢？现在想一下和你有过冲突的同事，也许是你不喜欢的人。什么样的爱可以弥合你们之间的许多分歧和不同观点呢？如果我们能做到这一点，那会如何呢？

在大多数学校里，都有一张很长的不可讨论的话题清单。它不仅包括分歧、冲突和差异，还包括爱。让我们从爱开始，逐一讨论这张清单上的话题。爱应该成为周三下午图书馆会议的一个议程项目。爱应该成为我们讲的故事中明确的一部分。

性格特质：乐观

当我第一次见到北极星学校的新校长迪伊时，我怀疑她是否有妄想症：虽然她似乎意识到了自己所面临的挑战，但她对自己应对这些挑战的能力信心十足。迪伊接手的是一所几十年来一直在苦苦挣扎的学校，这所学校的教师队伍以新教师为主；而当时，《美国共同核心标准》刚刚进入课程、教学实践和评估领域。

我问她需要什么才能成功开启这一学年。“我们已经拥有了所需的一切，”她说，“这些孩子太棒了！他们都是王者，正等着我们向他们展示自己的宝座呢！”我指出，前一年孩子们的缺勤率约为25%。“好吧，”她说，“我们要把这里变成一个他们离不开的地方。3年内，我们会把这个数字降到5%。”

我对教师需要采取的新举措的数量，以及她有这么多新教师的事实表示担忧。她回答说：“我很感激我能带领他们进入这个行业。”她还向我讲述了她的第一任校长是如何成为她的主要榜样的。“是的，有太多的举措。这是我犯的一个错误。我需要分清它们的轻重缓急，然后今年先砍掉一些。”

我不是一个悲观的人，但我看到了北极星学校面临的许多挑战。我很担心迪伊，她当上校长才4年，可能会像前3位校长那样挣扎，甚至辞职。有趣的是，迪伊看到了所有的挑战，但她也从长远的角度分析了形势，并坚定了信心。无论前进道路上遇到什么阻碍，是鹅卵石也好，巨石也罢，她都有办法绕过它。

> 悲观主义者从每个机会中看到困难，乐观主义者在每个困难中都能看到机会。
>
> ——温斯顿·丘吉尔

有一天，有人闯入学校，所有的电脑都被偷了，教室也被破坏了。迪伊的回答是："好吧，现在我们可以用保险金来更新我们的技术设备了，反正教室也需要粉刷一下。"

"你一直都这么乐观吗？"我问她。

迪伊笑了。"你可能会惊讶，我刚开始教书的时候，我的校长开玩笑地叫我黛比·唐纳[1]。以前，每当发生任何事情，我都会看到最坏的可能。我变得像现在这样乐观经历一段过程。"

看到迪伊在第一年带领她的学校经历了非凡的变化，我常常在想，她的乐观性格对她本人以及她的教职员工的弹性能力所起的作用。她从不天真或不切实际，她不会轻视真正困难的障碍或任何人经历过的痛苦，但她始终保持着乐观的态度，这种态度在孩子和成年人中都很有感染力。

关于乐观的基本知识

专家们肯定了迪伊的故事：乐观是可以学习和加强的，它是有弹性的人的一个重要特征。它不是固定不变的，所以如果你现在倾向于悲观，要知道你是可以变得更加乐观的。这两种乐观主义者的描述有助于我们区分迪伊这样的领导者和妄想的盲目乐观主义者：

- **现实乐观主义者：**像迪伊这样的领导者会试图充分了解到底发生了什么，包括自己在造成逆境的过程中可能扮演的角色。他们相信，尽管当前的现实充满挑战，但他们仍然能在未来有所作为。现实乐观主义者有能力在逆境中保持积极乐观的态度，而不否认现实所带来的约束。他们目光长远，因为在短期内，即使是乐观主义者也会有消极的想法。他们相信好事会发生，同时也认识到需要付出大量的努力。
- **不切实际的乐观主义者**，即波丽安娜[2]们，会很快对现实做出判断，而不花时

[1] 黛比·唐纳（Debbie Downer）是美国喜剧小品类综艺《周六夜现场》中一个角色的名字，后用作俚语，指那些经常在聚会上发布坏消息和负面情绪，从而影响周围人情绪的人。

[2] 波丽安娜（Pollyanna）是美国作家埃莉诺·霍奇曼·波特（Eleanor Hodgman Porter）1913年创作的系列儿童小说《波丽安娜》的主人公，是个非常积极乐观的小女孩，但这种乐观受到争议，又因Pollyanna在字典里是极度乐观、盲目乐观的意思，因此常用它来表示"愚蠢或盲目乐观的人"。

间了解正在发生的事情。他们低估了逆境带来的风险，并坚信自己能在未来取得最好的结果。

乐观主义者既不天真也不理想化，既不否认也不无视生活的现实。乐观主义者：

- 着眼大局，找出所有可能的选择。
- 在逆境中看到机遇。
- 寻找挑战的根本原因，不推卸责任。
- 享受旅程，将一切视为旅程的一部分。
- 明白人生有起有落。
- 接受生活可能是不公平的、充满问题的和艰难的。
- 认识到挣扎是外在的，是暂时的，是具体的。
- 寻找解决方案，而不是抱怨。
- 使用积极的自我对话。
- 在内心寻求快乐。
- 欣赏大小事务。
- 会避开消极的人，因为情绪会传染。
- 放手和原谅。
- 微笑。

当我第一次读到这份清单时，我想到了迪伊，在每一个动作上都打上了肯定的钩。我渐渐了解迪伊。她当然也有希望破灭、疲惫和悲伤的时候。但她坚持了下来，这是我见过的领导者中少有的。她在北极星学校工作了5年，在此期间，很少有教师从她任职的学校离职，学生的缺勤率在几年内下降到3%左右，孩子们奋起迎接他们所面临的机遇。

在我对情绪弹性的研究中，被讨论和提及最多的性格也许就是乐观。不可否认，有情绪弹性的人非常乐观。但这并不意味着他们没有感到悲伤或担忧的时候。我一遍又一遍地读到关于如何增强我们的乐观情绪的文章，这对我来说是一个很好的提醒，因为我有成为专家所说的“现实悲观主义者”的倾向。多年来，我一直有意识地培养自己的乐观主义，其中的关键是要注意我所讲述的故事。这就是我们的力量所在——我们的诠释，我们的故事编排——也正是在这里，我们可以播下乐观的种子。

慎重选择你的故事

每当我们对一件事进行解读时，我们都会编一个小故事——一个无视我们的孩子，一个同事被任命为我们想要领导的委员会的负责人，上司发来的一封简短的电子邮件。这些解读会增强或削弱我们的情绪弹性。这些简短的故事还有别的作用：它们强化了我们对自己生活的主流叙事。故事主线可以是："我不够好""这些孩子不尊重我"或者"我能让我的生活成为我想要的样子"。每一个简短故事都会推动、改变或破坏这些宏大的叙事。请慎重选择你的故事。

个人故事变成集体故事。我们精心创造组织叙事，讲述学校或学区的故事。故事也在社会层面交织在一起："教师是最辛苦的群体，也是最不受重视的群体""不会教书的人去教书"。主流叙事是什么？谁在讲述它们？它们能引起我们的共鸣吗？我们如何才能消除那些最终对我们不利的叙事？

讲故事的人在社会中一直占据着重要地位；我们精心创造的故事预示着我们的未来，概括着我们的成果，影响着我们的情绪弹性。你有选择的权利，所以要讲有影响力的故事。

本章末附带一个模板（表3.3），帮助你创作你的故事。每晚睡觉前留出10分钟。写下今天发生的3件好事以及它们为何顺利。重要的是，你要留下纸质记录。这3件事不必是惊天动地的大事（"第一节课很安静，学生们都很专注"），但也可以是重要的事（"我被邀请在科学教师小组中发言"）。在每件好事旁边回答这个问题："为什么这件事会发生？"

表3.3　每天发生的3件好事

日期	这件事为什么会发生？
好事1：第一节课很安静，学生们都很专注。	
好事2：	
好事3：	

本章思考

- 你对自己讲述的故事有什么见解？
- 如果你讲述不同的故事，哪些感受可能会发生变化？
- 本章的哪些部分帮助你对自己有了新的认识？

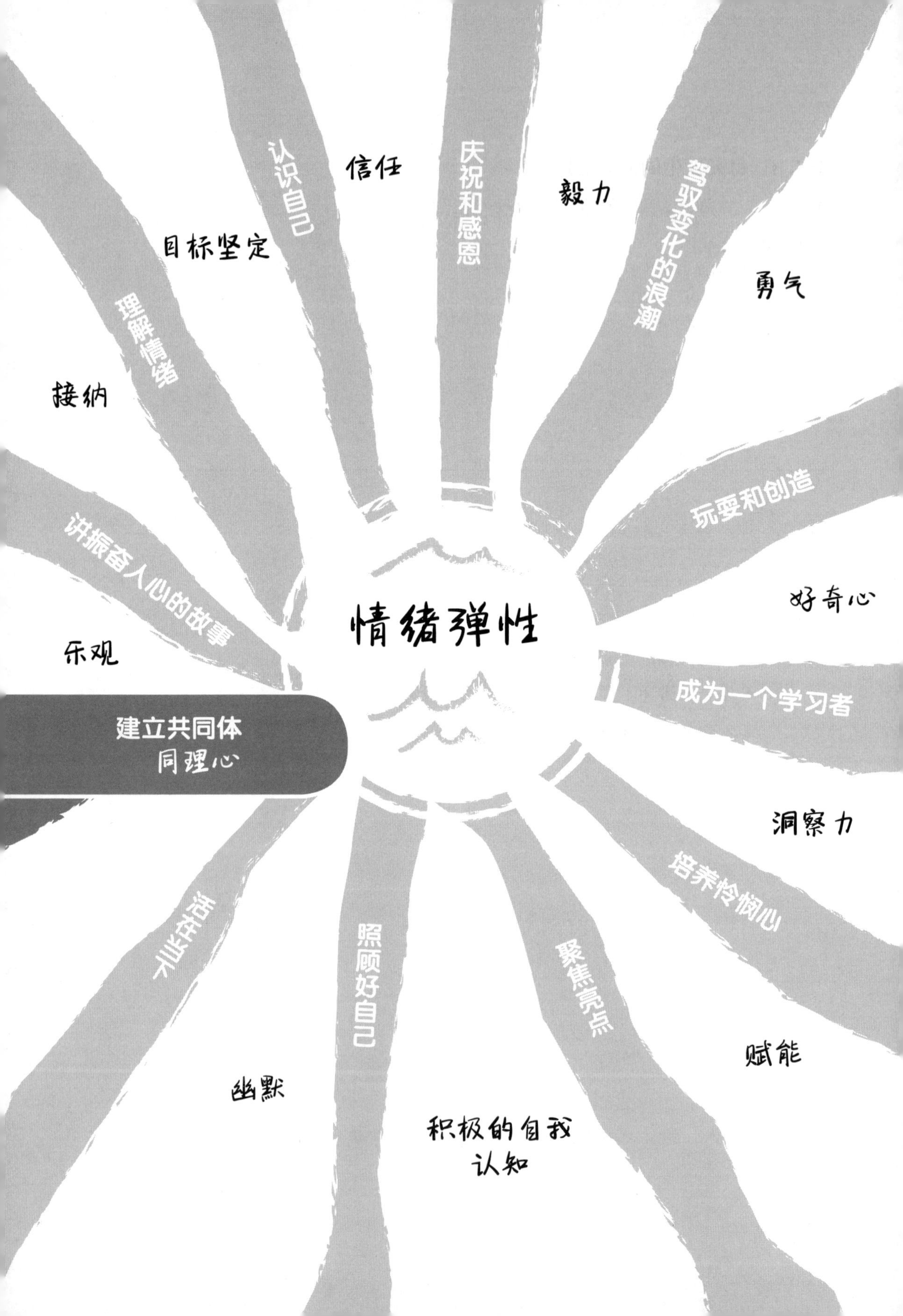
情绪弹性
认识自己
信任
庆祝和感恩
毅力
驾驭变化的浪潮
勇气
玩耍和创造
好奇心
成为一个学习者
洞察力
培养怜悯心
赋能
聚焦亮点
积极的自我认知
照顾好自己
幽默
活在当下
建立共同体
同理心
乐观
讲振奋人心的故事
接纳
理解情绪
目标坚定

第4章
建立共同体

> **9月**：在这个月里，我们周围都是新朋友，建立牢固的人际关系必须成为我们的首要目标。我们建立的共同体是我们弹性能力的基础。

我们是社会生物，我们需要彼此才能茁壮成长。一个强大、健康的共同体可以帮助我们度过充满挑战的时刻，为我们的生活带来欢乐。当我们建立共同体时，我们就能建立对彼此的同理心；而相互之间的同理心又有助于我们建立共同体。

在我任教第一年的第一个月，我每天都会去员工餐厅，和同事们坐在一起吃饭。并不是所有的教师都在餐厅用餐，新来的教师明显不在，我对那些不在场的人感到好奇。不过，餐厅里坐满了老教师，我想他们应该了解我们工作的社区。为了汲取他们的智慧，我留在桌边，踊跃提问。

可是，我看到的是愤世嫉俗、精疲力竭的教师，他们恶毒地抱怨自己的学生，贬低学生的家庭，哀叹他们缺乏纪律。我一个2年级学生的前任教师说："他周围全是瘾君子、性从业者和不三不四的人，从他的行为就能看出来。他15岁时就得进去，你等着瞧吧。"另一位教师给出了这样的建议："像对待监狱里的人一样对待他们——秩序、例行公事、严格的后果、隔离，这是你能为他们做的最仁慈的事情，这样他们到了监狱就会有所准备。"当我问及有关教学、引导参与的策略和课程相关的问题时，他们递给我一些工作表。他们告诉我，"作为一名教师，生存的诀窍就是抢占复印机。因为复印机用多了，早上8点就会‘罢工’”。

到了10月份，我每天都一个人在办公室的工位吃饭。我觉得自己不属于那个餐厅。但因为我追求集体，所以我在寻找志同道合的人。在我教书的第二年，我每天都和学校的语言治疗师贝蒂娜一起吃午饭。每天28分钟的友谊、欢笑和同志情谊是我情绪弹性的主要来源。

几年后，我对我的老同事们有了更深的了解。许多人已经在那个社区教了几十年书；有几位教师来自那个社区。累计起来，他们目睹了数以百计的昔日学生沦落到自己绝不希望他们沦落的地方。这些教师可能感到无能为力，屈从于系统性的暴力压迫。这并不能为他们无效的教学策略或谈论孩子的方式开脱，但我看到了这些教师是如何同样被这个系统吞噬的。

在我的教师生涯中，我一直在寻找那些愿意学习、对学生敞开心扉的人，寻找那些传授智慧、鼓励我坚定信念的导师。我的一些学生就像我的家人一样，教了他们20年后，我仍然会和他们聊天，叫他们mijo（儿子）或mija（女儿）。建立共同体直指让我们的工作如此有意义的核心所在：它是联系和快乐的源泉。

为什么要关注共同体建设?

20世纪40年代，心理学家亚伯拉罕·马斯洛（Abraham Maslow）发表了一个现在很著名的金字塔理论，即人类的“需求层次理论”，试图解释人的动机。马斯洛建议我们沿着金字塔一路向上，从最底部的睡眠、食物和水等生理需求开始。其次是安全需求，如住所和身体健康。马斯洛认为，最下面的两个层次是我们生存所必需的，而其余的需求则是非必需的。这些需求包括对爱、归属感和被尊重的需求。位于金字塔顶端的是自我实现的需求，即充分发挥自身潜能的需求。

人类需要社区

马修·利伯曼（Matthew Lieberman）是一位社会神经学家，他所做的研究与共同体建设息息相关。他认为，马斯洛把金字塔的顺序搞错了。我们当然都需要食物、住所和水，但利伯曼指出，婴儿无法自己满足这些需求。他们只有在有一个致力于满足其生理需求的照顾者的情况下才能生存，这表明社会联系是我们的首要需求，应该位于金字塔的底部。利伯曼写道："马斯洛金字塔的这种重构告诉我们一些关于'我们是谁'的关键信息。爱和归属感看似是一种我们可以不需要的便利，但我们的生物构造就是渴望联系，因为它与我们最基本的生存需求有关。"

这一理论在调查记者本·罗伦斯（Ben Rawlence）令人心碎的著作《荆棘之城》（*City of Thorns*）中得到了验证，书中描述了世界上最大的难民营。在肯尼亚北部的沙漠中，约有50万东非人在这个难民营中勉强度日。罗伦斯观察到，人们忍受一周的饥饿，只是为了买一部手机，能够使用社交媒体与失散的亲人联系。他们选择社区而不是食物，因为我们非常需要彼此。

在关注社区建设的过程中，我们有机会进一步明确健康共同体的定义。对不同的人来说，这可能意味着不同的东西。对我来说，一个能够培养我的弹性能力的共同体，是一个能够包容不同存在方式的共同体，是一个人们善于倾听、个人和团体的成就得到赞美、不健康的冲突得到解决、决策过程透明的共同体。当我所处的职业共同体不具备这些要素时，我的情绪弹性就会受到削弱。你需要什么样的共同体来激发你的情绪弹性？

强大的共同体能留住教育工作者

以下是我们需要关注共同体的主要原因：教师不会离开强大的共同体，孩子们则会在强大的共同体中茁壮成长。我工作了19年的大城市学区问题重重，工资明显低于邻近学区。我知道，如果多开5分钟车到另一个学区工作，我的年薪就能增加1万美元。然而，我拒绝了更高的薪资，宁愿留在一个让我感到归属感和被爱的共同体。

相关研究回顾

以下是对情绪弹性和共同体这一主题的研究总结：如果没有健康的人际关系，你就无法茁壮成长。具有情绪弹性的人周围都是支持他们的朋友和家人，他们之间的关系以相互信任和共情为特征。广泛的人际关系网络能让我们感到自己与他人紧密相连，而缺乏社会支持则会产生社会疏离感以及抑郁、焦虑和倦怠。研究人员花了很多时间来积累这些发现，但我相信你一定知道它们是真的。

讽刺的是，尽管教师每天与数十或数百人共处，但教师却是最孤独的职业之一。这是因为，对抗孤独需要的是同侪的陪伴。

当我们需要决定如何花费时间和资源时，这项研究就显得尤为重要。如果你每天有28分钟的午餐时间，那么你可以坐在工位上工作或浏览社交媒体，也可以找同事一起吃饭——这可能会提高你的情绪弹性。如果你是一名团队领导，每周只有55分钟的会议时间，那么8分钟的团队建设时间可能会增强团队成员的情绪弹性。如果你是一位校长，在开学前带领教职工参加为期两天的静修，为信任和理解打下基础，这可以让教职工之间建立联系，从而获得回报。是的，开展静修活动的成本很高，但教师流失的成本也很高。

与学生和家长的关系

同侪关系固然重要，但教师与相处时间最长的年轻人之间的关系也同样重要。虽然我一直努力与我所教的每一群学生建立健康的共同体，但有一次经历改变了我对可能性的看法。作为奥克兰公立学校攀越学校（ASCEND）的创始教师（我们创办于2001年），我连续3年教了同一群45名学生的人文学科。在这么长的时间里，我们朝夕相处，共同开始一些新的事情，这让我们结下了深厚的情谊。这是我教学生涯中最有成就感的几年，我与这些年轻人建立的联系延续至今。有研究表明，了解自己的学生有助于增强弹性能力，当我回想作为一名教师感到最快乐、最有效率的那些年时，正是我与学生关系最紧密的时候。

在攀越学校的那些年里，我还和学生家长建立起了互助共同体。当我儿子出生时，我的生活中缺少有智慧的年长女性，我学生的母亲们慷慨地分享了她们的智慧。在我们共同养育孩子，引导他们度过充满挑战的阶段，并在他们遇到困难时帮助他们解决问题的过程中，我常常感受到一种真正的伙伴关系。这也是一种独特而滋养的关系，其特点是相互尊重和欣赏。我在这所学校能工作这么多年，主要是因为我与同事、学生及其家长之间的关系，这些关系在困难时期至关重要。

对领导者的启示

大学教职员工、导师和教练的支持对于帮助新教师发展学术、实践和培养情感能力至关重要。也有证据表明，与同侪的互助关系可以改善“学习共同体”，从而提高新教师应对压力的能力，并发展他们的教学技能。同侪支持还有助于新教师形成职业认同感，增强他们对教学的承诺，从而有可能提高留任率。有大量研究得出结论，社会支持是新手教育者建立弹性的最重要机制之一。

人们通常认为，进入助人行业的人已经具备了高度发达的社会技能，因此，教师培训计划和新教师培养计划都没有把重点放在拓展这些能力上。关于情绪弹性能力的研究对职前项目、新教师支持和发展以及为新教师提供的辅导都有影响。这种支持的核心内容应该是情商、社交技能和沟通能力的培养。你肯定希望你的教师彼此之间建立健康的共同体。

我们可能希望所有的新教师都具备这些精湛的技能和知识，但事实并非如此。我们要么继续一厢情愿，要么设计出符合现实情况的专业发展课程。是的，我们可以改进招聘技巧，这样我们就更有可能吸引、聘用和留住那些具有较强社交商和情商的人，但更有可能的是，我们需要继续培养他们的这种能力——教学压力有其独有特性，即使是情商高和应变能力强的人，在课堂上的头几年也会受到考验。

旨在培养这些技能的专业学习可以在小组（也许是新教师专业学习共同体）、一对一指导课程和全员专业发展课程中进行。以下是新教师（也许是大多数教师）需要探讨的主题清单的开头部分：

- 与同事意见相左时该怎么办？
- 如何应对餐厅里消极的教师？
- 如何向校长寻求更多的支持和帮助？
- 如何对校长提出相左意见？
- 如何与校长建立良好关系？
- 如何应对有情绪的家长？

- 当你觉得学生不喜欢你该怎么办?
- 当你不喜欢一个学生该怎么办?

我相信你还可以在这个清单上添加几十个主题。回想一下你早年作为一名教育从业者的经历。哪些技能可能帮助你与同事、管理人员、学生及其家人建立起了健康的共同体?领导者们,如果你想阻止大批教师流失的话,那就创建一个滋养的、健康的共同体吧!

信任：健康共同体的基础

信任是健康共同体的先决条件,这是无法回避的事实。如果你想建立一个共同体,无论是在教室里的学生之间,还是在学校里的同事之间,都要把重点放在建立信任上。虽然职位领导者在为学校共同体成员之间的信任创造条件方面发挥着关键作用,但你不能坐等这些条件达到最优状态。你可以积极寻找并与同事建立信任。

尽管我们可能都对什么是信任有直观的感受,但对信任有一个理智的理解对我帮助很大。我对信任别人有一种强烈的感觉,当我回想起多年的教师生涯时,脑海中就会浮现出一些记忆,例如,我在第一所学校时对语言治疗师同事贝蒂娜的绝对信任。建立信任框架有助于引导我变得更加值得信任,并认识到他人的行为可能会让我对他们产生信任。它还帮助我与他人接触并培养和他们之间的信任。

信任是什么?

想想在你的个人生活和职业生涯中,信任是什么感觉。回忆一下你真正信任的人。是什么让你信任他?你认为是什么让别人信任你呢?

信任是一种情感状态。它是我们对他人的品格和能力的信心。让我们来解读一下这个定义。品格关乎诚信——我们有多诚实,我们的言行有多一致,我们的计划是隐藏的还是公开的。能力涉及技能和本领：我们信任那些已经证明自己拥有技能和知识,能够说到做到的人。信任能力这一要素在专业环境中非常重要。例如,我可能会喜欢一位同事，把她当作朋友，相信她会支持我，但说到她的专业技能，我可能会怀疑她明年是否有能力教我的孩子，这意味着我可能不信任她。因此，不信任就是对诚信和能力的怀疑，这是我在许多学校的成年人文化中看到的。鉴于组织中的许多功能障碍都可以追溯为缺乏信任，我们需要花时间了解这种情感状态。

关系型信任

多年前，学习所谓的关系型信任帮助我了解了自己和我工作的学校。它帮助我认识到，我可以做些什么来改变我与同事共事的经历；它也让我认识到我无法改变的东西。它让我明白了如何才能建立更强大的共同体。

关系信任理论（relational trust）是研究者安东尼·布里克（Anthony Bryk）和芭芭拉·施奈德（Barbara Schneider）提出的概念，是指在群体环境中发生的人际社会交往所产生的信任。以下是本研究关于共同体对弹性能力的作用的3个主要发现：

1. 成年人之间的关系信任程度对学生的学习有影响。如果教职员工之间以及教职员工与家长之间的关系信任度高，学生就会茁壮成长。如果你所在的学校关系信任度较低，其后果就不仅仅是教职员工聚在一起时会明显感到不舒服。这意味着学生正在受到负面影响。

2. 为建立信任，在学校工作的每一群成年人都需要了解自己的义务，也需要明确其他人的义务。我们相互依赖。没有彼此，我们就无法实现教育学生的目标。角色清晰是信任存在的关键。例如，我经常想：他整天都在干什么？他不是在院子里和孩子们聊天，就是一个人关在办公室里。

3. 信任受我们对同事意图的判断的影响。如果我相信我的年级同事是来为孩子们服务的，我就会更加信任她。影响我们对同事的意图下结论的因素很多。这些因素包括我们以前与他们的互动，以及对他们的种族和民族、性别、年龄和教育背景的假设。

我们会根据自己在以下4个方面的评估，对同事的意图得出结论：尊重、个人关注、履行核心职责的能力以及个人诚信。当你觉得无法信任别人时，往往是因为你在这些方面对她的评估。想想你不确定自己是否真的信任的同事。然后问自己这些问题：

尊重	• 我们是否是真诚地相互交流和倾听？ • 他/她是否认可我的尊严和想法？ • 我们的互动方式是否友好？
个人关注	• 我们是否在工作上和个人生活上都关心对方？ • 他/她是否愿意付出额外的努力？
履行核心职责的能力	• 我是否相信他/她有能力并愿意有效地履行职责？
个人诚信	• 他/她是否说到做到？ • 我是否相信他/她会把学生的利益放在第一位，尤其是在需要做出艰难决定的时候？

当我回顾这些问题时，我想到一位我并不真正信任的同事，我对有关尊重和个人关注的问题回答是肯定的。但当我问到履行核心职责的能力这个问题时，我意识到，我认为她无法履行自己的职责。这就是我不敢相信他的原因。当我再次回顾这些问题时，我想到了一位我怀疑不信任我的教师，我想知道他为什么不信任我，于是我在有关个人关注的问题上停了下来。我意识到，我不确定自己是否真的关心他的个人生活或工作。从理论上讲，我关心他，因为我关心人类，但我根本不了解他，这似乎是我关心他的一个障碍。当我设身处地地为他着想时，我能感觉到他为什么会不信任我：我不了解他，也不是真正地关心他。

这对建立信任有什么具体意义呢？对我来说，这意味着如果我想让别人信任我，我需要好好倾听，关心对方的个人生活，相信他的能力，并且说到做到。这些描述也有助于我理解，为什么我可能不信任那些待我不友善或不具备履行职责所需技能的人。信任是复杂而微妙的，它是我们的过去与现在、身份与目的的结合点。对信任的理解有助于我们做出决定，从而增强我们的弹性，帮助我们找到健康的共同体。

对领导者的启示

• 培养信任，为健康的共同体创造条件，是所有领导者的首要职责——无论你是在课堂上建立共同体的教师，在教职员工中建立信任的校长，还是在你所服务的学区中建立信任的学监。

- 要建立信任，你必须注意倾听和对话、使命、愿景和价值观、非语言沟通、履行承诺、分歧和冲突，以及个人历史和差异。大多数成年人和孩子在新学年开始时参加的共同体建设活动是不够的。返校烧烤活动并不能建立信任。讨论什么是尊重他人的沟通方式才是关键。

通过创造低风险的情境来协调神经生物学，在这些情境中，人们可以相互了解，进行富有成效的对话，并共同享受乐趣。通过玩猜字谜、搭积木、种花、一起吃饭——做一些日常生活之外的事情，来提高催产素和多巴胺的水平。根据保罗·扎克（Paul Zak）的研究，在会议开始时给大家8分钟时间互相讲故事，可以提高催产素水平。你的工作就是激发他们的思维，让他们彼此联系、相互协作。

如何建立共同体?

有时，对建立共同体的描述是技术性的、肤浅的。我经常读到一些关于如何建立共同体的建议，这些建议似乎只触及了社会关系的表面，似乎不太可能创建出我们都渴望的那种真正富有弹性和健康的共同体。例如，知道邻居的名字当然是建立共同体的一部分，但他们的名字只是我们需要知道的事情的冰山一角，也是为了真正创建一个包容的共同体，我们需要与邻居沟通的方式的冰山一角。

在思考了许多建立共同体的方法之后，我最终围绕4个高杠杆策略整理了我的想法。我试图将它们归纳为既可以付诸行动，又能体现共同体建设的深度和挑战的方法。4个策略详见图4.1。

从某种程度上说，构建共同体的总纲应该是文化能力。我们可以从这个角度来完善沟通技巧、学习肢体语言和解决冲突。不过，我将这些内容拆分开来，以一种更全面的方式逐一审视，然后重点关注该策略的文化能力方面。这并不是一个全面的视角；它旨在引发思考，并提出有待进一步探究的领域。

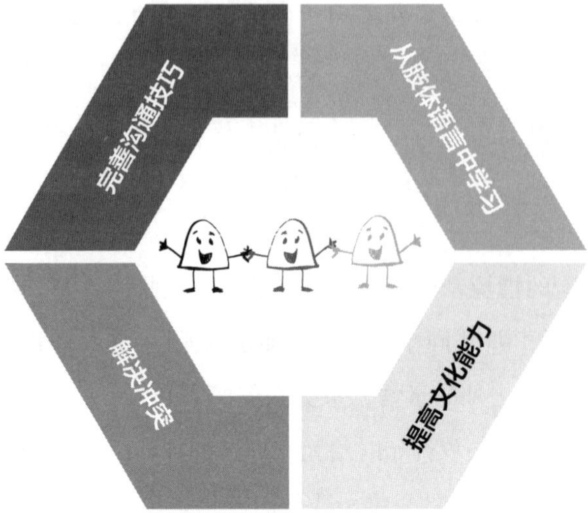

图4.1 建立健康共同体

完善沟通技巧

你是如何倾听的？聆听时，你的思绪会流向何处？有时，也许你会仔细聆听说话者所说的话，敞开心扉，让他的话填满你的内心。其他时候，也许你的思绪会飘到评判或不耐烦的地方，也许你想跳出来提供解决方案和建议。现在是时候为我们的倾听方式和所提问题负责了。倾听是健康社交关系的核心——是时候掌握这种技能了。

局限性倾听

我们曾提出过许多问题，这些问题披着盔甲，意在挑起争斗。我们也曾提出过许多问题，这些问题自恃才华横溢、学识渊博，把研究成果夹在腋下大摇大摆地走了出来，以为在学习机构的殿堂里，博学的傲慢是可以接受的。我们还提出过一些伪装成无力的操纵的问题。

我们中的一些人发现，我们的“对话军国主义”（conversational militarism）与我们的价值观相冲突，于是我们改变了策略。当对方说话时，我们保持沉默，并在她说完后停顿2秒钟，然后再表明自己的观点，让自己误以为自己在听。然而，这并不是倾听。这仅仅是一种计算秒数和监控话语的技术技能。我们操纵倾听和回应来让对方沉默。

然后是义愤填膺。当只有一扇守卫森严的精神之门，所有声音都通过它进入“正确”堡垒时，我们就会这样倾听。哨兵会毫不犹豫地斩首那些看起来不对劲的人。没有时间去深入理解，没有时间去看大局，也没有时间去倾听痛苦；没有时间去好奇或同情，因为那扇门矗立在“紧迫”之上。不公正和统计数据已经堆积如山，没有时间了。

我们还有其他的倾听方式：这样我们就能想出解决问题的办法，成为拥有所有答案的人，成为所有知识和解决方案的来源；成为别人需要的人；成为拥有力量的人。我们怀着怜悯的心情倾听，认为他人渺小且软弱。我们倾听是因为我们想得到肯定，我们提出的问题掩盖了我们对肯定的需求。

我们局限性的倾听方式可能让人感觉熟悉，但我们可能会渴望更多，比如真实的联系。我们可能已经对这种渴望麻木了，但偶尔它还是会迸发出来。局限性倾听令人窒息。如果我们对自己的倾听方式负起责任，就能扩大我们的倾听范围，与他人建立更牢固的关系。

扩展性倾听

与局限性倾听形成鲜明对比的是我所说的扩展性倾听——你可以通过一系列渠道进行倾听，从而建立联系和社区。表4.1介绍了这些倾听方式。

不要为自己的倾听感到羞愧。保持同情心和好奇心。在开始扩展性倾听和提出新问题时，你可能会感到害怕，这很正常。这是个陌生领域。当你发言时，请大胆提问。请保持诚实和尊严，从你内心最善良、最温柔的部分出发提问。

扩展性倾听和慷慨提问需要勇气和练习。它们需要对不同的存在方式做出坚定的承诺。它们需要的是对未知世界的探索。你不需要放弃所有的观点，也不需要玷污自己的经历。你确实需要愿意被你听到的东西所改变。我们的心智具有巨大的灵活性和扩展能力。这种倾听是可能的。

表4.1 扩展性倾听方式

倾听方式	建议
倾听整体	倾听整体、相互联系、系统交汇的声音；在众多活动片段中看到人物和情况；看到整体和细节。
带着爱倾听	敞开心扉倾听，要知道你的心不会破碎，它可以承受许多人的痛苦和苦难；与说话者同在，理解他的人性。
倾听痛苦	倾听痛苦，不要试图修复它；倾听故事背后的原始情感。
谦逊地听	带着感激之情倾听，感谢他人对你的信任。在情感和经历面前要保持谦逊。
怀着好奇心倾听	倾听时，不要执着于你认为现在情况应该是怎样的，不要臆想过去，也不要执着于未来。乐于接受惊喜。放下假设。
带着怜悯之心倾听	暂停对自己和他人的评判，欣赏并接受每个人都会根据自己的知识和技能以及历史和世界观做出合理的选择。
带着信心倾听	倾听时要对自己充满信心，相信自己有能力广泛倾听，并从中做出回应；要相信对方有能力解决自己的问题。
为人际关系倾听	为与可能成为资源的人建立健康的关系倾听；为寻找尚未开发的力量和营养源泉倾听。
倾听可能性	倾听时要坚信事物还可以有其他的发展方式，相信对方能够发现这些方式；倾听时要注意发掘未被发现的潜力。
带着希望倾听	倾听时，不要执着于结果，而要坚信存在着你可能没有意识到的变革的可能性。

问问题和回答

从扩展性倾听中产生的慷慨问题听起来像什么？我不会告诉你这些词，因为我相信你能找到它们。人们不会在意你的语言是否准确。他们会原谅你的笨拙或漫无边际的句子，只要他们感受到你是想要广泛地倾听，并以谦逊的态度提问。想想看，这不也是你想要的吗？被带着爱倾听？

以下是一些具体的建议，可以指导你进行探索：

- 不要着急提问，慢慢说。
- 倾听时深呼吸。
- 在对方说完后，说“谢谢你，再给我讲一些吧”。
- 不要说太多。

- 在回答之前，说“我需要一点时间思考”。在你思考的时间里，看看窗外，让思绪漫游。不要担心对方在想什么。花时间思考是值得尊敬的。
- 保持眉间距柔和，放松双臂，让下巴自然下垂，微微一笑。
- 多想想你从什么地方开始倾听，并选择带着爱来倾听。

你会收获这些东西：重新定义与他人在一起的意义的关系；亲密关系；与同事、上司、学生和家人的伙伴关系。在这些关系中，你会感到被接纳、踏实、充满希望和卓有成效。

从肢体语言中学习

像看视频一样，回忆一下你上次参加的团队会议。看到自己坐在桌前。你注意到自己的肢体语言有哪些变化？你认为你通过肢体语言传达了什么信息？

回想起最近一次我不想参加的会议，我怀疑我的肢体语言传达了这一点。我坐在那里，双手交叉，身体后仰。我记得那个组长没有与我进行眼神交流，这让我觉得我无法信任他。他说话的语速很急，语气有些平淡，对我们这个狭小的房间来说他的音量太大了。我尽量不提问题，不分享我的观点，也没有提供建议。在这个小组里，这对我来说并不是什么新鲜事：这不是一个能让我感到安全的共同体，也不是一个能激发我的情绪弹性的共同体。

非语言交流可能比我们口中说出的话语更能表达我们的意思；我们的语言可能只传达了我们想要传达的信息的一部分。在我们建设共同体的过程中，我们需要揭开沟通的层层面纱，审视我们自己的非语言表达，并思考我们是如何解读他人的非语言表达的。这种反思会把我们带入一些我们原本不会去探索的地方，但真正的共同体潜力就在那里诞生。

对我们大多数人来说，我们想要传达的信息是通过我们的音调、语调、音量、节奏和肢体语言传递的。专家指出，大约65%的交流是通过我们的姿势、手势、面部表情和眼球运动等非口头方式传递和接收的。这些典型的潜意识行为能让我们了解某人的态度或精神状态，因此我们会不断审视他人的非口头语言，并赋予其含义。

肢体语言通过以下方式在建立共同体中发挥作用：

- 当我们与某人交谈时，如果发现他/她所选择的语言与他的肢体语言不匹配，我们对对方的信任就会减少。
- 当我们自己的肢体语言与我们所说的不一致时，别人就不会那么信任我们了。
- 如果我们无法读懂一个人的非口头语言，我们在他/她身边就会感到不舒服。
- 当我们误解别人的非口头语言时，我们可能会错失与对方建立联系的机会，甚至会采取对对方产生负面影响的行动。

在本节中，我们将在以下两个方面来回切换：一是你如何通过非口头语言表达自己，以及这可能对你与他人的关系产生的影响；二是你如何解读他人的非口头语言，以及这些解读可能对你与他人的关系产生的影响。

肢体语言既有普遍性又有文化性

肢体语言既有普遍性，又具有文化特殊性。研究人员发现，许多情绪的肢体表达——恐惧、骄傲、愤怒、喜悦、羞耻和悲伤——在世界各地看起来都是一样的。例如，羞耻的表达方式是蜷缩身体、把自己折叠起来、使身体变小。这种情绪在世界各地都有相同的身体表现。事实上，许多情绪的表达方式都是跨文化共享的，这让我们能够更准确地解读他人的暗示，表达自己的暗示，并确信无论是何种语言或文化，我们都可以进行交流。

然而，所有的文化在肢体语言和身体互动的不同方面也有特定的含义。这就是在我们日益多元化的社会中，沟通变得复杂的地方。让我们来看几个例子。在某些文化中，孩子与权威人士进行眼神交流是不尊重的行为，而在另一些文化中，孩子不与权威人士进行眼神交流则是不尊重的行为。在某些文化中，当老师见到学生家长时，伸出手与家长握手是一种尊重，而在其他文化中，女性教师用这种方式与男性监护人打招呼是不恰当的。在有些文化中，用手势说话是一种生动的表达方式，而在另一些文化中，过多的手势则被视为不礼貌。

作为一名教师，我在课堂上遇到过所有这些互动方式。孩子们不敢正视我的眼睛，让我感到困惑和不安。我不知道如何与一个也门的父亲打招呼，当他震惊地看着我伸出的手时，我尴尬地将手臂垂到了身旁。此外，有些家长的非口头语言（音调、节奏和音量）也让我感到困惑。他们为什么这么生气？我一边想，一边记录下他们大声而激烈的交流。当我教中学生时，他们所处的社会心理发展阶段又给这种混乱的交流方式增添了新的内容：他们肯定用了大量夸张的行为来传达他们的信息。

这些沟通方式上的差异从几个方面影响了我发展社区的能力。首先，有时我会错误地解读信息。例如，这妨碍了我与家长建立真正的联系。还有一些时候，我对某些非口头语言的反应（例如，学生没有进行眼神交流）导致我采取了一些行动，在我和学生之间造成了不必要的距离。有时，我的沟通方式会被误解，这意味着我错过了建立本可以滋养彼此的关系的机会。

你能想到你的非语言沟通可能被误解的时刻吗？你能否回忆起你对他人非言语的解读可能是错误的，并因此造成了你们之间的距离的时刻？

对行动的启示：暂停一下，好好想想

那么，我们该如何利用这些知识和意识呢？在第2章中，我讨论了如何培养通过身体表达情绪的意识。本章稍后我们将再次讨论这个话题，现在让我们把注意力转向如何解读学生、家长和同事的非口头语言。

第一个启示：在解读他人时要暂停一下。不要对别人的信息或情绪迅速下结论。在你的观察和假设之间留出空间。这是一个关键的起点。

对行动的启示：探索无意识偏见的作用

这就是事情变得更加复杂的地方，因为当我们停下来时，我们可以探索文化中根深蒂固的期望和假设，而这些期望和假设往往是我们没有意识到的。让我们从性别角色和普遍的文化期望说起，即女性要有教养、善良和礼貌，这反映在包括大量微笑的肢体语言中。不笑的女人会让一些人感到不舒服。如果她不笑，很多人甚至会觉得“人家是天生冷美人”。“冷美人”在男性中并没有对应的表达。当男人不笑时，他们会被认为是深思熟虑、稳重或坚韧；男人不会被要求“多笑”。如果这些是你潜意识中对性别角色的文化假设，那么，如果你的新校长是一位女性，而她不常笑，你可能不会像信任一位男校长那样信任她或给她机会。你的解读可能会阻碍能够提高你的情绪弹性的滋养型关系的发展。

虽然你的解读是问题的一部分，但系统性压迫才是根源。这深深地影响了我们对他人的看法，并表现为隐性偏见。隐性偏见是影响我们对某些群体的反应的无意

识态度和刻板印象，尤其是在种族和民族、阶级、性别和语言方面。隐性（或无意识）偏见往往在我们不知不觉中产生。我们从出生起就一直在吸收偏见，所以我们每个人都有偏见。要意识到这些偏见，并确保我们的行为不受其影响，需要付出努力。

让我们花点时间来探讨一下隐性偏见是如何影响我们对非语言线索的解读和我们的行为的。社会科学家已经做了大量研究，将我们无意识的偏见与我们的行为联系起来。一个经常被引用的例子是，一个白皮肤妇女走在街上，面对一个向她走来的黑皮肤男子。她攥紧皮包，穿过马路走到另一边。这就是行动中的隐性偏见，它反映了几个世纪以来的种族主义和认为黑皮肤男人是危险人物的观念。

这在学校是如何表现出来的？隐性偏见如何影响你建立健康社区的能力，从而提高你的情绪弹性？斯坦福大学的研究团队就非裔美国学生是否会因为同样的行为而受到与白人学生同样的惩罚这一问题进行了研究。其中一项实验是这样进行的：向教师们展示了一些中学生的行为记录，并让他们想象成是自己的学生。这些记录是那些有过两次不良行为的男生的，他们不专心学习，目中无人。研究人员给其中一些学生起了典型的黑人名字，比如德肖恩（DeShawn）或达内尔（Darnell），给另一些学生起了典型的白人名字，比如格雷格（Greg）或杰克（Jake）。

教师们查看了这些行为记录，并回答了一系列问题，其中包括：

- 你对该学生的恼怒程度如何？
- 你认为他应该受到多严厉的处分？
- 你认为这个学生是个麻烦制造者吗？

在这些记录中，唯一不同的是学生的名字，他们的不良行为完全相同。研究人员发现，与格雷格或杰克相比，教师们更倾向于加重对达内尔或德肖恩的惩罚。他们更有可能让达内尔或德肖恩停学。此外，非裔美国教师的反应也没有什么不同——隐性偏见在黑人教师中同样强烈。

根据美国教育部2014年的一份报告，非裔美国学生被停学或开除的可能性是白人学生的3倍。在美国，非裔美国女孩被送到办公室的首要原因之一就是她们对老师翻白眼。这直接导致了肢体语言在隐性偏见的过滤下被解读和扭曲，而这些解读又助长了从学校到监狱通道的问题。

这项研究还没有完成，但我认为隐性偏见可能会进一步影响同事之间建立关系的能力。想象一下：一位来自小镇的年轻新教师加入了一个城市地区的教职员工队伍。到新学校的第一天，他走进正在举行返校教职工会面的餐厅，打量着整个房间，想找个地方坐下。他看到一些与他的文化背景不同的年长女性在大声交谈，由于他对她们的肢体语言做出了快速和无意识的推测，他选择独自坐在一张桌子旁。也许稍后会有其他人加入他的行列，但也许在那张与吵闹的年长妇女同桌的桌子上有一位教师，她本可以成为他的导师，帮助他克服不久后把他淹没的文化差异，她本可以成为他的朋友。

我们对他人非语言交流的解读，那些可能会被隐性偏见所扭曲的解读，可能会妨碍我们与同事或上司建立共同体关系，也可能会导致我们动摇自己作为教育工作者的主要目的——为孩子服务。

> 受人爱戴的共同体不是通过消除差异形成的，而是通过肯定差异，通过我们每个人对塑造我们是谁以及我们如何在这个世界上生活的身份和文化遗产的主张而形成的。
>
> ——贝尔·胡克斯

静下心来思考一下这些想法。你能想到一次你对别人肢体语言的解读造成了你们之间的距离的情况吗？你能想到因为你对别人的看法而错失的联系机会吗？你能想到别人曲解你的身体语言的时候吗？当你回忆这些事件时，你会想到什么？

提高文化能力

文化能力是指理解、欣赏来自不同文化或信仰体系的人，并与之互动的能力；它是在做某件事情，无论是教导学生、与同事合作，还是与朋友社交时，驾驭跨文化差异的能力。这些差异可以是代际、种族、性别等方面的。要想建立强大的共同体，支持你成为有弹性的人，你就需要培养自己的文化能力。

为了具备文化能力，你必须能够做到以下几点：

1. 意识到自己的文化身份、关于差异的信念以及无意识的偏见。

2. 了解文化（在交流、情感、执行规范和人际关系方面）的普遍作用以及关于其他特定文化的知识。

3. 有效地驾驭差异。自我意识和知识不会自动转化为行动能力。

无论我们的种族或民族、性别和社会经济背景如何，我们都需要培养文化能力；如果我们真的想要创建健康的共同体，那么这种学习对我们所有人来说都是必要的。让我们来看一个例子，看看一位领导者是如何努力培养自己和教职员工的文化能力的。

理查德是来自东海岸的非裔美国人，是一位我指导了多年的校长。他与我交谈时声音洪亮，神采飞扬。他经常用手势语言，并表现出各种情绪。然而，我注意到，当他与以白人为主的教职员工交流时，他就变得很收敛。

理查德与我合作的重点是了解他所在学校的种族动态，以及作为这个背景下的领导者的他自己。作为调查的一部分，他采访了教职员工，了解他们对他的感受。我旁听了其中的许多访谈，其中一位年轻的白人女教师这样说道：“当我和你独处一室时，我感到很紧张，因为有时你看起来很生气，我不确定你会做什么。”在收到反馈的那一刻，理查德看起来平静而镇定，尽管我注意到他的手在颤抖。

后来，当我们听取关于这次交流的情况时，理查德谈到了领导一个以白人为主的团队的体验。“这是一种非人化的体验，”他说，“他们害怕我的黑人身份，而我却要照顾他们的情绪，让他们感觉良好。我的意思是，她居然‘害怕’我？她不知道我会做什么？我和他们在一起的时候说话都非常小声！”

理查德并不是我指导过的唯一一位身体语言和说话方式让别人不舒服的领导者。我曾与许多非裔美国女性领导者合作过，她们被告知自己太大声或太易怒，“吓到”了她们的教职员工。这些情况为我们提供了进行社会批判、自我反思以及培养自己和他人的文化能力的机会。

审视文化

在美国，我们生活的文化是由白人/欧洲人、中产阶级和父权价值观主导的。当那些来自非主流群体的人不遵守这些文化规则时，他们就会被告诫：你有问题。你做得不对。安静一点；友善一点，微笑；用这种语气和句式说话。文化是一种阴险而有力的压迫机制，它强化了一个系统的价值观，而那些不合群的人则被指责违反了文化规范。正是在这种背景下，理查德收到反馈，说他的交流方式很可怕。

以下是我们需要提出的一些问题：在一个非主流群体中，如果某种交流方式是可以接受的，那么该群体的成员混杂在一起时，是否应该放弃这些方式，而表现出主流文化的规范？主流文化要求受其压迫的人遵守规范，这公平吗？我们这些来自非主流文化的人是否应该为了获得自身的安全和认可而默许、同化和采用主流文化的语言和表达方式？

当我们听取情况汇报时，理查德对他从教师那里听到的事情感到愤怒和悲伤。在他分享了自己的感受后，我转述了我听到的话，并补充说："作为一个人，你有权在学校做你自己，作为一个黑人在这里，而不必去迎合社会对黑人的扭曲观念。"这是事实的一部分。

向内求索

另一个事实是：我们都有责任用一面隐喻的镜子来审视自己。我们所有人都是。我们永远无法放下这面镜子，因为变化是永恒的，自我认知的旅程是无限的。

当理查德照镜子时，他意识到自己在创造他所处的环境中所扮演的角色。理查德发现，当他与最年轻的白人女教师交流时，他非常害怕她们会害怕他，所以他把自己"调到了最卑微状态"，就像他自己说的那样。"在与她们交谈时，我会感到强烈的焦虑，"他解释说，"我实际上可以看出这可能会让人不安。她们误解了我的意思：她们害怕我，而实际上我害怕她们，或者害怕做一些会让她们不舒服的事情。但我想，她们很难理解我的情绪状况，再加上对黑人男性的扭曲观念，她们就会觉得我很生气。我并不生气，但我肯定不舒服，也不真实。"

在第2章中，我描述了另一位校长索尼娅，她经常反思自己的肢体语言，并经常录下自己的视频。当索尼娅看着自己时（因为她在很多场合都给自己拍了视频），她意识到自己在无意识中表现出的非语言暗示反映出了沮丧、不耐烦，甚至是不屑和蔑视。理查德和索尼娅也得出了同样的结论：别人对他们的看法是扭曲的，而他们自己需要为自己的情绪状态负责，并改变某些沟通方式。他们并没有创造压迫他们的条件，但他们需要对自己的沟通方式负责，同时也需要与教职员工合作，打断和改变主流文化。

学习和改变

作为一个领导者，理查德的职责是为他的教职员工举起一面镜子，并（与其他人合作）为他们创造一个学习空间，让他们审视自己的社会政治身份。他的年轻白人女教师需要反思自己的特权，认识到主流文化的影响，并了解社会群体的不同交流方式。在理查德的学校，这种需求的影响超出了教师与校长的关系，会直接影响到学生。理查德知道，如果这些女教师认为他的行为具有威胁性，那么她们很可能会以同样的方式看待非裔美国男学生的行为。非裔美国男学生中因“反抗行为”而被送进办公室的人数比例过高，就说明了这种看法的后果。根据自己的观察和反思，理查德制定了一项多年计划来培养教职员工的文化能力。

这个故事和这些经验教训与教育工作者息息相关，无论他们的职位或角色如何。我们都有责任提高自己的文化能力，以增进我们彼此之间以及与孩子们及其家人之间的关系，并满足孩子们的学业和社会情感需求。没有文化能力，我们就无法建立健康、受人爱戴的共同体，也无法实现我们教育年青一代的目标。

解决冲突

一提到冲突，你会想到什么？对大多数人来说，是紧张、恐惧的情绪。这就是处理冲突最困难的地方——由冲突引发的情绪。冲突并没有那么难处理。事实上，只要对冲突稍加了解，并练习处理冲突的技巧，你就会有不同的感受。此外，你还会了解到，健康的冲突可以建立有弹性的共同体。事实上，这是一个繁荣的共同体的重要方面。我们几乎没有有效处理不健康冲突或促进健康冲突的模式，因此我们需要发挥创造力，寻找资源。冲突是不可避免的，它既可以加强也可以破坏一个共同体，所以我们唯一的选择就是学会如何处理冲突。

不健康的冲突

在我们的组织中，不健康的人际冲突种类繁多，不幸的是，我可能不需要向你们举例说明它是什么样子的。但请想一想不健康冲突的影响——对其他成年人、对孩子、对更广泛的共同体的影响。我曾在许多学校工作过，那里的人际冲突就像油渍一样覆盖着一切。你能从教师之间的每一次互动中感受到它，也能从行政人员和员工之间听到它，你还从孩子们的行为方式中看出他们周围的成年人是如何对待彼此的。这些学校经常会有很多人员变动，但有时最有害的人却年复一年地留在学校里。我想我们大多数人都知道，不健康的冲突必须得到解决，但我们不知道如何去解决。

要解决冲突，首先要做的是激活你的“为什么”，即你解决冲突的目的。否则，你就会逃避。想一个你可能想要解决的冲突。如何处理它才能加强你的共同体？在员工会议上，与和你一起解决冲突的人配对是什么感觉？处理冲突是可怕的，所以要激活你处理冲突的内在动机。

处理冲突时，做好准备是关键。为了取得成功并建立自信，请考虑好你想说的话，并练习说出来。根据冲突的复杂程度，你可能需要邀请一名调解员或主持人，或者请人帮助你做好准备。你可以学会解决冲突。这只是另一种技能。准备、练习、事后反思。每一次都会变得更容易。

流言蜚语和有毒文化

人际冲突的表现形式多种多样，如果不加以处理，往往会不断扩大和蔓延。流言蜚语是一个共同体中整体人际关系健康状况的晴雨表。如果不加以解决，这种行为似乎也会迅速蔓延。2007年，迈克·罗宾斯（Mike Robbins）提出：“流言蜚语对一个组织来说就像癌症对人体一样，它会慢慢侵蚀团队的结构，直至团队本身消亡。”我想，我们中的许多人都目睹过流言蜚语在工作场所的破坏性影响。

罗宾斯提倡创建无流言共同体，让人们致力于正面评价他人。如果你对某个人有意见或抱怨，你可以直接向他提出，得到一些关于如何解决问题的指导或反馈，或者随它去。在无流言共同体里，如果有人犯了错误，你可以善意地提醒他遵守约定。

如果不加以管理，猖獗的流言蜚语会助长有毒文化，而有毒文化的进一步特征是：总是独立工作的个人、对立的阵营、跨越种族或民族界限的分歧、长期的消极情绪、充满敌意的教师会议，以及专注于执行规则、教授基本技能和为一小部分精英学生服务的错误价值观。有毒文化具有感染性。由于教师队伍中非正式领导的强烈负面个性，新教师在短短几周内就能适应这种文化。积极的教职员工往往会离开或被赶走。

在培养弹性能力的过程中，如果你发现自己身处不健康的学校文化中，你可能会投入精力去改变学校文化，或者你可能会在你愿意容忍的行为周围划出界限。你可能也会意识到，你需要置身于一种更健康的文化中。有情绪弹性的人不是殉难者，他们也不会让自己处于无法最大限度发挥技能和才能的境地。冲突和毒性是不同的：即使是最有弹性的人，也无法在有毒的文化中茁壮成长。

健康的冲突

还有一些共同体，成员看似和睦相处，但这只是虚假和谐的表象。在这些地方，人们不会提出尖锐或重要的问题。这些脆弱的共同体之所以会因为一次小小的不愉快而陷入混乱，是因为他们没有建立集体弹性；他们没有共同经历过艰难的对话或艰难的时光。

健康的冲突会促进社会群体的成长和联系。可能会有让人感觉不舒服甚至艰难的时刻，但当我们经历这些时刻时，我们会感觉彼此更加亲近。健康冲突的特点是交换意见、真诚提问，以及每个人都真正愿意倾听和学习。这需要相对高水平的信任和脆弱性，有时还需要一个勇敢的灵魂来发起和参与这种健康的冲突。

引发健康的冲突是很微妙的。它听起来就像是在对话中融入以下任何一个句式：

- 我对这个建议有些担心。你能详细解释一下吗？
- 我想反驳这个观点。我注意到……，我建议……。
- 我不同意你的观点，但我想听听你的想法。
- 我不同意你的看法，但我愿意改变主意。
- 如果我能听到更多关于……的信息，会有助于我支持这个想法。

在《教练团队的艺术》（*The Art of Coaching Teams*）一书中，你会发现有一整章都是关于如何处理冲突的。了解冲突值得你花时间，因为处理冲突与培养弹性之间存在联系。社交自信、果断以及良好的沟通和解决冲突技巧是帮助专业人士建立情绪弹性的基本技能和性格。

对领导者的启示

- 你有责任塑造学校或组织的文化。正如彼得·德鲁克（Peter Drucker）所说，“文化能把战略当早餐吃掉”。如果你的学校存在一种有毒的文化，那么只需几周时间，新员工就会受到感染。
- 如果你发现两名员工之间存在冲突，不要置之不理。鼓励他们解决自己的问题，或许可以为他们提供调解。
- 处理冲突是一项艰巨的任务，你可能需要比本章中的句式更多的支持。考虑寻求领导力教练的指导。

深入探究恐惧

在我小时候的一段困难时期，我经常做噩梦，梦见家里所有人都被杀了，只剩下我一个人。距离那时已经过去40年了，我仍然清楚地记得噩梦的结局：我飘浮在黑暗的、无限孤独的外太空里。这是我害怕孤独的一种极端的潜意识表现，但我知道，并不是只有我一个人害怕被遗弃、被孤立或被社会排斥。这种深深的人性恐惧将我们所有人联系在一起。我们需要彼此；我们渴望归属感。

正是因为害怕孤独，我才不敢对同事说：“你用欠缺思维谈论孩子的方式让我很不舒服。”当我参加团队会议时，我们偏离了主题，没有完成工作，我很沮丧，但我又不想说什么，因为我不想让我的同事觉得他们不希望我在这个团队里，而正是这种对不被喜欢的恐惧阻碍了我。

你的恐惧是如何表现出来的？你害怕什么？它是如何妨碍你获得真正想要的东西的？

我的恐惧让我不敢脆弱，不敢分享我的故事，不敢带着同情心说出我的真相。我的恐惧让我不敢为孩子们发声。它挡在了我想要的共同体和我现在所在的地方之间，这很讽刺——我对孤独的恐惧阻碍了我建立共同体。我害怕如果人们看到我的真实面目，他们就不会要我了。现在，在我年近40的时候，我意识到这种恐惧属于曾经的那个孩子，而不是现在的我。我不再需要这种恐惧。

在我们的学校里，恐惧无处不在。我们害怕如果我们的学生考试成绩不够高，我们就会丢掉工作。我们害怕因为学生考试分数低，我们的名字会被刊登在报纸上。我们害怕工作做得不好；我们害怕被批评；我们害怕别人看出我们有时不知道自己在做什么，或者我们做不好某项关键任务，或者我们做得不如某某好。我们害怕我们的工作和贡献得不到认可，害怕我们的经验和观点不受欢迎。

在一些学校，我看到老师害怕学生，学生害怕老师，老师害怕校长，校长害怕家长，家长害怕老师。

恐惧可能是我们在学校面临的最大问题。恐惧会侵蚀共同体。它阻止教师互相观察，阻止孩子们向周围的成年人倾诉，阻止家长向老师寻求帮助。害怕被评判，害怕被拒绝，害怕被排斥。恐惧可能会阻碍我们倡导真正的系统性变革，而这些变革是真正改变我们的学校所必需的，其中包括一些地方对考试分数的过分关注。

在我们谴责恐惧之前，让我们花点时间来承认和尊重它。恐惧帮助我们这个物种生存了下来。它驱使我们的远古祖先生活在社会群体中以寻求保护，它也让我们有了上战场或逃离任何威胁我们安全的事物的冲动。然而，我们不再被剑齿虎追杀。如果我们做了严重冒犯我们共同体的事情，我们很可能会找到另一个可以接受我们的地方。我们不会因为表达了与大众相悖的观点，或者爱上了共同体认为我们不应该爱的人，而被放逐到贫瘠的平原。

如果我们减少恐惧，会有什么可能？我们可以建立什么样的共同体？如果我们不那么恐惧，我们怎样才能更有效地为孩子们服务？

如果没有那么多恐惧，我想我们可以：

- 承认犯了错误，请求原谅，并有机会与我们的社区一起改正错误。
- 寻求帮助。
- 分享关于爱与悲伤、痛苦与恐惧的故事。
- 更及时、更直接地解决不公正问题。
- 邀请同事喝东西。
- 召开有意义、有成效并能影响学生学习的团队会议。

- 向领导反馈意见，挑战他们的权威。
- 打破现状。
- 挑战无效的结构和功能失调的系统。
- 说出并讨论那些不容忽视的问题。
- 欣赏他人，寻求赏识，一起庆祝。

恐惧是人类存在的一部分。但是，当恐惧不受控制、横行霸道、成为主导时，它就会削弱我们与他人建立联系、实现目标、充分认识自我和体验快乐的能力。

你害怕什么？如果你的恐惧被揭开，会有什么可能？

性格特质：同理心

科马奇金圆蛛是一种能织出世界上最大、最结实的网的蜘蛛。它的丝的强度是钢的5倍，比尼龙更有弹性；蜘蛛网防水且巨大（超过6米高），可持续数年之久。科马奇金圆蛛的丝可用于制造人工韧带支架、防弹背心等，这也是人们花费大量金钱和时间试图大量生产这种丝的原因。这种无害的蜘蛛生活在世界上许多地方，尽管我讨厌昆虫，但我经常在哥斯达黎加的热带雨林里欣赏它。需要提醒的是：如果不注意的话，很容易被细丝缠住。

在共同体中，同理心就相当于科马奇金圆蛛的丝——它可以用超强的力量把我们凝聚在一起。同理心就是有人能感受到我们的痛苦，它可以填补我们之间的隔阂、误解和分歧。请回忆一下，当你在挣扎时，有人对你表示同情的时刻。那是什么感觉？你是如何凭直觉感受到这种同理心的？这对你和那个人的关系有什么影响？

当我思考这些问题时，记忆浮现出来——在与同事、导师和上司的交流中体验到了同理心的记忆；当我情绪低落，但通过别人的同理心，我发现自己感觉被深深地联系在一起的回忆，这种联系让我感觉好多了。通常，这些都是一闪而过的瞬间——同事在走廊里问了一个问题，表达了她对我的关心，在艰难的一天里对我说了几句鼓励的话——但这些共情瞬间建立起的纽带经受住了在学校工作的无数考验和磨难。这些瞬间就像一张网，将我们紧紧相连，让我们度过了分歧、疲惫和动荡的变化。

回忆不断涌上心头。我想起了我对2年级学生马特奥萌生的同理心，以及这种同理心是如何帮助我应对他在雨天的周五下午的挑衅行为。我想起了我对一位学生母亲的同理心，以及这种同理心如何澄清了她所做的决定和她偶尔在我教室门口发脾气的原因。我还记得我对一位苦苦挣扎的校长的同理心，以及这种同理心如何让我找到了建立富有成效的伙伴关系的途径。在我的教练工作中，我能想到数百次这样的时刻，我的同理心穿过阻力，为建立有意义的教练关系开辟了道路。我所感受到的同理心带我走过了无数坎坷，使我变得更加坚韧，并帮助我做了我最想做的事情：为孩子们服务。

同理心是一种情感状态，对于形成健康的人际关系和共同体至关重要。当共同体成员对彼此有高度的同理心时，伤害就会减少，人们会规范自己的行为，也会有更多的宽容、接纳和善意。也许这很难用标准化的评估来衡量，但试想一下，如果我们用一年的时间来优先考虑、制定战略并努力在我们的学校中建立同理心——教师与学生之间、学生与同学之间、教师与管理人员之间以及教职员工、家长、监护人和整个共同体之间的同理心，会有什么可能。我想我们会实现各种目标，因为我们的学校和社会缺乏同理心可能是造成许多功能失调的根本原因之一。

爱与怜悯之心在这场对话中相互融合，难以区分。怜悯是对同理心的行动回应。我们常常从人们的行动中感受到同理心——给我们一个拥抱，问一个体贴的问题，说一句善意的话。从技术上讲，这就是同情，但激发怜悯之心的情感是同理心。爱也许是最伟大的愿望。虽然我们常常在想要减轻他人痛苦时表现出怜悯之心，但当我们表现出爱时，那是一种创造行为，是试图给他人带来幸福、快乐或福祉。从某种意义上说，怜悯是被动的（我们的行为是为了结束痛苦），而爱是主动的（我们的行为是为了培养幸福）。但我认为我们不需要被定义所困——爱、怜悯和同理心都是有价值的，任何一种都对我们的共同体有益。

迈向受人爱戴的共同体

试想一下，如果你觉得自己与那些你信任的、倾听你的声音的、相信你并鼓励你的人，以及那些你可以向他们学习并与他们一起成就一番大事业的人联系在一起，会有什么可能呢？想象一下，如果你在学校礼堂和街道上也能体验到这种感觉。当事情变得艰难时，你能明白这有多重要吗？

当你倾听、弥合分歧并接受健康的冲突时，共同体可以在每一天，每一次与他人的互动中建立起来。了解自己想成为什么样的共同体的一分子，想创造什么样的社区，然后行动起来，去建立这样的共同体。

马丁·路德·金曾谈到要建立一个“受人爱戴的共同体”，一个为建立以正义、平等机会和对人类同胞的爱为基础的社会的共同体。马丁·路德·金中心（the King-center）解释说：“金博士的受人爱戴的共同体是一个全球愿景，在这个愿景中，所有人都能分享地球上的财富。在受人爱戴的共同体，贫穷、饥饿和无家可归是不能容忍的，因为国际人类尊严标准不允许这样的事情发生。种族主义和一切形式的歧视、偏执和偏见都将被包容一切的姐妹情谊和兄弟情谊所取代。”这一共同体愿景是本书的指导思想。

要建设一个受人爱戴的共同体，我们必须正视我们的过去，废除种族、性别和经济压迫的结构。在这个共同体里，所有人都会受到欢迎。通往这个共同体的道路必须用怜悯之心和好奇心来打造。让我们立志在我们身处的任何地方，尤其是在我们作为教育者的工作中，在我们的学校、教室和操场上，创建一个受人爱戴的共同体。

心理学家表示，为了让我们感受到来自社会的滋养，我们需要各种各样的人际关系；一个深厚且广泛的社会关系网对于增强情绪弹性至关重要。表4.2帮助你反思自己生活中存在的各类社会关系。可能有些关系角色你身边无人担当，这也是很正常的。

表4.2 打造你的社会网络

关系角色	谁承担该角色（人名）	在1—5分的评分范围内，你觉得这段关系有多牢固？
工作之外能一起玩乐的人。		
年长且充满智慧的良师益友。		
我指导的人。		
在我需要时可以依靠的人。		
与我从事相同职业的人。		
能让我在身心上都感到舒适与信任的亲密的人。		
能让我学到新东西的人。		

（你可以根据自身的需要，填写你的专属社交关系。）

本章思考

- 关于如何建立共同体，这一章有什么重要的收获？
- 你认为隐性偏见在你如何建立关系或培养信任方面可能发挥什么作用？
- 为了加强共同体建设，你觉得自己有什么动力去做什么？
- 在本章中，你对自己有了哪些认识？

情绪弹性
认识自己
信任
庆祝和感恩
毅力
驾驭变化的浪潮
勇气
目标坚定
理解情绪
接纳
玩耍和创造
好奇心
讲振奋人心的故事
乐观
成为一个学习者
建立共同体
同理心
洞察力
培养怜悯心
活在当下
幽默
照顾好自己
聚焦亮点
赋能
积极的自我认知

第5章 活在当下

学会活在当下，不去评判它，可以增强我们的情绪弹性。它能让我们对自己的反应选择感到坦然和清醒。当我们完全处于当下时，我们更有可能在面临挑战的时刻找到适当的轻松感，并通过在某种情况下寻求幽默来缓解压力。

10月：进入秋季，我们的能量减弱，更容易爆发情绪。学会把握当下，让我们能够培养对情绪的觉察力，做出能够培养我们弹性的选择。

那是万圣节前一周，作为一名第一年的新手教师，我的生活中发生了很多事情。后来，加布里埃尔满身伤痕地来到学校，我第一次拨打了儿童保护服务机构的热线。在与加布里埃尔的母亲会面时，警察警告她如果不与丈夫分居就要把她的4个孩子从家里带走。这位母亲要怎么办呢？她没有合法身份，在当地举目无亲，只是偶尔做些打扫房屋的工作。我在想，我如何能成为一名教师，并处理好这种悲伤。我能帮上什么忙呢？我的心跳加速，声音颤抖，感到一阵焦虑。那天晚上，我无法入睡，因为我的思绪从加布里埃尔跳到备课，跳到我需要教完的年级，跳到教室里打翻的颜料瓶，跳到我找不到时间支付的一大堆未付账单，然后又回到加布里埃尔身上。其他教师是怎么应对这些的？我想知道。

凌晨5点左右，勉强睡了几分钟后我就醒了，起身从沙发上拿起一个枕头，静坐在地板上。那时我已经尝试冥想好几年了，但总是感觉很难静下心来。我很快就厌倦了。我看不到“意义”。不知何故，在一夜的失眠和焦虑之后，我进入了自动驾驶模式——不管是谁坐在驾驶座上，都能让我进入冥想状态。

冥想不是魔法。我还是会感到无聊。但在教书的第一年，我在上课前冥想的日子明显比我在枕头上静坐20分钟的日子要轻松得多。第一年的春天，我不得不再次为加布里埃尔打电话给儿童保护服务机构。当我第二次与他的母亲和警察坐在一起时，我平静了许多。我仍然感到无比悲伤，但我不再感到慌张和不安。我不再想我该如何“做这件事”。我一次只做一件事——打电话、开会、打扫卫生、开车回家。我的思绪更多的时候是停在当下，而不是焦虑地在过去和未来中飘荡。

在本章中，我将尽我所能说服你每天坐下来几分钟（理想状态是20分钟左右），闭上眼睛，观察你的呼吸。没错，就是这样。我想要你做冥想。我会提供科学依据、动情的呼吁以及鼓舞人心的逸事。我花了数十年的时间，整理了大量关于管理生活中无尽压力的资源，我非常确定冥想是关键。此外，它还便于携带、做起来很容易、成本低而且快捷。

正念：是什么？怎么做？为什么？

正念是对每时每刻意识的非评判性培养。它是一种精神状态，在这种状态下，你全神贯注，不做任何评判。你可以专心地喝茶或吃饭。你可以专心听别人说话。你可以专心洗碗、玩乐高或走路。正念可以帮助我们活在当下，从而在当下做出头脑清醒的决定。我们通过冥想来培养正念，而正念冥想是通往我们弹性最深处地下泉源的入口。

两条道路：习惯和正念

让我们回到刺激与反应之间的那一刻——在你的校长探出头来对你说“很抱歉，今天你需要去代某某的课，因为代课老师没来”之后，在你脱口而出做出反应之前的那一刻。对我来说，这样的时刻发生了太多次，我当时的反应让我后来后悔不已。花点时间回想一下曾经发生过的触发事件和让你后悔的反应。

像你想到的这种触发事件在我们的道路上制造了一个岔路口。第一条路是我们在苦恼时惯常走的路——多年来不管我们做了什么。我们会对事件进行快速评判（我的校长不尊重我，或者，这所学校就是一场闹剧），从而引发了情绪循环。在我的校长告诉我必须去代课后，我是这样做的：我会发出一声夸张的叹息，然后说："好的，行吧。我和奎扎尔德的妈妈约好了见面，但我想我还是取消吧。有课程计划吗？还是我得当场创造一些内容？"我感到愤愤不平，有导向性地陈述了一个关于校长无能的故事。

这条路很熟悉，所以我很容易就冲了下去，但这种感觉也削弱了我的情绪弹性。有时，这会让关系受损，而我稍后不得不修复——例如，有几次我对校长发火。这种情绪循环的后遗症往往对我要教的孩子们不利。我去代课的班级上课时会感到恼怒和被剥夺了权力，这对班上的学生产生了多米诺骨牌式的负面影响。这不仅仅关系到我自己的情绪弹性能力。

第二条路是正念之路。在这条道路上，我们注意到自己的感受，意识到它们的起源，接受当下发生的一切，并有意识地考虑下一步该说什么或做什么。正念可以让我们暂时从戏剧性的时刻中解脱出来，不带评判，甚至不带怜悯地看待问题。这条路能让我们做出更清醒的决定。

在正念的道路上，当我的校长告诉我，我需要在备课的时候补上一堂课时，我承认我感到恼火，我对失去的时间感到失望，我对错过与奎扎尔德的妈妈会面感到担忧，我对学校无效的制度感到沮丧。同时，我也认识到，校长正在尽其所能地努力工作，这些事情时有发生，10年后我也不会记得错过的这次备课时间，而现在，我需要冷静地陪伴在孩子们身边。当我回应校长时，我可以不带任何评判，这样既能维护我们之间的关系，又能让我的血压不至于飙升。当我去教室上课时，我可以从我进入这个工作领域的初衷出发，因为我想为孩子们服务。

暂停按钮

练习正念就像在生活的戏剧中按下内心的暂停键。当一个学生拒绝听从你的指示，或者一个同事给你发了一封令人不悦的邮件并抄送了全校师生，或者你在周五下午3:15被叫去参加一个紧急教职工会议时，在你回击、点击“回复全部”或愤怒地冲出学校之前，你会迅速按下暂停键。你需要多久，就暂停多久，当你移开手指时，你会对自己的反应充满信心，与自己的核心价值观保持一致，并且更加冷静。当我回想起第一年教书时，在校长面前泪流满面的那一刻（我在第1章开头分享了这个故事），我想象着如果当时有正念意识的话，可能会发生什么。也许我本可以按下暂停键，迅速记录下自己的焦虑和挫败感，然后以一种更有成效的方式做出回应。

我们认为我们就是我们所想的。正念教导我们留意，我们的想法有其自身的存在：它们来来去去。当我们练习正念时，我们学会看这些想法来来去去，观察我们的情绪是如何循环的。我们了解到，我们并非我们的想法或情绪。我们会发现，情绪和想法的产生都是有条件的，它们并不是我们与生俱来的。我们中的许多人对自己都有根深蒂固的看法，关于我们是谁，我们将永远是谁的故事，这些故事被刻在了石头上。正念宛如一把锋利的凿子，将这些僵硬的定义一一击碎。

正念更直接地将我们与当下联系在一起。我们的感知往往被偏见、习惯、恐惧或一厢情愿的想法所扭曲。正念能帮助我们剔除扭曲的感知，没有了这些干扰，我们可以参与到任何正在发生的刺激中，并对我们的选择做出明智的判断。正念能阻止你把那个因为每次你让她把手机收起来，而对你翻白眼的10年级女生送到办公室。正因为有了正念，你才能心平气和地说出规则并执行结果，而不是陷入只会让你精疲力竭的恼怒循环。

你能想到最近你想按下暂停键的时刻吗？如果有时间反思一下当时的情况，会有助于你做出更清晰的决定吗？

有兴趣吗？让我们来看看如何锻炼正念肌肉吧。

坐下来，专注呼吸

如果你想培养正念，就必须每天至少坐几分钟。我们的思维就像猴子，从过去跳到现在，从烦恼跳到后悔，从一件事跳到下一件事。很多时候，我们的思维是如此敏捷，我们甚至意识不到它们难以控制和疯狂的活动，而且，由于我们对它们习以为常，我们甚至没有注意到它们正在造成严重破坏。当我们被某件事情触发时，我们的“猴子思维”会首先跳出来做出反应。正念的第一步就是培养对我们的大脑正在做什么的意识。

最好的方法是坐下来，闭上眼睛，专注于你的呼吸。这可能具有挑战性。事情是这样的。你坐下来，放松身体，闭上眼睛，然后吸气。然后呼气。然后吸气。然后你的大脑就会变得有点疯狂了。它告诉你，你的背疼，你的鼻子痒，它还会问你为什么要这么做。你可能看起来很可笑，如果有人走进来看到你，他们只会笑。你记得自己真的需要发一封逾期邮件，补充维生素和防地震用品，还有——那是什么味道？你上次换猫砂盆是什么时候？你的猫咪是不是过了年度体检时间？你的双脚已经发麻，鼻子还在发痒，远处的哔哔声是从哪里来的？也许出去跑跑步或整理一下教室会好一些，因为光注意自己的呼吸实在是浪费时间。

如果你从未尝试过冥想，我希望这段描述不会打消你的念头。它真实地描述了当我们静坐时，我们的大脑往往会做什么。但你可以学会重新专注于自己的呼吸，而不去评判自己有一颗躁动的心，也不去告诉自己你是一个糟糕的冥想者。你只需轻轻地重新观察自己的呼吸。你会感觉到自己的胸膛在慢慢起伏。你感觉到鼻孔和上嘴唇上的凉气。你可以对自己说，吸气，呼气，或者轻轻地数到10，然后再重新开始。

就是这样。这就是静坐冥想的基本方法。当你练习恢复呼吸时，你会注意到它变得更容易了。你会发现自己屏住呼吸的时间越来越长。当你的思绪跳跃时，你会更快察觉到。你能更轻松地调整方向。猴子跳跃的频率也会降低。然后，偶尔，你会注意到别的东西：安静。静止。中心意识。这感觉就像你在平静的水池里漂浮，毫不费力，心平气和。

帮助自己获得冥想动力并坚持冥想的方法之一，就是思考你为什么要冥想，冥想对自己和生活中的其他人有什么帮助。当你坐下来冥想时，首先要设定一个意图。可以这样说：我今天的冥想将帮助我善意地回应我的学生，帮助我在今天的教学中找到快乐。或者，我今天静坐的意图是让我能够觉察到自己的情绪。

如果你现在就想合上这本书，那就静坐5分钟吧。

正念练习

冥想可以成为强大的正念练习的一部分。我对冥想的理解与我对锻炼的理解是一样的：我去上普拉提课，集中注意力加强我的核心力量和调整我的姿势。然后，在这一天中，我会注意自己的坐姿、站姿、提举和走路姿势。一堂课能让我保持状态，但持续不断的练习才能带来最大的整体改变。

刚开始教小学时，监督课间是我最不喜欢的事情之一。我恨自己不能有10分钟的休息时间去上厕所、准备下一堂课，或者只是安静地待一会儿。10月的一天，阳光明媚，我站在院子里的水泥地上，闭上眼睛，侧脸向阳，耳边传来孩子们快乐的嬉戏声。柔和的微风、皮肤上的暖意、我关心的人欢快的交谈声以及飞过的海鸥的叫声，让我找到了片刻的宁静。监督课间成了我练习正念的机会，是我心灵的休息时刻。有很多方法可以将正念融入你的每一天。

也许你还听说过其他形式的冥想——例如，将注意力集中在一个物体上，比如蜡烛的火焰。超觉静坐（TM）的核心是重复一个短语。放松练习和引导想象与冥想关系紧密，因为它们能帮助我们平静身体和应对焦虑。尝试不同形式的冥想，看看自己喜欢什么。

正念的起源一览

正念的很多内容都来自东方传统，特别是佛教。一般来说，许多东方传统都认为社区、个人和健康是一个整体。静坐被认为是送给自己和社区的一份大礼。20世纪60年代、70年代，少数美国人前往印度和东南亚向冥想大师学习，他们的成就值得赞赏。他们让西方人也能接触到他们所学到的知识，并让它们变得很实用。在过去的40年里，许多心理学、健康和神经科学领域的人士都直接或间接地受到了这群美国真理探索者和冥想者及其成果的影响。

这场运动的先驱之一是哈佛大学的一位精神病学家，他在印度生活了几年后，被称为拉姆·达斯（Ram Dass）。他在1971年出版的《活在当下》（*Be Here Now*）一书是关于冥想和东方灵性的经典之作。正是这本书（在20世纪90年代初）让我走上了学习之路，帮助我增强了情绪弹性，并在第一年的教学工作中加以运用。第一年肯定会遇到很多困难，我至今仍记忆犹新（尽管已经过去了20多年）。但我也有过许多快乐的时刻，在这些时刻，我知道我正是在我想要和需要在的地方。教书让我觉得自己比以往任何时候都更像我自己。无数个下班离开学校的日子里，我都感到心花怒放。我把这段经历在很大程度上归功于在我翻开那本在旧书店花50美分淘来的《活在当下》之后，我学到的东西和我成为什么样的人。

冥想改变你的大脑、身体和课堂

你可能从未听说过马蒂厄·里卡尔（Matthieu Ricard），但他有一个非常著名的大脑——至少在某些圈子里是这样。里卡尔是法国著名哲学家的儿子，他是一名科学家，也是一名佛教徒。神经科学家将他连接到机器上研究他的大脑，结果惊奇地发现，当他冥想时，里卡尔的大脑看起来就像他处于麻醉状态一样。这意味着，只需坐下来呼吸，就能改变大脑，阻断疼痛，完全改变身体体验。

在过去的一二十年里，科学与古老的冥想练习之间形成了一种奇妙的合作关系。神经科学家们正在帮助将冥想练习带入主流，他们向我们展示了如何利用冥想来促进身体健康，以及如何转变我们的思想和情感体验。

以下是神经科学家发现的有关冥想如何改变我们大脑的要点：

• **杏仁核**是大脑中对危险做出反应的古老部分，当你经历恐惧时，它就会被激活。当杏仁核被唤醒时，它会拉响大脑中的紧急警报，然后让你的神经和荷尔蒙系统陷入恐慌。很多时候，你的杏仁核会反应过度。经过正念训练后，这部分大脑的活跃程度会降低。

• **海马体**对学习和记忆至关重要，它有助于调节杏仁核。通过冥想练习，大脑的这一部分会更加活跃。

• **前额叶皮层**是大脑中调节情绪和行为并做出明智决定的部分。经常冥想可以激活大脑的这一部分。

如果你的工作压力很大，那么控制你的杏仁核是至关重要的。在一个雨天的周五下午，当一个孩子对你不尊重时，我们疲惫不堪的身心会做出过激反应：杏仁核会从那个讨人厌的7年级学生身上感受到危险，并大喊“危险！！！准备战斗！或者逃离！做点什么吧！”冥想有助于安抚杏仁核。

相比之下，我们的海马体和前额叶皮层需要做好准备。大脑的这些部分帮助我们清晰地思考、学习和反思我们的教学。它们帮助我们看到自己在面临的挑战中所扮演的角色。有了高功能的海马体和前额叶皮层，我们就可以转向那个讨人厌的7年级学生，平静地说：“在接下来的5分钟内，请把你扔的那张纸捡起来，扔到回收箱里，好吗？”危机解除。海马体和前额叶皮层灰质的密度越高越好——这是高功能的标志——而除了冥想之外，增加这种密度的方法少之又少。冥想能让我们抵御压力和焦虑，这几乎是我们能做的任何事情都无法比拟的。

神经科学家带来了更多好消息。他们发现，我们的大脑不仅会变化，而且变化得很快。每天冥想25—30分钟的人在冥想8周后，杏仁核、边缘区和前额叶皮层出现了明显的变化。

此外，直到最近，心理学家还认为，一个人的性情在青春期之后就相对固定了。现在，神经科学家知道，因为我们的大脑可以变化，我们对情绪的整体体验也可以改变。我们可以训练自己的大脑，使其专注于同理心、乐观和接纳等情绪。

冥想对老师和学生都有好处

你是否为教室里的脏乱而苦恼？台面上是否堆满了外表结块的颜料瓶、发霉的科学实验仪器和布满灰尘的纸堆？试试正念，看看会发生什么！

以下是关于教育中的正念研究的一些亮点。练习正念的教师：

- 压力和职业倦怠程度较低。
- 工作效率更高。
- 拥有更多情感支持的课堂。
- 教室更有条理。

我们的情绪会传染。这是科学，而不仅仅是比喻。我们有一种叫做镜像神经元的脑细胞，它会对他人的行为和情绪做出反应。如果你看到有人大喊大叫并把一本书扔到房间的另一边，你的大脑就会发出愤怒的信号。如果你和一个处于极度痛苦中的孩子在一起，你也会感到不安。如果你心情不好，即使你努力装出一副开心的样子，你的学生也会看出来，他们可能会变得暴躁。如果你冷静、专注、有自知之明，那么你的学生也更有可能冷静、专注、有自知之明。正如正念学校在其网站上所说："孩子们会反映出他们周围成年人的神经系统。"

如果你还不愿意尝试正念，那就让我试着用正念如何帮助解决其他问题来吸引你。正念有助于提高注意力、记忆力和自控力。它能增强免疫反应。它有助于治疗失眠，在创伤恢复、抑郁和慢性疼痛治疗方面也非常有价值。同样，请记住：它没有任何奇怪的副作用，不需要任何费用，在任何地方都可以进行。

在第3章中，我们探讨了我们所讲述的故事是如何塑造我们的经历并形成我们的人生剧本的。我们可以改变我们讲述的故事，创造一个更振奋人心的故事，或者，我们可以只注意自己的故事。有了正念，你甚至不需要改变你的故事！你只需注意到它，了解被触发的潜在情绪以及事件和故事对你身体的影响。你可能会看到这个故事更完整的背景。你接受你的大脑正在编造这个故事，然后继续专注于呼吸。

冥想能解除困惑

我在一所功能极度失调的学校工作了两年，但我很难接受自己需要离开的事实。我想，每个地方都有问题，需要有人来为这些孩子们做点什么。我看不清楚自己的选择。我一直处于非冥想阶段（我是一个非常不稳定的冥想者，尽管我在稳步改善），当我重新做这些让我稳固根基的练习时，我开始设定界限并变得清晰起来。冥想帮助我脱离情绪化的漩涡，并深入了解情况。我还看到，离开学校、走上其他道路可能会给我带来更多的平静，让我更接近我的长期目标，并让我感觉更符合我的核心价值观。当我做出离开的决定时，我并不觉得自己是在逃避。我觉得我正在朝着我活着的目标和理由、朝着我的快乐和满足、朝着健康的社区和幸福前进。

我觉得困惑和不清晰是最令人难受的情绪之一。我讨厌那种浑浑噩噩、反复权衡选择与利弊的感觉。冥想能帮我厘清这一切。当我冥想的时候，清晰的时刻来得更快、更敏锐。

我希望你相信，正念，尤其是冥想练习，在改善你的健康和幸福方面有着巨大的潜力。正念不仅是改变我们内心世界和体验的资源，而且还能帮助我们改变一些对他人的根深蒂固的思维习惯。正念也许正是创建公平学校的关键资源。

将正念作为提高文化能力的工具

在本书中，我的重点是如何在你的影响范围内改善你和他人的生活，所以我才关注你的意识。今天，你可以坐下来，磨炼自己的思想觉悟。我们都能从探索中受益的一种思维模式是思考我们对他人的想法实际上是如何受到社会、文化和政治制约的。

我们都有无意识偏见——当我们看到另一个种族或民族的人的形象时，自动产生的想法和感觉。（我们也会对任何身份标记产生无意识偏见，但在此我将重点讨论种族无意识偏见）虽然这些偏见往往在我们的意识层面以下发挥作用，但它们会塑造我们的观点，影响我们的行为。不过也有好消息。研究人员称，我们的偏见并非不可避免，事实上，它们具有很强的可塑性。要重塑我们的思维，使其克服我们对那些看起来与我们不同的人的冲动，就需要我们挑战刻板印象，培养同理心和洞察力。我们还需要增加不同群体之间的接触机会。正念可以成为一种工具，使我们能够注意到我们每个人都有的无意识偏见，然后开始中断它。

当无意识偏见浮现时

我当时正在指导K女士，她是一位经验丰富的教师，正在回顾5年来的办公室惩戒移送数据。她泣不成声。"我不明白我看到的是什么。"她哭着说道，"很明显，我送去办公室的黑人男孩比其他任何群体都要多，我对此感到非常震惊。"

我把纸巾盒递给她，并承认看这些数据需要勇气。是她让我收集这些数据的，尽管我知道她没想到会看到这些趋势。

K女士说："当我想起我的孩子们时，我从来不会说某一群体比另一群体更麻烦。我是这样的，对吧？我是怎么和我的黑人孩子们相处的？我有偏见吗？"

我解释说，我们所面对的问题是有社会条件的，是有神经系统根源的，而且往往是自动的；这是无意识或“隐性的”偏见。我不会告诉你K女士的种族或民族是什么，因为她可能是白人、黑人、拉丁裔或亚裔。我们每个人都会受到隐性偏见的影响，这是造成学校不公平现象的一个潜在因素。我们都有责任了解自己的偏见，认识到自己扭曲的思维方式，并根除这些偏见。在这个过程中，正念可以成为一个重要的工具。

大多数美国人公开持有种族平等的立场，不会公开表达种族主义观点。然而，种族不平等依然存在。在课堂上，种族偏见也体现在K女士所面对的各种数据中，以及围绕谁学业有成、谁毕业了、谁入狱了的数据。伯克利大学教授约翰·A. 鲍威尔（John A. Powell）解释说，潜意识在造成我们的愿望与现实之间的差异方面发挥着重要作用。他写道：“无意识思维是当今种族歧视和偏见的新秩序的部分根源。”

这项研究可能会让人觉得难以接受。K女士（她认为自己是公平的捍卫者）并不想听，但社会神经科学研究人员已经证明，偏见会在无意识的情况下自动发挥作用。在几毫秒的时间内，我们就能识别出另一个人的明显的种族、性别和年龄，从而激活一个由刻板印象、偏见和行为冲动组成的复杂网络。我们的快速判断会受到我们的文化在塑造偏见方面的影响，甚至是因此而形成的。多年来，显性和隐性的文化信息——从家庭、媒体、我们的经历和无数其他来源传递给我们——将特定的身体特征与许多特征联系起来。在某些情况下，这些信息（如白人的优越感）起源于几个世纪前的殖民主义、现代资本主义以及对非洲人和其他非欧洲人的奴役。这些优越感和自卑感的信息已经内化于我们的意识之中，并在我们的制度中根深蒂固。这些信息就在我们身边。你可以把种族主义看成是一种病毒，就像感冒一样——它很容易感染，所以很难把责任归咎于某个人，但这并不能免除我们遏制它、不把它传染给他人以及清理我们可能无意中造成的任何混乱的责任。

生死攸关的影响

问题不仅仅在于我们错误的想法。这不仅仅是有些人会认为其他人不够聪明。无意识的偏见具有生死攸关的影响。芝加哥大学心理学家约书亚·科雷尔（Joshua Correll）及其同事的研究表明，警察、社区成员和学生在玩电子游戏时，“射杀”持枪黑人的速度比“射杀”持枪白人的速度更快。文化刻板印象和隐性偏见可以在0.2秒内记录在我们的大脑中。

隐性偏见导致无辜者死亡，数百名手无寸铁的黑人男女被警察杀害就是证明。杀害手无寸铁的有色人种并不是最近才出现的现象，尽管现在这些事件偶尔会被摄像头拍到，从而引发公众更集中、更有组织的抗议和对这些罪行的调查。根据一项独立调查，2015年《卫报》提到，黑人青年被执法人员杀害的可能性是其他美国人的9倍。

我承认，有些人并不持有平等主义价值观，事实上，他们认为自己的群体优越，其他群体低劣。我们如何应对公开的种族主义者这个话题在这里就不多说了。如果你所在的地方正在发生这种情况，你需要在你的组织和社区的各个角落找到盟友，与他们合作。你们需要共同制定战略，开展对话，并制定计划来解决发生这种行为的系统和结构问题。如果你是一所存在明显种族主义者的学校的领导，你就更有责任去做一些需要做的事情——学习、制定战略、增强勇气和练习——来转变这种行为。

仅从个人层面解决种族偏见问题是不够的。偏见、种族主义和压迫存在于机构的高墙和根基之中。只有彻底改革这些结构，或者在某些情况下拆除这些结构，才能实现公平和正义。美国的教育、住房、刑事司法、医疗保健和就业系统的设置方式使一些人享有特权，而另一些人则得不到充分的服务。

正念有什么作用?

正念帮助我们关注当下发生的事情。它帮助我们看清楚、表达清楚，并有意识地采取行动。正念是“自动驾驶模式”的对立面，而这种模式本身就存在缺陷，甚至是严重的偏见。最后，它引导我们使自己的行动与自己的愿望和核心信念保持一致，从而防止我们根据无意识的偏见行事。

下面是我在第4章中提到的一个关于无意识偏见的常见研究案例：一名白人妇女走在街上，看到一名黑人男子朝她走来。她攥紧钱包，可能会穿过马路避开他。她可能不是有意识地害怕他，她只是本能地做出反应。

通过正念练习，这位女士可能会看到一个黑人向她走来，然后对自己说：我现在经历的恐惧不是真实的，也没有什么根据。这是将黑人危险的错误信息内化的结果。我的恐惧让这个男人失去了人性，也让我无法与他人建立有意义的联系。此时此地，我没有理由害怕。

也许这位女士会从这位男士身边走过，与他进行眼神交流，甚至微笑，就像她从另一位白人女士或另一位男士身边走过时一样。经过多次这样的正念以及对偏见的了解后，她攥紧钱包的冲动可能会减弱或消失。正念是一种工具，可以帮助打断先前建立的联想，但要根除隐性偏见，正念需要辅以额外的学习，我们需要真正、深入地投入到学习中，这样我们才能成长。

至少，正念和同情练习有助于创造最大限度减少偏见的一般条件：它们帮助我们意识到自己的情绪，采取多角度的视角，调节我们的反应，减少焦虑并增强同理心。为了根除偏见，我们需要培养所有这些心理和情绪状态。无意识的思维已经内化了很多东西，而且非常高效，单靠有意识的思维是没有希望的。如果我们渴望创建公平的学校，我们就需要想方设法让我们的潜意识与有意识的价值观保持一致。仅在意识层面解决种族主义问题是不够的。

正念也是一种宝贵的资源，当你遇到他人基于无意识偏见做出决定的情况时，它能帮助你更好地应对。无论你是早就意识到了隐性偏见，还是现在才开始意识到，你都可能会注意到，你的意识会引发强烈的情绪。任何时候，当我们陷入强烈的情绪时，如果我们能注意到自己的想法和感受，我们就更有可能找到一种方法，让这些情绪为我们的更大目标服务。当你察觉到隐性偏见时，正念可以帮助你停止心跳加速，帮助你思考接下来该说什么，帮助你对他人敞开心扉——这对我们解决偏见问题至关重要。

回到K女士的故事

K女士的情况是这样的。首先，我说："看来你有无意识的偏见。我们都有。你送去办公室的黑人男孩确实比其他任何群体都多。而且你说得对，他们并不比其他孩子更麻烦。"

> 活在当下的能力，无非就是接受日常生活中的脆弱、不适和焦虑的能力。
>
> ——道格拉斯·艾布拉姆斯

此时，K女士情绪激动。“你有什么感觉？”我问道。K女士流着眼泪说：“内疚。羞愧。我对自己的所作所为感到恐惧，我削弱了他们的自尊心，助长了从学校到监狱的通道。我真不敢相信我也参与其中。”

我深吸了一口气。我什么也没说，只是想让她的感受浮现出来，而不是试图去理解或解决它们。在那一刻，我也意识到，我也有自己的感受，也值得被意识到。K女士又哭了一会儿，然后深吸了一口气。“我很感谢这次学习，”她说，“我需要一些时间来消化这一切。”

在接下来的指导课程中，我们制定了一个计划，其中包括当学生偏离任务或违反规则时，K女士可能会采取的措施，她该如何更有效地跟踪数据以发现趋势和模式，以及她要如何探索自己的偏见并发现其根源。她还同意每天放学前进行正念练习。“为了成为一名更好的老师，为所有孩子服务，我愿意尝试任何事情。”她说，“我对自己无意识的行为感到非常内疚，我决心改变自己的行为。”

这次谈话后不久，学年结束了，我的工作也发生了变化，我不再指导K女士。大约一年后，一个周五的晚上，我在当地的一家杂货店里遇到了她。在经历了一周充满挑战的工作后，我感到疲惫不堪，但她却显得神采奕奕。“你猜怎么着？”她自豪地说，“我一整年都没有把一个孩子送出我的教室！”她满脸笑容。“这并不是因为我让他们在教室里面壁思过，也不是因为我没有碰到任何难搞的孩子。我有。”她咧嘴一笑，继续说：“这是因为我一直处于消音时刻。这是因为我不再像以前那样被激怒了。我可以冷静而迅速地重新引导孩子们，因为无论他们说什么、做什么，我都不会有任何反应。”她停顿了一下，深吸了一口气。“这是因为，”她继续说，“我现在明白了，我以前对黑人男孩的反应更加激烈。当我开始练习正念时，我惊恐地发现，我是有点害怕他们。我对他们也更严厉。光是这种意识就帮助我改变了很多，因为作为一名教师或人类，我不想成为这样的人。”

我向K女士表示祝贺，并感谢她分享了自己的故事。她接着说：“当你第一次告诉我隐性偏见时，我还以为会很难。当然，我还没有摆脱它，但我的行为正在改变。我越来越接近我想成为的人。有时我会想，每天静静地坐上20分钟就能做到这一点。难道我们不能都这样做吗？”

要创建公平的学校，需要的不仅仅是正念冥想，但我认为没有正念我们是做不到的。当然，这是一个容易入手的地方。

对领导者的启示

- 了解隐性偏见在你的学校中扮演的角色，可以更容易地解决不平等问题。它可能会消除一些责备和情绪负担，但不会消除采取行动的责任。
- 你在开展这项工作时面临的一个挑战是，你需要先做一些自己的工作——你自己的反思、理解、学习和处理——但这可能需要很长时间，而且你的组织必须开始学习和反思。我们不能一直要求孩子们等着得到他们应得的东西，而我们却一直在准备。放慢脚步，坐下来，学会冷静和观察自己的内心，然后站起来，改变你的学校。
- 从现在开始，从今天开始。在你本周的日程表中增加正念时间。
- 考虑以正念活动作为员工会议的开场。会议结束时，反思开场活动对会议的影响。
- 找出有兴趣向学生教授这些实践的教师领导，并为他们提供相关培训。

深入探究快乐

这本书归根结底是关于快乐的——关于我们如何在生活中、在彼此身上、在作为教师和领导者的工作中找到更多的快乐，以及我们如何创造条件让他人体验快乐。本书的主题是茁壮成长，而不仅仅是生存。茁壮成长意味着快乐。你理应感受到快乐。尽管情绪常常被完全忽略，但当我们谈论或探索情绪时，我们往往关注的是具有挑战性的情绪——悲伤、愤怒、恐惧。我们较少考虑或谈论我们希望培养的情绪状态。如果我们想要茁壮成长，就必须这样做。

快乐对你来说意味着什么？对有些人来说，快乐可能是安静、微妙和柔和的，而对另一些人来说，快乐则是奔放、活泼和喧闹的。

现在暂停一下：当你想起生命中充满快乐的时刻，你会想到什么？它们是联系还是亲密的时刻？是嬉戏还是愚蠢？还是诚信和欣赏？当你想到快乐时，你会想到哪些画面？你如何表达快乐？

在学校呢？你能回忆起感到快乐的时刻吗？也许你首先想到的是盛大的欢乐时刻。回想起我作为一名教师的快乐时刻，我就会想起那年冬天，我带领3年级的学生到优胜美地国家公园进行了一次过夜的户外旅行。许多学生从未见过雪，他们的喜悦和我们共同的集体感让他们格外快乐。

然后，当我继续回忆快乐的时刻时，各种记忆拼凑在一起：在一次文学圈活动中，一群6年级的学生进行了一场生动的课文讨论，而他们之前却很难彼此建立联系。这对我来说就是快乐。或者告诉我的班级默读结束了，听到他们恳求“再多几分钟！”或者当一个孩子与他的母亲分享他的期末课题时，他脸上洋溢的自豪感。一次下午课间休息时，我坐在一个心烦意乱的学生身边安慰她。当我开始一个新单元课程时，学生们脸上好奇的表情。当我花时间向一位祖母解释测试孩子学习困难的过程时，她流露出的感激之情。在6月底锁上教室的门，结束又一年的教学工作时的满足感。有太多快乐的时刻，太多感到满足、知足、联系、有存在感、感激和有成就感的时刻。

如果我们在学校能更经常地体验到快乐会怎样？有什么可能？是否有可能每天都有欢乐的小瞬间？

让我们倒回去。你相信快乐是与生俱来的吗？仅仅因为你还活着，你就应该感受到快乐吗？如果你的回答不是坚定的“是的！”，你可能会从探索这些假设中受益。还要知道，研究表明，体验快乐有助于你更好地完成工作。戴维·洛克（David Rock）在其作品中解释说，压力会减少我们的认知资源，而快乐的人会有更多新想法。如果你需要功利主义的理由来为你的生活带来更多快乐，不妨看看他的书。

小试牛刀

回忆一下你真正感受到快乐的时刻。生动、详细地想象当时的经历，将你的感官带入回忆中。当时的颜色、声音和气味是怎样的？那一刻你的身体感觉如何？回想起那一刻是什么感觉？

你很可能每天都有许多微小的快乐时刻，在学校里短暂的联系、满足、充实和幸福的微小时刻，但你可能没有注意到其中的许多时刻。因此，它们就被错过了。因为大脑有消极偏差（我们很容易注意到并回忆起艰难的时刻），我们只是错过了快乐的时刻。至少我就是这样——满足的时刻就在那里，但我的意识跳过了它们。

这里有一个收集快乐的有效方法，它是根据里克·汉森（Rick Hanson）教授的一个练习改编的：

1. 引导你的大脑注意到快乐、满足或幸福的时刻——无论你想怎么称呼这种情绪。说，嘿，大脑！如果这些情绪状态在一天中经过我的身体，你能让我知道吗？谢谢。也许你可以在早上或者走进学校的时候这样告诉自己。

2. 当你的大脑喊道“它来了！其中一个（快乐）时刻！”然后停下来，细细品味这一刻。用你的感官来感受这种体验。注意你身体的感觉。注意你脑海中的喋喋不休。想象突出最重要的元素：你到底听到了什么？场景是什么？你的身体和情绪感觉如何？

3. 让你的意识沉浸在这一刻。也许可以想象在你的心中有一个宝箱，你可以把这些记忆储存在里面。或者想象它们融入你的身心。对自己说：我要留住这幸福的一刻。感谢你的大脑让你注意到这一刻。

你有权每天都感到满足和快乐。接受这一观念，磨炼自己识别这些时刻的能力。它们确实存在。我保证，你的情绪弹性会直线上升。

对领导者的启示

- 快乐的人工作做得更好，而且“适当的挑战”让我们快乐。哈佛大学心理学家丹·吉尔伯特（Dan Gilbert）在他的著作《哈佛幸福课》（*Stumbling on Happiness*）中描述了人们在接受适当的挑战以实现困难但可实现的目标时最快乐。请记住，你的工作就是创造条件，营造积极、高效的学习和工作环境。

- 鉴于个人挑战与工作满意度之间的直接关系，作为领导者，你的工作就是要想办法为教职员工提供适度的个人挑战。你需要考虑什么是“适当的挑战”，因为如果挑战让人感觉是一种威胁，那么人们就会只做他们必须做的事情。
- 当你起草全校范围的“适当的挑战”时，可以使用更广泛的数据，包括以多种方式分类的办公室惩戒移送、学生和教师出勤率、积极的家庭联络次数等。

性格特质：幽默

我是在一些有趣的人中长大的。他们用幽默来缓解严峻或不确定的时刻，嘲笑我们人类的缺点，并在遇到困难时提出看法。幽默是一种表达你不应该说的话的方式，它能拉近人们之间的距离，只有欢笑声才能做到这一点。我的祖父母擅长自嘲式幽默，这似乎是他们原谅自己可预见的失误的一种方式。他们以高雅的技巧将讽刺作为发泄愤怒的方式。病态的幽默让我们间接地探索真正可怕的事情，比如大屠杀和酷刑。我祖父的冷面幽默，让人不知道他何时是认真的——这让人很容易认为他一直在开玩笑。幽默就好像是一种必不可少的食物。现在，当困难的事情发生时，我常常会想象这些养育我长大、但已不在人世的亲人可能会做出的反应。只要想象一下他们的评论，任何情况都会变得轻松愉快。

> 没有幽默感的人就像没有弹簧的马车。路上的每一块鹅卵石都会让它颠簸不已。
>
> ——亨利·沃德·比彻

幽默能让你置身当下。它能让你从戏剧性的经历中解脱出来，不再对过去喋喋不休或对未来忧心忡忡，而是让你置身于当下。在我任教第一个月末的一个周四下午，我发现自己正在努力管理34名2年级学生轮流在学习站上课，而在短短几分钟内就发生了以下事情：十几个打开着的颜料瓶倒在了地毯上，溅起了一滩五颜六色的水花；一只小鸟飞进了教室，拼命地想出去，开始用身体撞击窗户；玛莲娜出了“意外”，抽泣着跑出了教室。就在那天下午，从未到过我教室的校长突然来到我的教室，向我祝贺9月底的到来。当试图把小鸟赶出去的奥斯卡滑倒在油漆上时，他熨烫过的白衬衫看起来就像被扎染过一样，他一贯沉着的脸上出现了担忧的表情，而我只能苦笑。“一切都很好，库克太太。”我说，“我做得很好！”那一刻，我真的感觉很好。

笑是接地气的。事实上，humor（幽默）一词的来源与humility（谦逊）和humanity（人性）等词的来源是一样的：都来自humus（腐殖质），即“泥土、肥沃的土壤”。当我们自嘲时，我们就不会把自己当回事。当我们与他人开怀大笑时，幽默会打破隔阂，让我们找到共同点，并增强我们的情绪弹性。正如维托·埔柱（Victor Borge）所写：“笑是两个人之间最短的距离。”

笑是有科学依据的。1964年，身为杂志编辑的诺曼·考辛斯（Norman Cousins）工作压力很大，被诊断出患有一种罕见疾病，只剩下几个月的生命。医生告诉他，他的存活概率只有五百分之一，并建议他“把事情安排好”。考辛斯没有理会医生的建议，请了公休假，住进了一家酒店，在那里看一些搞笑电影，笑到肚子疼。大约6个月后，他回来检查，医生宣布他奇迹般地痊愈了。此后，许多研究表明，笑能增强免疫系统。

请记住，与所有性格一样，幽默也是可以培养的。有这样一个建议：“如果你开始寻找生活中的幽默，你会找到它的。你不会再问‘为什么是我？’并开始认识到生活发生在我们所有人身上。它让一切变得更容易，包括你接受他人和接受生活所带来的一切的能力。”

> 幽默就像一场可喜的夏雨，会突然净化和冷却大地、空气和你。
>
> ——兰斯顿·休斯

每天的65，000个想法

你每天大约有65,000个想法。你想对哪些想法占据你的思想有更大的发言权吗？思想和情绪是来敲我们家门的访客。通过冥想，我们可以学会迎接它们、承认它们、选择如何与它们相处，然后看着它们离去。那些让你焦虑、没有安全感、恼怒或羞愧的想法不需要留在你身边。这些想法并不是你。

如果没有正念，我们就会让不必要的情绪进入我们的大脑，让它们为所欲为。我们认同这些情绪——不再注意到它们蛰伏在我们心灵尘封的角落。当事情具有挑战性时，我们会认为我们目前的状态将永远如此——我们就是这样的。这让我们无法忍受艰难的处境，因为我们失去了可以做出选择的感觉，也失去了事情可以改变的感觉。消极心态就是这样开始变得根深蒂固的。生活并不一定要这样。

情绪弹性依赖于开放性，依赖于使我们能够看到生活中正在发生什么的广泛的心理意识。我们可以学会经受生活中的风暴，教会我们的心灵像天空一样，允许一切存在。风暴会席卷而来——这是不可避免的——而正念能让我们看着风暴过去，而不被它们所束缚。

你不必摆弄珠子或背诵外语，只需全神贯注于此时此刻正在发生的一切，不要对其做出任何判断。从本质上讲，这就是正念的全部内容。每天以更正式、更精确的方式练习正念，可以帮助你增强你从未意识到自己拥有的深层弹性。

我们每个人在工作时都会有一些想法试图干扰我们。它们会在我们备课或授课时、开会时，或者放学后与忧心忡忡的家长交谈时悄然出现。这些想法可能会让我们分心，助长我们的烦躁或愤怒，或者让我们感到不安和焦虑。应对这些想法的一个简单方法是告诉它们“现在不行”，然后把它们放在一个心理架子（见图5.1）上。这会让那些想法知道你并非在忽视或压抑它们，而是会在合适的时候再处理它们。你不必被脑海中闪过的每一个想法所牵绊。

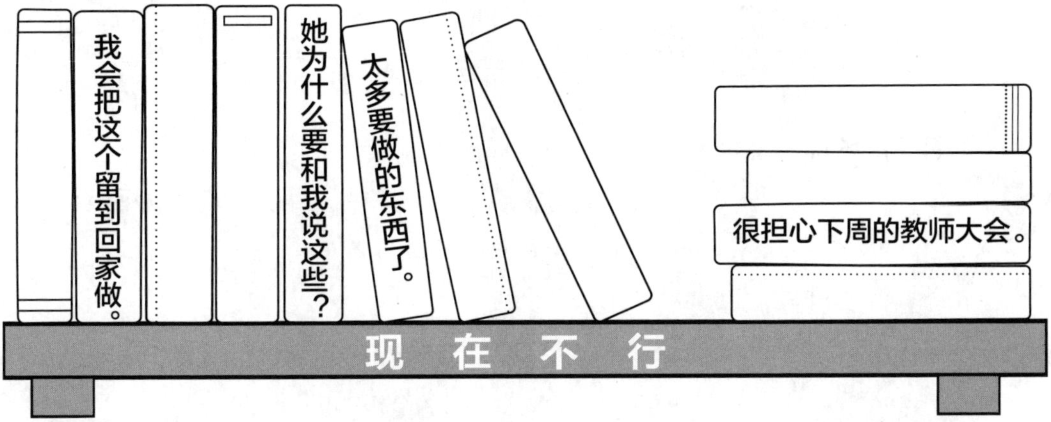

图5.1　搭建一个心理架子

本章思考

- 更充分地活在当下会如何帮助你管理压力并培养弹性？
- 正念如何帮助你提高文化能力？
- 正念如何帮助你实现目标？
- 读完本章后，你想做什么或想更多地了解什么？

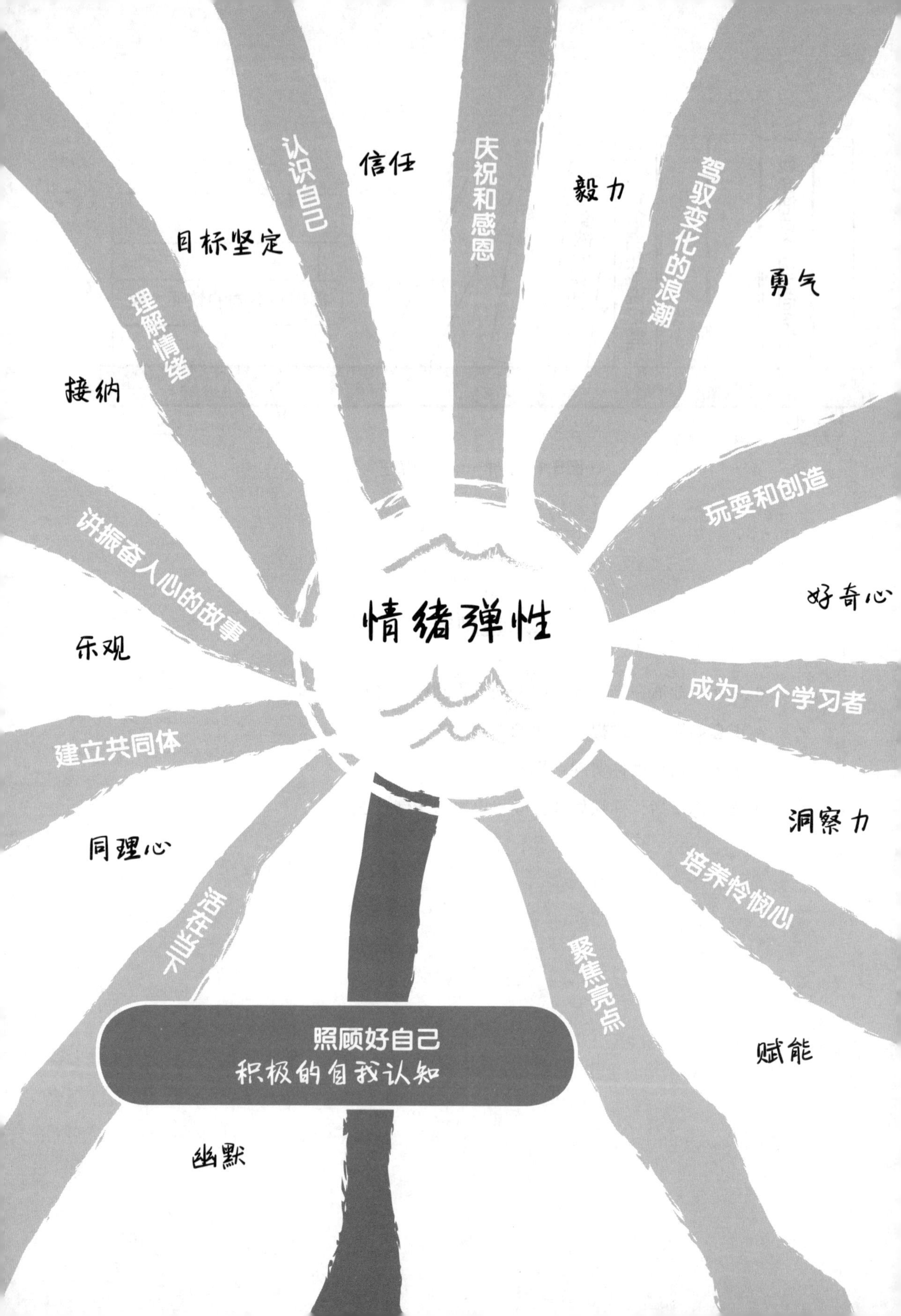
情绪弹性
认识自己
信任
庆祝和感恩
毅力
驾驭变化的浪潮
勇气
目标坚定
理解情绪
接纳
玩耍和创造
好奇心
讲振奋人心的故事
乐观
成为一个学习者
建立共同体
洞察力
同理心
培养怜悯心
活在当下
聚焦亮点
照顾好自己
积极的自我认知
赋能
幽默

第6章
照顾好自己

> **11月**：当你拖着疲惫的身躯走向寒假，情绪低落时，自我关爱是拥有情绪弹性的根本。

身体自我关爱和健康是许多其他习惯的基础。当你的身体得到照顾时，你就能更好地处理情绪。拥有情绪弹性的人有健康的自我认知，他们致力于照顾自己，并或多或少接纳自己本来的样子。

在我工作的第三个年头，我写了一封信给自己：

> 拼命工作是无法拯救世界的。如果你充血、饥饿、疼痛、流泪、痰多、紧张，并且因睡眠不足而眼睛发红，你就无法耐心、细心地对待孩子，无法上好精心设计、因材施教的课，也无法敏锐地捕捉到形成性评估的观察结果。如果你工作到站不起来，你就不会成为一名出色的教师。

也许你已经知道了。但我花了很长时间才学会。我猜你知道，当你对自我关爱的定义是刷牙和换衣服时，你并没有达到最佳状态。你知道，当你精疲力竭时，你会生病，而在你睡了一个好觉之后，课堂上的一切都会变得轻松起来。我相信你知道自我关爱的重要性。

那么，我们为什么不更好地照顾自己呢？怎样才能让我们更好地照顾自己？

我们的身体和情绪密不可分——我们的身体状态产生情绪状态；我们的情绪受身体状态的影响。这整本书都是关于情绪的自我关爱，但在本章中，我们将探讨如何让我们多睡觉、吃得好、多运动、照顾好自己的身体。如果我们的身体强壮、得到了充足的休息、滋养和享受，那么照顾我们的情绪就会容易得多。

暂停一下，开始反思

- 你以往的自我关爱情况如何？是在改善还是在恶化？
- 你认为自己为什么没有更好地照顾自己？
- 对你来说，更好的自我关爱可能是什么样的？

当幻想破灭时

对于新教师来说，从10月中旬到感恩节这段时间是一学年中最具情绪挑战的阶段。新教师中心将这一阶段称为“幻灭期”，此时新学年的兴奋、希望和肾上腺素都已消退，而寒假也似乎遥不可及。新教师中心的埃伦·莫尔（Ellen Moir）写道：“在经历了6到8周马不停蹄的工作和压力之后，新教师进入了幻灭期……大量的时间投入、意识到事情可能不如自己想要的那样顺利，以及低落的士气，都是这一阶段产生幻灭感的原因。新教师开始怀疑自己的承诺和能力。许多新教师会在这一阶段生病。”图6.1描述了这个阶段，以及新教师一学年中的其他阶段。

此外，到11月，孩子们还没有展示出与我们的精力和努力相匹配的学习成果。我们还看不到所有这些努力的成果。这让我们不禁自问：这么辛苦真的值得吗？

对于有经验的教育工作者来说，11月也可能是一个低谷。无论我是当教师、教练还是一名行政人员时，10月底对我来说都是一段艰难的时期。几个月来，我一直在竭尽全力来为新学年的开始做准备，建立人际关系，做最好的自己，但自我关爱在我的优先事项列表中排名靠后。

当我们进入11月时，如果我们花时间和精力来照顾自己的身体和情感需求，会

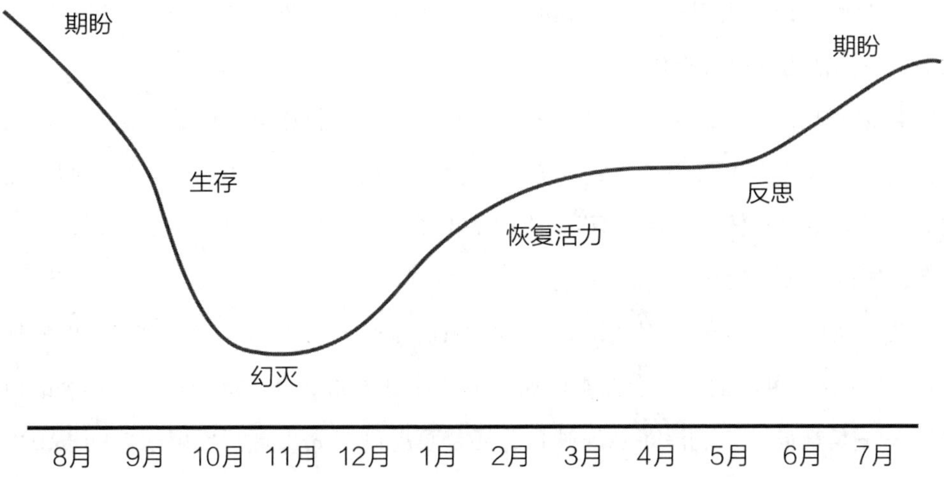

图6.1　新教师教学态度的各个阶段

发生什么呢？如果在这段时间里，教师们相互支持，一起散步、吃有营养的午餐、多睡觉，会怎么样？如果这样做会让我们有更多的机会预防疾病、感觉更快乐、更有效地为孩子们服务，难道我们不值得花一个月的时间专注于自我关爱吗？

在过去的20年里，我一直保持稳步成长，但在自我关爱方面，我还没有达到自己的预期目标。也许这就是我一直致力于倡导教师照顾好自己的原因。在教育领域，把自己放在第一位的教育工作者不是很多。无论是作为教师与同事交流，还是作为教练与客户合作，抑或是作为管理者管理直接下属，我都反复地遇到这个问题。当涉及行为改变时，我可能想得最多的就是这个问题——要怎样才能让某某每晚睡够8小时？很多时候，缺乏自我关爱已经成为阻碍教师或领导者成长的根本原因。

我们不关爱自己的4个原因

以下就是我认为我们没有照顾好自己的原因：

1. 知识缺口：我们缺少信息。有时，我们会听到一些关于运动、睡眠或羽衣甘蓝的新信息（甚至是我们以前听说过的东西），这些信息会促使我们改变行为。

2. 技能缺口：我们不知道如何照顾自己。我们想吃得更好，但从哪里开始呢？我们到底该怎么做？我们都有不同程度的技能缺口。自我关爱是需要学习的。

3. 意愿缺口： 我们并不认为我们需要照顾好自己。我们睡得很少，感冒了也能教书，我们认为可以晚点休息。

4. 情商缺口： 我们觉得自己不配照顾好自己。我们觉得我们的价值与我们的产出挂钩，如果我们不努力工作，人们就不会尊重我们、喜欢我们、爱戴我们或需要我们。我们不会对任何人说“不”；我们承担了太多工作和过度承诺。重视自己，觉得自己值得自我关爱是情商的核心。

缺口往往是并存的，因此，如果你不相信自己值得去体验身体健康（你的情商缺口），你就不可能去听一个关于糖如何破坏你身体的播客。很难知道是哪个缺口先出现——是情商缺口刺激了意愿缺口，还是意愿缺口先出现？反思缺口的根源可能会有所帮助，但同时，哪个缺口先出现并不重要。重要的是，你要开始解决这些缺口——有时，哪一个缺口最容易弥补，就从哪一个开始。

你读这本书是因为你想成为一个有情绪弹性的人，对吗？健康、充分休息的身体是情绪弹性的基础。在本章中，我将重点讨论如何弥补自我关爱方面的意愿缺口和情商缺口。

外部许可可以激发动力

我辅导过一位助理学监，他的睡眠不足问题对他的个人和职业生涯都造成了严重破坏，由于他的身体和情绪都一团糟，我的领导力辅导毫无效果。在观察了他灾难性地主持了一次团队会议之后，我变得强硬起来。我说：“就这样吧！如果你不睡觉，我就不做你的教练了！如果你每天不睡觉，不吃早餐，每天不把你那张又湿又冷的脸在阳光下晒15分钟，你就无法让你的团队做出影响成千上万孩子的深思熟虑的决定。要么你睡觉，要么我不干了。”

这位管理者信任我。他知道我是为他好。他还希望我能指导他。他的回答是：“我尊重你的意见，我想成为一个更好的领导者，所以如果你说我应该睡觉，那我就睡觉。”我们写了一份自我关爱计划，其中包括SMART（具体、可衡量、可实现、相关、及时）自我关爱目标，这些目标被移到了他的战略规划文件的首位。

在我们制定这些计划时，这位领导者还谈到了他对勤奋工作的信念。“在我的成长过程中，我的周围充斥着关于工作价值的信息，关于懒惰的警示，关于男人努力工作和养家糊口的角色。我身上就有这些东西，”他说，“我承认，我们中的许多人已经全心全意地接受了有关工作和休息的文化心态和价值观。”我补充说，女性经常被告知要先照顾别人，再照顾自己。这些关于牺牲、辛勤工作和服务的信息在我们的世界中具有重要价值，但它们也需要与关爱自己保持平衡。我们不必放弃这些价值观，可能只是需要根据我们现在对自己的身体、思想、情感和精神的了解对它们加以调整和更新。

自我关爱不是对话的结束，而是对话的开始。这位助理学监还有其他3个目标领域，直接影响到他所在学区的2.5万名学生，而在那一年，他实现了所有目标。6月底，当我在最后一次的反思中问他“你把今年的成功归功于什么？”时，他说，“我每晚睡8个小时，吃早餐，然后坐在阳光下晒我又湿又冷的脸”。

“是什么说服你这么做的？”我问道。在这个职位上，他已经好几年都睡眠不足了。

“我需要有人把它变成一项任务，或者给我许可。”他说，“我还没有能力为自己做这件事——那是下一步的事——所以你告诉我必须这么做，我就开始了。”

这个故事的寓意是：如果新教的工作伦理让你陷入困境，或者如果另一种关于谁应该照顾自己的主流思想让你窒息，那就去寻求帮助吧。告诉几个你信任和尊重的人，他们可以对你大喊大叫。这种被给予或得到的许可是一个支撑。它将帮助我们在自我发现和真正的自我关爱之旅中前行。不要拒绝支撑，它们的存在是有原因的。

也许你会听你的医生告诉你，你必须戒烟或做些什么来控制你的体重。也许你会听你的伴侣告诉你请一天假去做个按摩。也许你会听妈妈、最好的朋友、教练、上司、姐妹、孩子、邻居、牧师或奥普拉告诉你要善待自己的身体。如果有你愿意听的人，请告诉他/她。最有可能的是，关心你的人曾经尝试过，但被你拒绝了。让他们知道，他们可以再试一次。请求帮助开始这项计划。

当你陷入自我关爱危机时

你现在读这一章，是不是因为你已经崩溃了，想不出明天如何重返课堂（或办公室）？我将为你提供一个干预计划，它已经把许多教育工作者从边缘拉了回来。请注意，你需要在一周内每天都做这章中描述的事情，这样才能感觉好一些。

你是否觉得自己快要崩溃了，不知道明天该如何回到教室（或办公室）？你可以采取以下7种方式干预这种危机时刻。

1. 好好睡觉。即便你还没准备好明天的课，还没回复完邮件，你也要去睡。今晚争取比过去3天的平均睡眠时间多睡30分钟。

2. 寻求帮助。说："我现在真的很难受。我不知道该怎么做，但我知道我得改变一下照顾自己的方式。""帮我解决这个问题好吗？"然后提出几个具体的请求，比如：

- 你能帮我照看一下孩子，让我早点睡觉吗？
- 你能给我做明天的午餐吗？
- 请尽快帮我联系医生预约一下吧！

如果你不知道该请求什么，就说："你觉得你现在能帮我做些什么？我太累了，不知道该请求什么。"

3. 追踪疲惫情况。完成"追踪疲惫"这项活动一周（如表6.1所示）。

4. 像给好朋友提建议一样，给自己提一些建议。比如，如果你看到你最好的朋友处于你现在的状态，你会给他们什么建议？你会告诉他们做什么？听从这些建议。

5. 短暂休息一会儿。每隔1小时休息1分钟，然后这样做：坐下来，闭上眼睛，让你身体里的紧张和压力从你的手中倾泻而出。慢慢地深呼吸。想象你的脚是恢复能量的入口，想象能量从你的脚涌起，通过你的身体。

6. 出门散步。每天出去散步20分钟，最好是在阳光下。

7. 每天迈出"下一步"，开始更大的改变。预约医生，购买维生素，报名参加健身课程，和朋友计划去徒步旅行，在冰箱里储存营养丰富的食物，收听关于健康生活的播客节目，等等。

使用1—10的量表，记录你本周的疲劳程度（1=疲劳感很低/精力充沛；10 =疲劳感很高/精力不足，按照你的喜好习惯来标记）。如果可能的话，请在当时就记录你的评分（早上、中午左右和晚上），而不是在一天结束时回想记录。

表6.1　每周追踪工作日的疲惫情况

	早上	中午	晚上
周一			
周二			
周三			
周四			
周五			

如果你觉得这种追踪疲惫的方式有用，你或许也可以考虑在一个月内追踪自己的疲惫程度，渐渐地你会从中发现自己的疲惫规律。

当你感到非常疲惫时，往往很难准确评估自己的疲惫程度。给自己的疲惫程度分配一个数值，可以帮助你获得新的视角和对自身身心状况的洞察。

一周之后：通过追踪自己的疲惫感，你学到了什么？

____

____

____

如果你知道自己在自我关爱方面真的很吃力，也许就值得向心理健康专家求助。这可能是一个存在根深蒂固的问题的领域，其根源往往来自童年，有时甚至是创伤。你应该得到这种关怀。

对领导者的启示

- 在深秋，减少对晚间或周末值班的要求。帮助新教师安排好时间优先级。让他们吃饱。给他们提供可续装的水瓶。在户外阳光下召开教职工会议，甚至取消教职工会议，让大家早点回家。不要让新教师在周末到校或在秋季开展课后活动。你可能需要为新老师设定界限，这样他们在了解学年节奏后，就能够专注于自己的首要任务。
- 你自己的精力和情绪日历周期可能与教师的不同。许多校长认为，4月至5月是一年中最难熬的季节。在这段时间里，他们要同时完成一个学年的工作（包括所有的测试和庆祝活动），并启动下一个学年的工作（进行招聘、编制预算、做总日程安排、设定专业发展计划等）。每年的这个时候，尤其是在中学，孩子们都容易情绪失控。另外，你也会精疲力竭。像准备登山一样准备5月份的工作，在攀登的同时，优先考虑自己的休息。
- 如果有教职员工陷入危机，请尝试上文提过的7种干预手段“当你陷入自我关爱危机时”中的计划。温和亲切地要求他/她负责任地采取行动：要求他/她当时就给医生打电话预约，或给伴侣发短信说他/她需要帮助。
- 有时，你也可以坚持让员工请病假或事假。新教师和完美主义者很难允许自己请一天假。根据你的经验和观点，你可能会意识到，让教师短暂离开一下对学生最有利。让教师们不必自己做这个决定。
- 确保所有教师在开学第一周前准备好一个紧急备用文件夹，其中包含一些课程计划、座位表、每日课程表和学生花名册，这样当他/她需要外出照顾自己时，就不必再做这些后勤工作了。

你的身体迫切需要什么？

我们都有知识缺口。我们都会遗忘。让我们回顾一下我们的身体需要我们做些什么。我会尽量又快又有趣地进行介绍。

睡眠：神奇的弹性加强剂

- 你的大脑会创建和巩固记忆，并组织思维。如果你在会议前一晚睡得好，大脑就会为形成记忆做好准备。如果会后睡得好，大脑就会巩固新信息。
- 你的大脑会产生创造性的联系、远程联系和不寻常的联系，这可能会让你在醒来后产生重大的“啊哈！”时刻。“睡一觉再决定”这句老话是有科学道理的。
- 你的大脑会处理信息、准备行动并做出决定。
- 你的大脑得到清理。有毒分子会从你的身体系统排出，包括你的大脑。研究人员认为睡眠不足与阿尔茨海默病患者大脑中积聚的斑块有联系。
- 大脑会记住如何完成体力劳动。储存在运动皮层中的短期记忆会转移到颞叶，在那里变成长期记忆。
- 饥饿荷尔蒙会自我调节。
- 正常的生理过程会减慢，因此身体会得到休息和恢复。你的肠道会得到休息，肝脏排毒更有效，肌肉会生长。

在一项又一项的研究中，结果都是一样的：睡眠与心理健康的改善息息相关。2014年，迈克尔·罗伊森（Michael Roizen）博士在《赫芬顿邮报》表示：“睡眠是最容易被低估的健康习惯。”多睡一会儿，你的情绪弹性几乎会神奇地得到提升，而且我们中的大多数人其实都很享受睡眠（不像锻炼时的感觉）。

如果你不相信自己需要更多的睡眠，或者感觉现在很难得到足够的睡眠，那么看看如果你提前30分钟上床睡觉，一周后会发生什么。这额外的30分钟睡眠会让你在白天感觉如何？对你的教学有什么影响？

关于我对睡眠的坚持，有一个注意事项，那就是睡得多也可能是抑郁症的症状之一。如果你睡得很多但感觉不佳，请参阅第2章中的“什么时候找医生”部分，或使用附录D中的自评量表。

营养：人如其食

我长话短说，因为我怀疑你们知道这一点，如果我站在讲台上长篇大论地谈论健康饮食，你们不会听我的，所以我想提醒你们的是：你吃的东西会影响你的健康和心情。关于饮食与我们的身心健康之间的关系，有大量的研究，可以从这里一直延伸到月球。西方人的普通饮食主要由加工食品组成，缺乏健康身体和大脑所需的营养。我们的身体需要包含各种维生素、矿物质、必需脂肪酸、氨基酸、酶和有益菌的全天然食物。如果你发现自己每天下午都很疲惫、拖沓，情绪低落，觉得自己不想再教书了，对孩子们不耐烦、脾气暴躁，看看你午餐吃了什么。这其中可能有联系。

如果你不是在20世纪70年代由一个健康食品狂人抚养长大的，或者你已经被背痛折磨了10年，或者你想减少或停用抗抑郁药物，你可以进行更多的学习。如果你给自己的身体喂垃圾食物，或者没有满足它的需求，你就会发现几乎不可能弄清楚你的情绪困扰是来自你给身体补充能量的方式，还是来自环境和思想。有情绪弹性的人拥有有弹性的身体，他们每天用营养丰富的食物喂养身体。

你可以记录自己的饮食日志（如表6.2所示）。我理解你可能希望跳过这一活动，但请务必尝试完成。这一步骤对你的个人成长至关重要。我真诚地期望你能够变得更加坚韧，并在日常生活中感受到更多的快乐与满足感。然而，若未能以身体所需的方式进行滋养，你的整体状态可能会受到影响。记录饮食日志可作为改善生活方式的第一步。你可以选择在此处提供的横线处记录，或另寻合适的地方进行书写。此内容仅供你个人参考，无需与他人分享，因此请你保持绝对真实。至于如何运用

表6.2　你的饮食日志

	早餐	午餐	晚餐	饮品或零食
周一				
周二				
周三				
周四				
周五				
周六				
周日				

所收集的数据，则完全取决于你的决定。

下周你想要在饮食习惯上做出什么改变？如果有，那会是什么？你会在哪些方面做出细微调整？

____

____

____

运动：穿上鞋去散步

致知在躬行（Solvitur ambulando）。

——戴奥真尼斯，公元前4世纪希腊哲学家

为了让情绪变得更有弹性，我们需要建立新的神经通路。我们需要在大脑中整合思考和应对事件的新方法；我们需要改变行为，摒弃不利于我们的思维方式。要创建新的神经通路，从而改变你的想法，你需要运动：身体运动会给大脑带来血液，血液提供葡萄糖作为能量，提供氧气吸收有毒电子，血液还会刺激蛋白质，帮助神经元连接起来。

人类的大脑是在一个进化时期发展起来的，当时我们的祖先每天步行约20公里。根据古人类学家的研究，我们独特的认知技能是在运动持续存在的条件下发展起来的。我们现在很少有人每天步行20公里。但很显然，我们仍然需要锻炼，才能成为最有情绪弹性的自己。

我可能不需要告诉你，运动对你的心脏、骨骼、肺以及你机体中的每一个细胞都有好处。我可能不需要告诉你，运动会让你心情愉悦，精力充沛。我只是想提醒你，因为我们忘记了，不是吗？下面这些与运动有关的事实常常让我从椅子上站起来开始运动，所以也许它们对你也是有用的提醒：

- 你是否运动，是你能否安享晚年的最大预测因素之一。你对78岁时的自己有何展望？
- 运动能提高长期记忆力、推理能力、注意力和解决问题的能力。这就是为什么孩子们需要每天做几次课间操。

- 每周锻炼几次，每次30分钟的人患老年痴呆症、心脏病和癌症的风险会降低。
- 运动能调节控制我们心理健康的神经递质。几乎所有的医生或精神科医生都会给抑郁症患者开运动处方。
- 通过心血管运动，可以在短短四周内显著提高认知能力。
- 不需要大量的运动就能获得身心方面的益处。每周散步几次非常有益，如果你能每周进行2到3次有氧运动，那你就做得很好了。

运动：你的大脑需要它，你的身体需要它，你的情绪也需要它。找一些你喜欢做的事，找朋友和你一起，变换花样，这样你就不会感到无聊，然后就去做吧。跳舞、拳击、攀岩、做瑜伽或普拉提、远足、游泳、骑自行车、做爵士健身操、跳尊巴舞，或者只是散步。现在就去！穿上鞋，走20分钟的路，你会更容易记住所读的内容！去吧！

假如你的身体会说话

我们让身体如此辛苦地工作。日复一日，我们要求它们做太多事情，却很少向它们道谢。你想对身体的不同部位说些什么？你的身体又想对你说些什么？我为你提供了一些你可能想要交流的身体部位；你也可以随意添加其他部位。为了听到身体想对你说的话，你可能需要安静地坐下来倾听。你的身体可能会羞于开口，尤其是如果你经常忽视它的话。

这是我的双脚想对我说的话：埃琳娜，你穿宽松平底鞋的时候我们很开心。我们喜欢让脚趾伸展和扭动。而这是我想对我的双脚说的话：谢谢你们忍受那些不舒服的鞋子。你们让我的整个身体保持移动，做得太棒了。我会减少你们被软鞋子束缚的次数。

表6.3　与你的身体对话

部位名称	它想对我说什么	我想对它说什么
脚		
颈椎		
膝盖		
后背		
消化系统		
肺		

森林浴和其他有趣的事情

除了关注身体的基本功能外，我们还有很多方法可以享受我们的身体并关爱它。让我们来看一下其中的一些既有趣又简单的方法。

在树林中度过时光

在日本，有一种叫做“Shinrin-yoku”的做法，译为“森林浴”，被认为是一种预防保健和治疗方法。我们很可能都知道并同意，置身于大自然中会让我们感觉良好，日本的研究人员已经发表了大量关于沉浸在自然世界的景色、气味和声音中对身心健康有益的文献。在日本，森林浴被视为一种医疗行为，甚至被纳入了保险范围。

> 成千上万疲惫不堪、神经紧张、过度文明的人们开始发现，去山里就是回家。荒野是一种必需品。
>
> ——约翰·缪尔

以下是科学研究发现的森林浴的益处：

- 许多树木释放出的有机化合物能支持自然杀伤细胞，从而增强我们的免疫系统并帮助对抗癌症。

- 许多植物还会释放出一种叫做芬多精的物质，这是一种抗菌有机化合物。呼吸这些物质有助于放松。
- 在森林中能降低血压和压力荷尔蒙皮质醇。
- 森林浴能改善情绪、精力、睡眠和集中注意力的能力。

森林浴不同于徒步旅行，因为它的核心是在大自然中进行治疗。目的不是锻炼身体或到达目的地。要练习森林浴，请前往森林。慢慢走。呼吸。打开你所有的感官。就是这样。

临水而坐

坐在小溪边，在湖中嬉戏，凝望大海，或潜入地下泉水——置身水中和坐在水边的治疗效果背后是有科学依据的。有关这一主题的有趣读物是海洋生物学家华莱士·J. 尼科尔斯（Wallace J. Nichols）所著的《蓝色心灵：关于在水边、水中、水上或水下如何让你更快乐、更健康、更有连结感、更出色的令人惊讶的科学发现》（*Blue Mind: The Surprising Science That Shows How Being Near, in, on, or Under Water Can Make You Happier, Healthier, More Connected, and Better at What You Do*）。尼科尔斯认为，水能让大脑从过度刺激中得到休息，诱发冥想状态，唤起与自身以外的事物的联系，并激发创造力——想想你在淋浴时有过多少伟大的想法吧。

海洋（以及瀑布和雷暴）也会释放出大量负离子——我们需要这些负离子！我们呼吸的空气中充满了正离子和负离子，但我们大多数人都待在室内。空调和通风不良会带走负离子，从而使我们感到精力不足、困倦，甚至抑郁。在海边，由于负离子的存在，你会感觉更有活力。当你不能靠近自然流动的水时，就打开窗户，尽可能到户外活动，甚至可以考虑使用空气净化器（它会释放负离子）。

沉浸在盐水浮力池中

要想获得独特的身心治疗体验，可以在感觉剥夺池中漂浮。通过减少几乎所有的视觉、听觉、嗅觉和触觉，你的心灵可以安定下来，激发创造力、放松甚至情感突破。漂浮者不仅声称可以缓解失眠、疼痛和焦虑，还能通过这种疗法磨炼自己的精神集中力。金州勇士队的最有价值球员斯蒂芬·库里（Steven Curry）就是一名狂热的漂浮者，他认为他在球场上保持冷静和专注的能力是漂浮的功劳。如果你真的很好奇，甚至还有关于这种疗法的科学研究（只需谷歌搜索一下）。显然，幽闭恐惧症患者不适合漂浮，但不要因为它的怪异而不敢尝试——它会带来意想不到的乐趣。

晒15分钟太阳

我们的身体每周需要数次阳光直射来获得维生素D，而我们中的许多人都缺乏维生素D。大量研究表明，提高维生素D水平可能有助于预防各种癌症。获取更多维生素D的最佳方法是在不涂防晒霜的情况下晒太阳。每周晒几次太阳，每次15—30分钟，尽量在中午晒太阳。

在冬季，晒太阳更为重要。我们的身体受昼夜节律控制，昼夜节律是我们身体的天然时钟，它调节着重要的功能，包括睡眠/觉醒周期和情绪。白昼时间缩短和日照减少会影响这些节律。据《今日心理学》估计，每年冬季有20%的美国人都会经历季节性情感障碍（SAD）。当你沐浴在阳光下时，身体会释放血清素，这有助于提升你的情绪和能量。了解这些有关阳光的信息或许有助于减轻在院子里值班的烦恼。也许你可以每周在户外吃一两次午餐，在上课前散散步，或者在孩子们早上到校时迎接他们。

赤脚接触地面

有没有注意到，当你赤脚走在地上时，感觉更好？最近的研究解释说，当我们的身体有充足的电子供应时，我们的免疫系统就能发挥最佳功能，而我们是通过赤脚接触地面获得这些电子的。

你还可以通过其他形式与地面直接接触，获得同样的益处：在沙滩上漫步、坐在公园里或躺在草地上，只要你的身体和地面之间没有任何阻隔。越来越多的证据表明，这种连接性接触有益于我们的健康。你可以满足对阳光的需求，而且，如果你在树木环绕的环境中这样做，你也可以享受到这种美好。所以试试吧！每周花几次10分钟坐在地上；告诉自己，这对我的身体和心理健康都有促进作用，看看你是否感觉更好了。

学会说“不”

说“不”是一种解放。不，我不能参加社交时间互动。不，我不能加入那个委员会。不，明天我不能带孩子们去公园。你现在想对什么说“不”？说“不”意味着对其他事情说“是”。如果你说“不，我不能加入那个委员会”，你也许就能对在委员会开会期间，每月两次在阳光下散步一小时说“是”。你现在希望对什么说“是”？

如果你很难对别人说“不”，那么你很可能有过度承诺的问题。然后会发生什么呢？随着事件或义务的临近，你会责怪自己做出了承诺，你会幻想着如何反悔，或者编造借口取消；或者你会带着怨恨和不快的气场出现，或者强颜欢笑，勉强自己完成任务，同时感觉很累，意识到你在否定自己，不管你真正想做什么。你告诉自己，我根本就不应该答应这件事——我知道我会太累，或者我知道我并不是真的想做这件事。

那你为什么会答应呢？你为什么会过度承诺？这些问题的答案很可能在于你的自我价值感。你答应是因为你希望别人喜欢你。你答应是因为你想让别人觉得你优秀、聪明、有技能或有能力。你答应是因为你希望被人需要。你答应是因为你害怕如果你说“不”，他们就不会再问你了。他们不会成为你的朋友。他们不会希望你在他们的学校。他们不会爱你。你答应是因为你害怕。

但你可能知道，也可能不知道。首先，如果你答应了一件你并不想做的事情，然后你出现了，其他人就会有意识或无意识地感觉到，他们是可以知道你并不想出现在那里的。这对他们也不公平。做事、付出时间和精力，是因为你想做，因为你能做，而不是因为你觉得自己有义务这样做。

当你因为害怕而答应某件事情时，恐惧是不会消失的。它会在你的内心深处肆虐，而你仍然有义务履行你的承诺，因为答应一件事之后又反悔，这实在不合适。为你所做的选择负责，从中吸取教训，并在未来做出不同的选择。

当你说“不”的时候，你很可能会让一些人失望。你可以让他们失望。学会善意地、体贴地说“不”。也许他们会说：“你不去，我很伤心。”你可以听到这句话，承认它，并接受它。你可能会感到悲伤，但你也可以认识到你需要照顾好自己；在那一刻，这就是说“不”的代价。就让别人去处理他们自己的情绪反应吧。

当你说“不”时，有些人可能会生气。不要被愤怒吓倒，也不要成为别人攻击的对象。如果他们生气，就离他们远点。失望、伤害和愤怒是不同的。那不是你应得的。

当你开始说“不”的时候，当你为你能给予他人或为他人做些什么划定界限的时候，你就有可能洞察到自己的生活中应该有哪些人。有毒的人际关系将成为焦点。你会清楚地认识到，你需要同情地把谁从你的生活中清除出去，这样你就能为自己、为自己的幸福和快乐留出更多的空间。如果你的脖子上缠着能量吸血鬼，你的情绪弹性能力就会一直被削弱。

在这种情况下，你不是受害者；你可以通过说“不”来脱离这些吸血鬼，让他们获得自由。当你把那些想从你这里得到什么但可能并不真正关心你的人清除出去时，你会发现你的生活中有了更多的空间给那些欣赏、接受真实的你的人，那些会在需要的时候对你说“不”的人，那些会照顾好自己的人。

从根本上说，你在说“不”上的挣扎与你的自我价值感有关。情绪弹性能力强的人有强烈的自我价值感、自尊感和自重感。在重塑情绪弹性的道路上，这一点是无法回避的，这也是我在本书中多次建议与治疗师合作的原因。我们缺乏情绪弹性的根源往往深深根植于我们的童年时期。阅读这本书、参与其中的练习、与同事讨论这个问题以及与教练合作，都是迈向幸福的重要一步，但这些可能还不足以让你过上内心深处知道自己想要的那种生活。

下面是找出如何回应请求的最有效方法。问问自己：我想做什么？当你思考其他萦绕在脑海中的想法时，不断重复问自己这个问题。厘清义务感、害怕不被需要、害怕让别人失望、害怕别人生气的感觉，然后继续问自己：我想做什么？这可能需要时间，一开始你的回答可能只是几乎听不到的低语，但请继续问这个问题并仔细聆听。然后根据你听到的采取行动。

深入探究完美主义

完美主义的核心是一种信念，即为了被爱和被接受，我们必须一直努力做到最好。我们作为人的价值与我们的完美息息相关。追求完美耗费了我们大量的时间和精力，因为每当我们感到羞愧、自责或被批评时，我们的反应就是：我还不够完美。所以，让我下次做得更完美吧。记住，这个目标是不可能实现的。

完美主义者：

- 当别人或生活总体上没有达到他们认为“应该”达到的标准时，就会感到沮丧。
- 对事情应该或必须如何发展有毫不妥协的规则。
- 把自己或他人无法控制的事情归咎于自己或他人。
- 用非黑即白的方式思考。
- 迅速低估积极因素。
- 对他人和自己要求苛刻，有着严格而不切实际的标准。
- 经常使用“应该”一词。
- 声称自己“不是完美主义者”——只是有很高的标准。

完美主义实际上可能不是一种情绪，而是一种功能失调的情绪倾向。它是最具挑战性的情绪倾向之一，但如果不加以控制，它可能具有腐蚀性。如果你是一名新教师，你知道自己是一个完美主义者，或者你感觉到自己有成为完美主义者的潜质，那么现在就值得去挖掘这种特质的情感根源，而不是在它的统治下生活多年。完美主义与压力增加、身体健康问题、心理健康问题以及职业倦怠的高风险有关。它会像白蚁蛀蚀木头一样腐蚀你的情绪弹性。

这就是为什么完美主义如此危险：没有所谓的完美，至少在人类中是如此。我们犯错误是与生俱来的，没有错误，我们就没有机会学习、成长或适应新环境。完美会阻碍进化。因此，完美主义者总是在追求不可能，而当他们不可避免地失败时，他们就会体验到一股激增的艰难情绪，包括羞愧、不足、恐惧、愤怒。这些情绪会伤害完美主义者以及他们周围的人。

完美主义不应该与追求卓越的决心和强烈的职业道德混为一谈。你可以精力充沛、兢兢业业、坚持不懈，但不能成为完美主义者。完美主义是为了寻求外部的认可，而健康的奋斗精神则是内在的动力。一个健康的奋斗者有很高的期望，并致力于一项任务，同时也会犯错，并知道这些错误并不代表个人缺陷。完美主义者的自我价值感过于依赖外界的赞扬和成就。

> 真实的核心是敢于不完美，敢于脆弱，敢于设限。
>
> ——布芮尼·布朗

布芮尼·布朗是世界上研究完美主义的专家之一。她说，羞耻感催生完美主义，完美主义不是健康的奋斗，不是让我做最好的自己。它是这样一种思维过程：如果我看起来完美、生活完美、工作完美、做什么都完美，我就可以避免或尽量减少羞愧、指责、评判和批评。完美主义并不是保护罩，相反，它阻止人们被看见。如果你想更好地了解自己和他人的这一特点，布朗的TED演讲、书籍和演说都是强有力的资源。

如果我怀疑自己是个完美主义者，我该怎么办？

首先，真实地面对自己。写一份清单，列出完美主义给你的生活带来的问题。它是如何消耗你的时间和精力的？它是如何阻碍你建立健康的人际关系的？它对你的身体健康和幸福有什么影响？它是如何阻碍你做想做的事情的？找一个你信任的人，问问他：“你认为我是完美主义者吗？你认为这对我有什么影响？”

然后列一张清单，写出如果你减少了完美主义倾向，会有哪些可能。你可以在生活中做些什么？你会有怎样的感受？如果你赶走了这些白蚁，你的工作会是什么样子？

致力于探索完美主义的根源并将其连根拔起；否则，它们就会像不受欢迎的杂草一样重新生长。根据你的完美主义的普遍程度和根深蒂固的程度，你可能会需要寻求心理健康专家的帮助。完美主义与自我价值有关，许多完美主义者的童年经历导致他们怀疑自己的自我价值。

在探索自己完美主义根源的同时，开始改变自己的行为。为自己设定写电子邮件或批改试卷等任务的时间限制，当计时器响起时，要遵守它。设定一个离开学校的时间，不要偏离。注意你的自我对话，用新的语言代替无益的自我对话。对自己说：

- 这已经足够好了，足够好就很好。
- 我这样就够了。我做的已经足够多了。

最后，如果你认为自己可能是一个完美主义者，或者你想摆脱任何完美主义倾向，就去做我在这本书中告诉你要做的一切！认识自己，理解情绪，讲振奋人心的故事，建立共同体，练习正念，睡眠和散步，培养怜悯心，等等。

对领导者的启示

- 完美主义会让没苦硬吃变得更加复杂，更加成问题。因为完美主义者做事是非常有效的，没苦硬吃与完美主义的结合会消耗弹性，导致倦怠。但是，没苦硬吃也可能成为一种挡箭牌，使人们免于承担责任，免于被要求改进其教学实践。在这种情况下，没苦硬吃和平庸可能并存，有时，为了展开关于需要改进的艰难对话，你就必须层层冲破过分完美主义。

性格特质：积极的自我认知

如果你想在挫折后迅速恢复，如果你想变得更坚韧，你就必须高度重视有反弹力的对象：你的自我。当你重视自己的思想、心灵、身体和精神时，你就会做出培养自身情绪弹性的选择，你就会不惜一切代价努力恢复过来。本章介绍的自我关爱习惯可以帮助你培养健康的自尊，而这种自尊始于你身体存在的最基本层面。你必须先珍视自己的身体，才能珍视自己的情感和思想。研究人员指出，珍视自我是有情绪弹性的人的一个关键特征，也是在逆境中迅速振作的基础。

有情绪弹性的人不会过分苛责自己，不追求完美，并设定界限：这就是有高自尊的含义。如果你想拥有强大的情绪弹性，就必须渴望自我接纳和自爱。有了积极的自我认知，我们就会对自己的选择、行为和错误负责。我们接受真实的自己，原谅自己的错误。

积极的自我认知是一个复杂而具有挑战性的问题，因为自尊的基础通常是在生命的早期阶段奠定的。如果最初的照顾者并不完全爱你，未能完全接纳和珍视你，或者他们对你的期望与真实的你存在偏差，那么健康的自我认知就更难培养出来了。如果是这种情况，我鼓励你与治疗师合作，从根本上解决这个问题。如果你不这样做，那些深植于内心的自卑感就会在你最意想不到的时候，带着魔鬼般的凶猛和残忍突然出现。

虽然我希望你能探索脆弱自尊的根源，但这样做需要时间。这是一条通往变革和情绪实现真正的弹性的道路，但你也可以同时探索另一条道路：先假装，直到你真正做到。这种方法尚未得到充分重视，但是越来越多的神经科学研究表明，我们的思想会随着我们的行为而改变。照顾好自己（如果有必要，可以假装关心），直到你相信自己值得自我关爱。看看如果你只照顾自己的身体，你的情绪会发生什么变化。我敢打赌，你不仅会感觉更好，而且会开始更加珍视自己，你的自尊心水平也会激增。现在，穿上你的休闲鞋，到户外去吧。

努力实现平衡

也许我不需要说这个，但这一章并不是让你每天打电话请病假，也不是让你在不想去学校或想拿到在下午3点带着孩子离开学校的免费通行证时才开始这样想问题。我怀疑大多数教育工作者在阅读本章时都是在寻求这样的许可——但是，如果你真的这样做了，你可能需要对你正在做的事情和你真正想要实现的目标进行深刻反思。

其他人：将平衡作为目标。每天都做所有你知道对自己有益的自我关爱事情可能很难（或不现实）；时间确实有限，也许你还有家庭需要照顾，还有长时间的通勤和夜校课程。但归根结底，你花在自我关爱上的时间会给你带来生产力、效率和情绪健康。如果不关注压力的潜在生理原因，你会发现很难从艰难时刻恢复过来。

> 关爱自己不是自我放纵，而是一种自我保护行为，是一种政治斗争行为。
>
> ——奥德丽·洛德

优先考虑自我关爱。你可能只需要每天多花一个小时来睡觉、锻炼、准备健康沙拉，甚至冥想一会儿。无需完全戒糖、戒酒、戒咖啡因，只需减少摄入。减少看电视的时间，用散步来代替。当你减少消耗精力的事情、增强自我关爱时，请密切关注这样做对你的情绪、你对孩子的耐心、对讨厌的同事的容忍度以及备课和评估论文的能力有什么影响。管理好你的不良习惯，找到中庸之道，力求平衡。

我相信，我活着就是为了治愈和修复这个世界，我很感激能得到走过这条路的人的许可。奥德丽·洛德（Audre Lorde）给了我这种许可。你读过奥德丽·洛德的作品吗？她的诗歌和散文让我穿越愤怒、希望和爱的情感世界，让我坚信笔比剑更有力量。奥德丽·洛德在与癌症长期斗争后去世，享年58岁。她创作了多部诗集和散文集，为有色人种女性创办了一家出版社，并积极倡导女性的权益。她还是一位母亲、伴侣和旅行家。如果她让我休息，我会照做。

谢谢你，奥德丽·洛德。

本章思考

- 你从这一章中学到了什么？
- 为了更好地照顾自己，你需要做些什么？
- 你可以立即做一件什么事来增强自我关爱？

给你的完美主义写一封信，或者给任何有完美主义倾向的自己写一封信。完美主义的根源在于对脆弱的恐惧、对羞耻的恐惧，以及对自己不被接受的焦虑。你想对内心的这一部分说些什么呢？

以下是信的开头：你好，完美主义。我对你是好奇的。我不确定你在我内心深处扎根有多深——有时我能更强烈地感受到你的存在，而有时我又确信自己摆脱了你。我更能感受到你的存在，往往是在……

情绪弹性
认识自己
信任
庆祝和感恩
毅力
驾驭变化的浪潮
勇气
目标坚定
理解情绪
接纳
玩耍和创造
好奇心
讲振奋人心的故事
乐观
成为一个学习者
建立共同体
洞察力
同理心
培养怜悯心
活在当下
照顾好自己
聚焦亮点
赋能
幽默
积极的自我认知

第7章

聚焦亮点

我们可以把注意力集中在自己的优势、资产和技能上。这会让我们总体上感觉更好，让我们更有效地应对挑战。关注自身优势还能提高我们的自我效能水平，我们会觉得自己更有能力影响周围的环境。

> **12月**：当白昼短暂，而你还未从深秋的疲惫中恢复过来时，请寻找光明吧。

我的2年级的学生们从感恩节回来后似乎变得更加沉着和专注，但或许只是因为我在教书第一年的初冬的时候对课堂环境更加适应和自在了。12月初，我满怀希望，精力充沛，对我在班上建立的学习习惯越来越有信心。然而，一些女生之间已经形成了小团体，孩子们也经常对彼此不友好。我在暑假遇到的一位老师给了我一本书，名叫《部落：社会发展与合作学习的过程》(*Tribes: A Process for Social Development and Cooperative Learning*)，它是一本关于在课堂上建立学习共同体的指南。因为我的管理者没有为我或我的教师同事提供建设课堂文化的方法，所以我全心全意地采用了这本书里的方法。

为了解决学生的动力问题，我在《部落》中找到了一个可以尝试的活动。每天一开始，在我们的晨圈仪式中，每个学生都要抽出另一个人的名字，成为那个人当天的"秘密仰慕者"。规则包括不能告诉任何人你的仰慕对象是谁，而且你必须一整天都观察对方，找出对方值得欣赏的行为。一天结束后，我们又挤在地毯上围成一圈，然后学生们说出他们一直在观察的那个人，并分享他们的赞赏之情："奥斯卡在课间休息时把他的足球给了曼纽尔""莉泽特安静地走去吃午饭""比利帮助托马斯学习数学"。

当学生们提出和接受赞赏时，他们的表情发生了变化，流露出自豪、喜悦和连结感。我惊讶于这些7岁孩子对彼此的观察是如此敏锐，他们能从一个可能是也可能不是他们朋友的同学身上发现具体的、值得钦佩的行为。当我们汇报和结束活动时，托马斯问我们第二天是否可以重复这个活动，全班同学都表示赞同。"当然可以，"我说，"为什么不呢？"

在"秘密仰慕者"活动第二天结束时，我收到了同样的请求。伊丽莎白问道："为什么我们不能每天都这样做呢？"于是我们就这样做了。一天又一天，孩子们从帽子里抽出名字。有时我们会有"挑战日"，每个人都会抽出两三个名字。其他日子则是"我也是"日，学生们还得说出自己希望得到认可的行为。我们创建并张贴了孩子们最引以为豪或最喜欢观察的学生行为清单——那些体现善良、合作、个人责任感、勇气等的行为。

寒假开始的前一天，我们回顾了本学年到目前为止的情况。我说："假期期间，我会为今年下半年做计划。你们想要更多什么？或者少一些什么？你们对班级有什么建议？"毫无争议，"秘密仰慕者"获得了一致通过。"全年都要！"他们高呼。奥斯卡花了大力气来规范自己的行为，他说："我现在喜欢来学校了，每天我都在想'我迫不及待想被抓到在做好事！'""好的，"我说，"我们会继续这样做的。"他们的欢呼声引起了隔壁同事的注意。

当我观察到他们的兴奋时，我注意到墙上的行为表现表已经好几周没有使用过了，自从我们开始这种常规活动以来就再也没有使用过。一直以来，我都对这种课堂管理工具有一种复杂的感觉；每次我要求学生把卡片变成橙色或红色，似乎只会加剧他/她的行为，而且这种有些当众"羞辱"的做法让我很不舒服。寒假后的第一天，当我走进教室时，我把它取了下来。

1月，我的学生们重新回到了学校的日常生活中，我屏住呼吸，希望一切顺利。事实的确如此。"秘密仰慕者"活动持续了整整一年。孩子们从未厌倦，行为表现也从未倒退。真的可以这么容易吗？我一遍又一遍地想。这就像我的教室里的一个开关被拨动了，学生之间90%不愉快的人际交往行为都被消除了。我们的学习共同体感觉很好。我不知道为什么这个活动效果这么好，但我很高兴能避免我的新教师同事们所面临的许多课堂管理难题。

许多年后，我终于明白了这种方法为什么有效，也有了描述这种方法的词语：我关注的是优势、资产或“亮点”。这是一种在心理学、组织变革管理和神经科学领域中被广泛研究的方法——所有这些领域的研究人员都认为，关注积极的方面让人感觉良好，而且在你试图改变或希望他人改变时也很有效。这种方法是培养情绪弹性的另一个关键习惯。

对领导者的启示

- “秘密仰慕者”对孩子和成年人都适用。我曾在员工静修开始时或全年的团队会议上偶尔使用过这个活动，成年人都很喜欢。

心理习惯三部曲

以优势为基础的改变方法是一种融合了两种性格的习惯。首先，关注亮点与欣赏密切相关，我们将在第12章中探讨这一点。两者之间的联系可能是显而易见的：当你看到是什么在起作用时，你可能会表达出欣赏。其次，关注亮点与培养学习习惯息息相关。这种习惯将在第9章中进行讨论，但你可能已经意识到，关注优势会让你感到开放、好奇，并乐于接受新信息。将这3种心理倾向结合在一起——关注亮点、好奇心和欣赏——可以抵御教学和领导工作中的许多日常压力。

以优势为基础的方法

想一想你生活中想要改变的方面。也许你渴望工作与生活的平衡，也许你觉得身体不健康，想要改变运动和饮食习惯。当你考虑做出这些改变时，你想到了什么？关于如何做出这些改变，你的第一想法是什么？

如果你和大多数人一样，你可能已经开始思考的是自己不想再做的事情。也许你会想，我必须每天下午5:30前下班，我必须每周5天去健身房，我得改掉吃一整包薯片当晚餐的习惯了。诸如此类。你的头脑中很可能出现了许多阻碍你实现希望和目标的行为。我们大多数人在开始尝试改变时都会这样做，它有一定的局限性和弊端。

最简单地说，当我们想要做出改变时，我们可以这样做：我们可以关注那些不起作用的事情，少做一些；我们也可以关注那些起作用的事情，多做一些。理想情况下，我们可以两者兼顾，但如果我们从起作用的方面入手，就能激发能量来做出改变。

当我们关注亮点，关注我们希望看到更多的东西时，并不意味着我们否认挑战。如果你想变得更健康，你就需要停止晚餐吃薯片的习惯，但如果你同时关注那些引领你走上身体健康之路的行为，你就会有更多的情绪能量来发挥意志力。以优势为基础的改变方法之所以有效，是因为当我们看到自己的优势和进展顺利的地方时，我们就会对自己充满信心，我们就能利用我们的积极情绪并将这种能量引导到我们正在挣扎的地方。

好事比我们想象的要多

当我被派去指导一位对接受指导不感兴趣的中年教师时，我发现了基于优势的指导方式。米莎不愿意让我进她的课堂。“我已经听腻了所有我做得不好的地方。”米莎说，“我不需要别人来指出我已经知道自己薄弱的部分了。”

“不如这样吧，”我提议道，“我只看进展顺利的地方。我只会对我所看到的给予你积极的反馈。”米莎看起来很好奇，但也很怀疑。

“所以，你会忍住不批评我，告诉我我的布告栏很好看，你喜欢我的头发？”她问。

我开了个玩笑，继续说：“让我试一次吧。就10分钟。我想挑战一下自己。”

米莎再次拒绝。“我喜欢你，”她说，“我不想让你看到我当老师有多糟糕。”我肯定了她的感受，并承认当别人观察我们时，我们会感到多么脆弱。然后，我又一次坚持。

“就一次，”我说，“让我试试。这是对我这个教练的考验：我能否在一个差劲的老师的课堂上找到真正积极的东西？”我用轻松的语气说道，然后她心软了。

第二天，当我走进她的教室时，我很紧张，生怕看不到好的一面。但我的想法很快就变了，哦，今天一定是特别美好的一天，因为这里的一切似乎都很顺利！这感觉就像电影《绿野仙踪》中多萝西在奥兹国醒来的那一刻，一切都是彩色的。两个孩子在有条不紊地分发教学材料；“现在就做”活动让学生们两人一组，按下计时器解决数学问题；米莎正在和一位有特殊教育需求的学生的助教交谈，分享她对如何修改课程的建议；坐在教室正中央的哈维尔尖叫道：“我永远最爱数学！”这一切都发生在最初的3分钟内。我疯狂地匆匆记下笔记。我看着米莎开始上课，然后我按照我们的约定离开了。

当米莎和我见面汇报情况时，我克制着自己，没有流露出对我所看到的一切顺利进展的惊讶之情。相反，我问：“你觉得那10分钟怎么样？”我以为她会说，那是难得的“美好的一天”，而我还没有看到真正的东西。“哦，你觉得我很差劲，”她回答，肩膀绷得圆圆的，“我管不住哈维尔，我没准备好，孩子们都不听话，场面很混乱。”

我实在忍不住了。“我不知道你在说什么，米莎。我说真的，那堂课很棒！我注意到有28件事情进展顺利。如果算上你的布告栏，那就是29件了——你的布告栏太漂亮了。”当我细数我所观察到的东西时，米莎的双手捂住脸。“我想这一切都在发生，”我说完后她说，“但我好像都看不到了。我只看到哈维尔从座位上跳起来大喊大叫。我甚至听不到他在说什么。我很高兴他喜欢数学！他一直被留级，经常抱怨讨厌学校。”

汇报结束时，米莎问我第二天能否再来。“我需要你的眼睛。”她说。有两周的时间，我每天都会来10分钟，分享我看到的进展顺利的地方。没过几天，米莎就开始附和我的看法，说："是啊，我也看到了！"或者"你走后，哈维尔就成了材料收集员，他非常认真和成熟地对待这份工作"。我在走廊上碰到米莎，她会说："你肯定不会相信刚刚发生了什么！全班同学只用了我计划时间的一半就完成了数学挑战，而且他们还解开了那个问题！"我感觉米莎对她的学生和她自己的态度在我眼前发生了翻天覆地的变化。

大约一个月后，在一次年级组会议上，米莎分享了这10分钟的观察是如何改变她的。"我简直不敢相信，发生了这么多我从未注意到的好事，"她说，"我觉得，通过认识到这一切，我变得更加坚强，能够正视那些不顺利的事情。我的自信回来了，我感到充满活力，然后我更喜欢教书了。"当她的同事们谈到她的变化时，他们开始问我是否可以观察他们。

然后我有了一个想法——我决定挑战这个合作了几年的团队。我说："如果你们开始每周互相观察几次，每次10分钟——或许在你们备课的时候，怎么样？我也可以偶尔来看看，但试想一下，如果你们尝试这样做，能了解到彼此和学生的哪些情况？"米莎是第一个赞同这个想法的人，尽管有些不情愿，她团队的其他成员还是同意了。我们制定了一个时间表。我们讨论了协议以及汇报的方式和时间，没过几天，这个团队就开始互相观察，寻找亮点。

几个月后，我参加了另一次团队会议。"我们在讨论如何让女性英语学习者多说话。"米莎解释说，"有一天，我们注意到这些女孩在亚历克斯的课堂上滔滔不绝，于是我们都开始尝试他使用的策略，现在很多女孩都会说话了。"

从承认自己的优势开始，到研究如何改进做法，一切都无缝衔接。教师们提出了开放而脆弱的问题，谈论了他们引以为豪的事情，并分享了他们的愿景和目标。与我在某个周三下午观察到的许多团队或专业学习共同体会议上的讨论不同，他们的会议生动活泼，充满活力。米莎这个从未被视为领导者的人引领了这一活动。

为什么很难关注亮点?

如果你发现自己很难专注于积极的一面，那么你并不孤单。为什么很难看到亮点？真正的原因植根于我们的神经学、文化和情绪中。

我们的大脑有消极偏见

如果你很难看到积极的一面，那就怪你的大脑吧。你脑子里的那团糨糊非常有用，但它也有内在的消极偏见。这意味着，如果开学第一天，有34名学生走进你的第四节课堂，其中一人脸上带着愤怒的表情，你会立刻注意到他，并一直盯着他。他为什么带着这种态度进来？他会不会很难管理？他是其他老师警告过我要小心的那个学生吗？那天晚上，你会一直想着这一个孩子，其他33个孩子都是一闪而过的念头。

与正面刺激相比，大脑对负面刺激的感知更快、更强烈。在十分之一秒内，我们就能将负面刺激储存在记忆中。我们的大脑和神经系统的很大一部分会对我们认为的威胁做出反应——比如一个脾气暴躁的高中生、一封来自家长的无礼邮件，或者在我们主持的员工会议上的批评意见。相比之下，积极的体验更难被我们发现，我们必须专注于这些体验12秒钟，才能将其保留在记忆中。停一下，仔细想想：危险会在十分之一秒内进入你的大脑，而积极的体验至少需要12秒才能被吸收。这是一个重大的区别!

尽管这种偏见令人沮丧，但它却解释了我们远古的祖先是如何在非洲大草原上游荡了数十万年，冒着成为食肉动物美餐的危险，踏上炙热的熔岩地，或吃下有毒的浆果而生存下来的。人类之所以能够进化，是因为我们高估了威胁。我们的祖先善于发现危险，我们的大脑也仍然具有感知危险的能力。我们现在的任务是重新训练我们的神经通路，而当我们把注意力集中在亮点上时，这件事就会发生。

当我注意到我的大脑已经锁定了一些它认为是威胁的东西（灌木丛中的沙沙声、沮丧的孩子、脾气暴躁的同事）时，我会告诉自己：恕我对祖先不敬，剑齿虎已经绝迹了。然后我会说：现在一切都很好。我把注意力转移到一些中性或积极的事物疲劳和自我关爱不当会加剧大脑的消极偏见，因此，12月初是一年中关注亮点的最佳时机，因为我们往往会拖着疲惫的身躯进入寒假。

上——一朵云飘过、已经拿出笔记本的学生、同事脸上欢迎的表情。管理大脑的消极偏见是我每天都要做的事情，但通过我与你们分享的策略，以及通过冥想，它变得越来越容易，因为冥想可以让大脑平静下来，从而不会被别人的暴躁神情操纵。

关注积极因素是反文化的

关注亮点是对根深蒂固的社会和文化习惯的挑战。在我参加过的无数次研讨会和会议中，被认为是最聪明的人是那些把一个想法或计划拆解并指出其所有缺陷的人。在许多组织和机构中，批判性、理性和分析性都被高度重视。在这些环境中，如果你关注积极的一面，如果你指出一个计划的所有优点和贡献，你就会被视为幼稚，你的智慧就会受到质疑。为了关注亮点，我们需要解决许多组织中都存在的这种动态，并挑战未明确的价值观。

此外，在许多工作环境中，抱怨在文化上是可以接受的。人们聚集在一起，就问题、议题和抱怨惺惺相惜，这是一种社会习惯。学校里的某些空间似乎就是专门用来抱怨的，例如，员工餐厅就像是一个痛苦的漩涡，将所有消极情绪卷入其中。

发泄很少会让我们感觉良好，而且往往会导致愤世嫉俗。在一些组织中，愤世嫉俗者被捧上神坛。他们被认为是睿智、老练、博学的；他们见证了各种举措昙花一现，人来人往。他们警告其他人：不要被这个或那个闪闪发光的东西所迷惑。他们耻笑满怀希望的人，认为他们是不切实际的天真梦想家，嘲笑那些积极向上的人。

正如我在第2章中提到的，一位朋友曾告诉我，每个愤世嫉俗的人曾经都心碎过。我明白这一点。然而，愤世嫉俗会腐蚀社会；它不仅会伤害愤世嫉俗者及其周围的人，还会扼杀可能性与合作。我们必须找到其他方法来面对破碎的心灵。

情绪是真实的

我们难以关注亮点的第三个原因是，我们没有认识到，也不知道该如何处理我们复杂的情绪。我们的愤怒、怨恨、沮丧和悲伤阻碍了我们看到亮点，如果没有处理这些情绪状态的对策，我们就会对大局视而不见。本书的核心理念是，我们需要了解自己的情绪，并学会处理它们。一旦我们掌握了一套深入而广泛的技能，我们就能纵观全局，其中包括挑战、成长领域和亮点。

当我们专注于自己的不足和挣扎时，我们会强化大脑中无效的神经通路——产生自我挫败感的通路，如：我真失败；这行不通……我知道我不擅长X，多年来我一直在努力变得更好……我到底怎么了？为什么我在这方面如此糟糕？我们大多数人都非常清楚自己的弱点。过多地关注它们只会造成困扰，降低我们采取行动的能力。

当我们专注于自己的优势时，我们就能获得积极的情绪，从而打开我们学习的大门。无论我们关注的是自己的行为，还是同事、学生或上司的行为，我们关注的东西都会成长。突出积极的一面并不意味着否认挑战，但它能消除日复一日对他人缺点的审视，这种审视会筑起一道疏远的墙。找到一个人的优点，就能拓宽我们对这个人的看法。我们可能会感觉到与这个人有一种不同品质的联系，照亮了一些可能让我们促进改变的切入点。

关注亮点并不是要咬紧牙关，对在邻座上钉图钉的学生视而不见，也不是要否认你做事没有条理的事实。这是要拓宽你的视野，从一个强大的地方开始探索成长的领域。这种策略能让你更充分地接纳自己复杂的情绪——悲伤、愤怒、嫉妒和沮丧。

对领导者的启示

- 如果你所处的文化崇尚批判和分析能力，那就开始通过欣赏式探究来转变这种文化。你可能还需要直接处理这种沟通互动，并合作探索一些替代方案。
- 当你开始指出别人的闪光点并鼓励他们这样做时，请记住，接受积极的肯定可能会很困难。对我们中的许多人来说，表扬或赞赏可能会让我们感觉不舒服；也许我们受到的教育是，宣称自己的长处是一种傲慢的表现，或者我们更看重谦逊。

- 要认识到，人们喜欢以不同的形式接受赞赏和表扬；不是每个人都愿意当着全体教职员工的面公开自己的荣誉。在年初进行一次员工调查可能会有所帮助。
- 明确指导员工如何接受表扬：建议他们不要拒绝或淡化赞赏，说声“谢谢”即可，并沉浸在赞赏之中。

训练大脑

让我们来具体谈谈如何引导你的思想和情绪集中在亮点上。有5种做法有助于实现这一目标，它们是设定意向、采取探究姿态、参与肯定式探究、处理情绪和练习反思。让我们一起来探索如何系统化地聚焦优势，训练你的大脑。

设定意向，引导你的思想

在第3章中，我介绍了意向设定如何帮助你创作出有力的故事。意向设定的作用远不止于此，因为它是一种简单的练习，能让你的大脑准备好去寻找你告诉它要寻找的任何信息。它不是目标设定——意向比目标更柔和、更个人化——它是关于你希望在某种情况下如何存在或表现的声明。它是关于你想如何确定你的思想和心灵的方向，以及你想关注什么。

我是这样使用它的：在一次会议之前，也许是在分享一项新举措提案的会议上，我可能会设定一个意向，对新想法持开放态度。然后，我会确定当我坚持我的意向时，可能是什么样子或听起来像什么——“听起来像”可以是内心的自我对话。因此，如果我的意向是对新想法持开放态度，那么我就会提一些不带偏见的问题，试图理解他人的观点，从心理上接受建议，并愿意改变想法，接受不同的结果。在笔记本的最上方，我会写下我的意向。如果分享我们的意向是我们团队开场惯例的一部分，那么我也会与同事分享——这会让我对它更负责。在整个会议过程中，我可能会偏离我的意向，但经过一些练习，我的思绪很快就能回到初衷上来。

你的大脑希望得到指示。它想为你服务，让你快乐。它需要清晰明确的指示。这就是意向设定以一种善良和富有同情心的方式所做的事情。

采取探究姿态，敞开心扉

引导自己的思维采取探究的姿态，可以让你以开放的心态去观察，欣赏自己的长处，并愿意接受惊喜。这意味着提出没有现成答案的问题。你可以在课堂上，针对某个让你感到吃力的孩子采取探究的姿态；也可以在专业发展课程中，当你想知道明天的课程如何才能更好地帮助你改进教学时，采取探究的姿态；或者当你对一个似乎从来没有说到做到过的同事感到沮丧时，也可以采取探究的姿态。当你拓宽视野和提问范围以看到更广阔的图景时，你就能看到闪光点。

如果你采取探究的姿态，你也更有可能向意想不到的人提出问题。例如，如果你想知道如何让孩子们准时到达学校，你可能会询问他们对此事的看法，或者询问学校管理员的看法，或者询问一位学生的祖母的看法。当你真正抱着探究的态度时，你会对你所听到的感到惊讶。你还会看到新的可能性出现。

反思提示（及示例）

- 你希望在学校或班级中解决什么问题？
  - 我的孩子们不交家庭作业。
- 针对这个问题提出3个开放性问题。
  - 为什么我的孩子们不交作业？
  - 为了让孩子们交作业，我需要做些什么改变？
  - 家庭作业有什么作用，或应该有什么作用？
- 找出3个你可以向他们请教的人。
  - 我团队中的另一位10年级教师。
  - 我们学校的一位学习专家。
  - 一位学生家长。
- 你能找出一个不交作业问题不明显的地方吗？你认为原因何在？你

怎样才能了解在这种情况下是如何处理这个问题的?

○ 我认为孩子们交英语作业的频率更高。这可能是因为他们没有那么多英语作业，也可能是因为他们对英语作业更感兴趣。我可以和英语老师谈谈，问问孩子们为什么交英语作业而不交我的作业。

参与肯定式探究

想想你想改变学校的哪一方面。也许是教职员工流失率高，也许是早上迟到的孩子太多，也许是数学成绩太低。你会如何做出改变呢？传统上，当我们进行组织变革时，我们会分析、评估和解决问题。我们会问："这里需要解决什么问题？"我们关注不足、缺点和失败，然后迅速采取行动。但这样做并不总是奏效。

爱因斯坦曾经说过，如果他有一个小时来拯救世界，他会花5分钟来定义问题，用5分钟来找到解决方案。我们如何思考"问题"以及思考"问题"的时间长短都很重要。

肯定式探究是一种注重优势的组织变革方法。它所基于的理念是，我们所提出的问题会将我们的注意力集中到一个特定的方向，而组织则会朝着所提出的最持久、最有激情的问题的方向发展。肯定式探究促使我们看到整个系统，并探索该系统的优势、可能性和成功之处。它提出，从我们提出问题的那一刻起，我们就开始创造变革。如果我们选择积极的问题，我们就会引导自己进行积极的变革。你所在的学校一直在提出哪些问题?

肯定式探究提出了进行改变的5个步骤——改变个人的教学，改变领导实践，或者改变整个系统。以下是这5个步骤：

1. **定义：**探究的主题是什么？这个项目的目的是什么，或需要实现的目标是什么?

2. **发现：**哪些方法已经奏效？我们的成功经验和优势是什么?

3. **梦想：**可能是什么？我们对未来有哪些希望、愿望和抱负?

4. **设计：**应该是什么？如果我们把现有的和可能的结合起来，会发生什么？理想是什么？

5. **兑现：**如何实现我们的理想？我们需要做些什么？

肯定式探究训练我们以不同的方式看待问题和采取行动，因为它促使我们对情况进行更广泛、更深度的评估。就像大多数事情一样，我们需要练习和时间来完善自己的探究技能，但对于已经使用了肯定式探究的团队和学校来说，我已经见证了整个教职员工和学生文化所产生的连锁反应，它们明显更加积极、更有希望和更有成效。

肯定式探究反馈调查

这里介绍的基于肯定式探究的360度反馈工具可以在领导者的工作中发挥变革性作用。在这一过程中，人们被邀请公开（而非匿名）回答以下有关其领导者的问题。这个工具是由“发挥作用的领导力”组织（Leadership that Works）开发的一个工具修改而来的。

过程

提示和问题可以通过在线调查或由中立人士（如教练）进行访谈的形式提供。

部分一：发现

- 描述一次你非常享受和你的上司一起工作的经历。
- 这个人对你的成功有什么贡献？此人是如何让你把工作做到最好的？
- 描述这个人对学校和学生产生积极影响的一次经历。
- 描述一下这个人做过的创新的事情。这个人在这个过程中遇到了什么挑战？他/她产生了什么影响？

部分二：发现与梦想

分享一个关于这个人在以下每个领域展示他/她的优势的故事，然后向这个人提供一个愿望，帮助他进一步发展这种能力。

- 做决定。

- 领导实现愿景。
- 培养创造力。
- 发展团队。
- 建立关系。
- 有力的沟通。
- 发展自我和他人。
- 树立正直和诚实的榜样。

部分三：梦想

- 今年你在这个人身上看到的最大的积极变化是什么？
- 从整体上看，这个人有哪些突出的优点？这个人怎样才能更好地利用这些优势为学校服务？
- 你希望哪3件事能让这个人更有效率？
- 你想向这个人提出哪些要求？

处理情绪

只有当你有能力应对挑战时，你才能专注于亮点，无论是学生的行为、你自己的专业成长，还是一个督促你的上司。如果没有应对挫折、愤怒、悲伤或恐惧情绪的技能，只关注亮点会让你感到不舒服。

处理强烈情绪的方法有很多，我在本书的其他部分也介绍了一些。这里有一个处理困难情绪的有效策略，许多正念老师都教过它。这4步练习的缩写是RAIN，分别代表recognize（认识）、accept（接受）、investigate（调查）和nonidentification（不认同）。

认识：认识到自己正在经历一些事情——对同一个学生总是忘记做作业感到恼火，或者校长的电子邮件让你感到紧张。下一步回到观察，而不是做出反应。意识到你的想法、情绪和感觉。说出你出现的情绪——恼怒、焦虑、悲伤。

接受一切：承认你的经历就是这样——你会因为学生忘记做家庭作业而恼

火——即使你希望自己不会这样。练习自我同情，而不是自我批评。

调查：扪心自问，我的内心在发生什么？这种感觉从何而来？这种感觉想要我做什么？保持好奇心。也许你会想，你对学生忘记做作业的感觉是否与你对她组织能力的担忧有关。也许你怀疑自己对校长邮件的反应与自己作为新员工的不安全感有关。你不需要对自己进行心理分析，只要带着好奇的态度去看待你所经历的一切。

不认同：要求你提醒自己，你不是你的情绪或你编织的故事。你有思想或感觉，但你不是思想或感觉。感觉是短暂的，当你认识到这一点时，你会感到更加平静，能够处理好正在发生的一切。你会发现，你对学生的恼怒情绪会过去，焦虑并不是你的本性。

练习反思，获得清晰的认识

反思包括停下来思考我们的经历，考虑我们未来的行动、情感和解释选择。它是一种未被充分利用的工具，可以帮助我们了解自己的情绪，增强情绪弹性，增加生活中的快乐。

如何反思？思考发生过的事情可能是反思，但也可能是执拗或不健康的反刍。富有成效的反思能让你更深入地了解自己和他人。它能明确下一步的行动和你自己的行为，并有助于决策。深思熟虑是高效反思练习的一个组成部分，但你还可以通过进一步的两个步骤来使这种练习的作用最大化：与他人一起大声反思（交谈）和写作。写作是反思的终极权力策略。它迫使你把你的经历用语言表达出来，并把它们写在纸上，使你能够记录自己的经历，从而认识到随着时间推移的模式和趋势，并有助于巩固你想要加强的神经通路。

我之所以为这本书增加了多个反思部分，部分原因是我知道写下自己的反思有多么强大，我也知道这样做能培养人的情绪弹性。我是通过广泛的研究和自己20多年的写作生涯了解到这一点的。以下是两点值得我们欢呼的反思的积极影响：

• 反思个人的优势和局限性可以培养许多与具备情绪弹性相关的能力，特别是提高自我意识以及应对和解决问题的技能。研究人员发现，那些反思自己的做法、考虑个人动机并探索自己与服务对象互动的性质和影响的成年人，其心理健康水平更高，也更有情绪弹性。

• 研究发现，良好的反思能力能够巩固帮助专业人员的情感素养和准确的同理心，还能促进支持性的人际关系，从而缓解工作压力。因此，培养反思能力在增强情绪弹性和培养技能方面具有很强的潜力。

认识背景：领导力培养很重要

亲爱的校长们，在这本书中，我在每一章节加入“对领导者的启示”内容时，我都想到了你们。我希望你有自己的教练和每周一次的专业发展课程，甚至可能有一个高功能专业学习共同体来支持你实施这些想法。我一直认为你是一个学习者，不幸的是，在我工作过的大多数学校和地区，我很少看到有为校区（或中心办公室）领导提供高质量的专业发展课程。

我也考虑到了你的情绪弹性。我们有关于教师职业倦怠和人员流动的数据，但关于校长的这些数据却很少。在我工作多年的大城市地区，校长的流失率和教师一样高，这造成了不稳定，也无法推动变革。

如果我们要真正实现学校转型，就必须在校长专业发展方面做出重大改变。越来越多的研究表明，校长对学生的学习有着至关重要的影响。在所有影响学生在校学习的学校相关因素中，领导力仅次于课堂教学。你的工作是吸引和留住那些优秀的任课教师，创造条件让他们茁壮成长，塑造学生和教职员工文化，领导高效的团队，坚持令人信服的愿景，树立情绪上有弹性的领导模式，等等——你需要大量的技能。校长的专业发展（任职前和任职后）远远落后于教师的发展。

这本书是我关于如何改变学校的理论。我们不能等待那些高层来资助领导者们的专业发展课程，这些领导者将来是要创建我们学生所需要的学校的。如果我们每个人都能在自己的影响范围内承担起自己的责任，改变就会发生。如果我们在自己的影响范围内稍加推动变化，它就会发展壮大，并产生超乎我们想象的影响。改变可以来自四面八方，可以从下到上，从四面，从内到外。

校长们，你能做的决定比你想象的要多。尽你所能，获得你需要和应得的专业学习。尽你所能，开拓出空间和共同体，让你能够学习本书的内容，培养自己的情绪弹性，并思考如何培养你所领导的教职工的情绪弹性。为你自己请教练做好预算，要求有参加专业学习共同体的时间，并要求你的上司提供有意义的专业发展课程。你的领导力，以及领导力的发展都非常重要。

深入探究悲伤

我一直在拖延写这一部分。我回避它，起草了关于这个话题的分析性思考，甚至考虑删掉它，因为我不想面对这种情绪。你想跳过它吗？也许我们并不需要“深入”这种情绪，而只需要浅尝辄止即可。这对我们中的许多人来说都是一种进步——特别是如果我们身处一个专业环境，与同事们在一起，很少会出现激烈的情绪。

当我涉足悲伤这个话题时，我立刻注意到，我对悲伤的恐惧感骤增。这是对失控的恐惧。对未知的恐惧。害怕独自一人。害怕悲伤的狂潮将我卷入汪洋大海。我还害怕这种情绪的不可预测性。

我内心坚强的一面是这样说的：今天，我们只是看看。是的，你曾陷入凄凉悲伤的深渊，它威胁要毁灭你的存在，但你并没有停留在那里。

然后，我丈夫的话像一道闪电划破了我的记忆：“你不会一直有这种感觉。”这句话他重复了很多次，每次早晨他发现我被悲伤折磨得瘫倒在地板上，他都会说这句话。他的话挑战了我的假设，挑战了我的信念，即我的情绪状态是永恒的——我眼睁睁地看着我深爱的母亲死于癌症，怎么可能不是这样呢？他的话也许是悲伤季节里唯一的希望之源。无论过去还是现在，恐惧就像一个来势汹汹的哨兵，站在悲伤的大门口，阻止我理解和探索悲伤。这种恐惧包括对悲伤强度的恐惧，对自己的观察能力的恐惧，对永恒的恐惧。

曾几何时，无辜的人们遭遇不公，愤怒、悲伤和恐惧一下子席卷了我。我向我睿智的丈夫求助，哭着说：“我不知道该怎么办！”我恳求他指明方向。我的手在颤抖。我的呼吸急促。（回想起来，我发现自己是在寻求帮助，这对我们所有人都是一个教训：要寻求帮助。你不必独自面对。）

他的回答是："就接受悲伤吧，与它同在。"

"这是什么意思？"我愤怒地问道。我想要解决办法。我想让他帮我消除这种感觉。

"坐下，闭上眼睛，感受情绪。让它们穿过你的身心。观看它们的进程。哭吧。去体验它们吧。"

我对此表示怀疑。不光是怀疑，还有点恼火。然而，我没有其他想法，而且我已经学会了信任我的丈夫，所以我带着那种悲伤"坐"下来，而且不止一次。我发现（令我非常惊讶），它过去了。在它让我感到胸口隐隐作痛，在它与其他情绪相互影响，在它点亮了我未知的恐惧之后，它消失了。

有些悲伤没有消失。这没关系。我不想彻底摆脱对母亲去世的悲伤。它不像以前那么强烈，不会让我一蹶不振，但它已成为我的一部分，因为我对她强烈的爱而存在的一部分。虽然我很愿意用我从失去她的痛苦中得到的教训换回她的生命，但我也意识到，她的疾病和死亡以及我的悲痛历程让我成为一个更善良、更富有同情心的人。这也是我现在的一部分。

我勉强地获得的另一个教训是，我可以在悲伤的海啸中幸存下来，甚至在海啸过后茁壮成长。这不是我选择的旅程，我也不想重蹈覆辙，但我还是走过来了。我的悲伤经历让我更加坚信，我们可以在逆境中变得更加坚韧。

这就是我对悲伤的印象：悲伤的强度并非永恒。我们必须寻求帮助。我们可以变得更坚韧。情绪残余依然存在，但没关系。

有时，悲伤的后遗症可能是行动。在我丈夫的指导下，我接受了悲伤情绪，在我探索了自己的悲伤和愤怒之后，强烈的情绪消退了，我站起来，开始采取行动回应这种不公正。

当愤怒出现时，请仔细观察，因为悲伤往往潜伏在愤怒之下。有时，我们会停留在愤怒的层面上，因为它有能量：愤怒可以激发和调动我们的力量，推动我们站起来，与他人结盟；愤怒会让我们的心跳加速，让我们的双腿迈动，有时我们在愤怒时言辞更犀利。但我们都知道，长时间处于愤怒之中是有危险的。揭露悲伤也是一种力量和自由。

悲伤会把我们推入掩体，让我们蜷缩成一团，动弹不得。悲伤会吸走我们所有的生命力。也许这就是为什么探索悲伤是可怕的：因为抑郁症是真实存在的，对于那些找不到所需帮助的人来说，抑郁症可能会导致死亡。我曾担心，仅仅经历一个下午、一个星期或一个季节的悲伤，就可能导致无法治愈的抑郁症。我亲眼看到了这对人们造成的伤害。

我想知道，与悲伤建立一种健康的关系是什么样的？我相信这是可能的。我认为这需要与他人分享我们的悲伤，接受它的存在，并摆脱它的羞耻感。有时，当我们感到受伤、被冷落或受到不公平对待时，我们会感到悲伤；我们会想：这是我应得的吗？我不值得被爱吗？这些恐惧会滋生羞耻感，让我们远离了悲伤。我们变得沉默。我们不在社交媒体平台上分享这些更新。然而，在追求更幸福的生活的过程中，我们无法屏蔽悲伤。

在学校谈论悲伤会是什么样子？当我回想起作为一名教师和教练感到愤怒或沮丧的时候，我现在看到的是悲伤。当我的工作不被赏识时，当同事不听我的意见时，当学生没有按照我的要求去做时，当考试成绩不尽如人意时，当新课程标准的采用变来变去时，当团队成员离开时，当领导离开时，当我不得不做一些我不想做的事情时，我看到的悲伤与我母亲去世时我所经历的悲伤如出一辙。悲伤有不同的程度和强度，但从根本上说，悲伤就是悲伤。如果我能够与我的教学伙伴、校长和年级团队谈论悲伤，我可能会感觉到更多的支持、更强大和更好吗？

我希望学校里能发生这样的事情：偶尔，我们会自愿聚在一起，我们会承诺敞开心扉，认真倾听对方的心声，无意去解决对方的问题。我们将以正直的态度（诚实、善意、没有责备或羞愧）交谈。有一个人会轻松地促成并维持一个安全的空间，提供一个开放的提示，比如“谈谈悲伤”，然后想发言的人就可以发言。如果有人流泪，我们也不会害怕，在发言者分享之后，我们会说“谢谢”。然后，也许会有一个安静的时刻，然后其他人会分享。我们在离开的时候，会觉得彼此间的联系更加紧密，在恐惧和悲伤中不再孤单，更加理解彼此，也更加相信我们可以用一种能够建立弹性的方式来谈论激烈的情绪。

如果我们看不到黯淡的时刻，就无法看到亮点。

性格特质：赋能

当拉特丽斯举起双手说："我唯一能对付迈克尔的办法，就是让特殊教育助教每天和他一起上课。"我顿悟了。我们花了很多时间来讨论这个3年级的古怪孩子，他有一份特殊教育需求的计划，而且一不知所措就会从课堂上逃走。我围绕管理、结构和系统提供了很多技术指导。但这对拉特丽斯毫无帮助。

"拉特丽斯，"我说，"问题不在于迈克尔。而是你觉得自己没有能力应对这个教学挑战。"拉特丽斯是第一年任教的教师，她已经尝试了很多策略来帮助迈克尔，但当时也才12月，她充满愤懑和无可奈何的情绪。

"我做不到。"她肯定地说，"他需要一个全职的助教。"

"你每年都会遇到一个像迈克尔这样的学生，"我说，"我们学校没有全职助教。你有一个选择：要么学会如何支持迈克尔，要么在6月辞职。"

"我试过了！"她回答道。

"是的，你试过了，但你觉得你还能做些什么来支持迈克尔吗？任何事？"

她耸了耸肩。

"听着，"我说，"作为一名教师，你总会面临挑战。这是必然的。这也是这个职业有趣的地方；总有一些其他的事情需要去解决。过一段时间，你就会感激这些挑战。但你必须转变态度。你不能自暴自弃，如果你说你需要一个全职助教，那你就放弃了你的力量。"

那天，我对拉特丽斯的指导方法发生了转变。我们的目标变成了增强她的力量感。那一年，拉特丽斯跌跌撞撞，但我并没有像秋天那样扑过去扶起她，而是站在远处指导她如何恢复和采取下一步行动。当拉特丽斯与迈克尔尝试不同的方法时，她不断提醒自己，她正在学习的路上，她之所以挣扎，是因为她还不具备所需的技能，但她可以想办法解决这个问题。

今年6月，当我们回顾她第一年的成长时，她说："今年我学到的一件事是，我不需要你。12月时，我觉得一周不和你见面就过不下去。现在，虽然我喜欢你的指导，也想继续下去，但情况不同了。我不觉得没有它我会死。”

拉特丽斯在这所学校教了10年书。迈克尔高中毕业时，给她寄了一封请柬，上面写着：“你从未放弃过我。你让我意识到，只要我不放弃自己，我什么都能做到。没有你，我就不会毕业。”我珍藏着她寄给我的那张照片，照片上是他俩在毕业典礼上的合影，泪水顺着他们的笑脸流了下来。这张照片提醒我们，新教师需要的不仅仅是技术上的指导：他们需要在做人的道路上——他们的性格和态度上得到指导。这也提醒我们，当我们找到应对挑战的资源时，我们就学会了相信自己。

为了培养情绪弹性，你必须要觉得自己有能力应对挑战。为了应对层出不穷的挑战，你需要培养一种自我效能和赋能的性格。我的个人经历告诉了我这一点，而关于有弹性的教育工作者的教育研究也验证了我的信念。

当我们感到有力量时，我们相信自己能够影响周围的环境和事件的结果，这有助于增强我们的能力感和自信心。当我们冒险、犯错（甚至失败）并发现自己有能力站起来继续前进时，我们就赋予了自己力量。

下面是如何培养自己的力量感的方法：

1. 确定你在职业（或个人）生活中想要改进的一个方面。也许你想要一个更有条理的课堂，或者你想修改一个你已经教过多次的单元，使其更有吸引力。也许你有一个学生，就像迈克尔，你需要支持他。

2. 制定行动计划并付诸实施。确保无论你做什么，都要有一定的风险。找到自己舒适区的边缘，并稍稍超越它。如果你不觉得有点紧张，那就说明你冒的风险还不够大。

3. 反思（最好以书面形式）你在实施计划过程中发生的事情。注意自己的各种感受。找出挣扎和自我怀疑的时刻。

4. 当你遇到挑战时，或者当你跌跌撞撞时，问问自己：我是否能够影响或控制自己去应对这一挑战？如果你的回答是肯定的，那么你就会培养自己的力量感。

5. 当你遇到困难时，告诉自己：我之所以遇到困难，是因为我还不具备做好这件事所需的技能或知识。然后问自己：我还能做些什么来应对这一挑战？

6. 当你实施计划并看到你努力实现的变化时，把它们记录下来。肯定自己的成就。把这些成就归功于自己——即使一路上有其他人提供意见、建议或帮助。你必须看到自己在成长过程中的作用，否则就无法培养自己的赋能能力。

7. 问问自己，今天有哪些事情进展顺利，我在其中扮演了什么角色？每天在你的教学实践中找出你的行动帮助你完成大大小小的目标的亮点。

情绪弹性是内在的。有时，你可能会觉得内心之井的水位很低，这时，你的任务就是给它们补水，填满水井。但你的情绪弹性的源泉始终在你的内心深处。

对领导者的启示

- 感到倦怠的人的一个典型特征就是无能为力，这使得自我效能感的概念变得尤为重要。自我效能感是你自己对未来有效和现实地应对特定任务的能力的判断。
- 与新老师共事时，要有意识地培养他们的自我效能感。和他们一起时，很容易变得太有启发性和指导性。用责任逐步释放的理念来引导他们；他们确实需要直接的指导，但也需要从管理者、教练或导师的支持中“断奶”。
- 引导你的老师，尤其是新老师，亲眼看到自己的成长。他们需要认识到自己的成长历程和克服的困难。如果你（或其他人）过多地指出他们的优点和成就，就会使新老师无法看到自己的才智和能力。
- 考虑如何将这些做法纳入教师目标设定和评估的必要实践中。想一想，如果一年中的观察后谈话是使用这种视角的产物，那该有多好。

寻找光芒

在北半球，我们有在短暂的冬季庆祝光明的古老传统。我们聚集在蜡烛和壁炉旁，展示象征希望的星星，用五颜六色的灯泡装饰我们的家园。当我们的地球临近冬至时，来自不同传统的人们会庆祝奇迹、希望、新生和复原力。

12月，随着上半学年的结束，我们的地球也进入了冬季，也许我们的学校共同体可以聚在一起，找出并庆祝亮点。我们可以与家长和学生合作，为孩子们庆祝，突出他们的学习和发展。我们可以说出自己的成长，并将自己的学习与他人的成长联系起来。我可能会说："我为自己的……感到骄傲。"而一个同事会补充说："当你……，我也看到了你的成长。"我们会在自己和他人身上寻找光芒，被提醒说，当黑夜漫长，太阳低垂在地平线上时，我们只需要更密切地关注。光总是在那里。

本章思考

- 本章的观点如何影响你对当前现实的看法？
- 如果你看到更多的亮点，你的日子会有什么不同？
- 在本章分享的观点中，你想进一步探讨哪些观点？

情绪弹性
认识自己
信任
庆祝和感恩
毅力
驾驭变化的浪潮
勇气
目标坚定
理解情绪
接纳
玩耍和创造
好奇心
讲振奋人心的故事
乐观
成为一个学习者
建立共同体
培养怜悯心
洞察力
同理心
活在当下
照顾好自己
聚焦亮点
赋能
幽默
积极的自我
认知

第8章
培养怜悯心

怜悯自己和他人，有助于我们应对每天面临的人际关系挑战。洞察力可以让我们认识到情况的复杂性，使我们与他人产生共鸣，从长远角度看问题，从一时的戏剧性事件中解脱出来，并对事件做出更广泛的反应。

1月：新年伊始，增强对自己和他人的怜悯心，开启另一种情绪弹性资源。

寒假结束后的第一周，我在一所学校的走廊里走着，我曾指导过那里的几位领导，这时英语学科主任桑德拉向我走来。她问道："你有时间吗？"还没等我回答，她就开始描述她学校的行政管理人员的诸多不足之处——他们没有做什么，她认为他们应该做什么。她感叹他们把事情弄得一团糟。她的语速很快，言谈举止中流露出明显的愤懑。她最后说："休息过后，我感觉很放松。但短短几天，他们的无能就让两周假期的好处化为乌有。"

我考虑着如何回应桑德拉的咆哮：我的一部分想法是给她一个拥抱——我非常关心她。我想过帮助她处理情绪，或者解构她所说的故事。我经常担心桑德拉的情绪弹性；她工作非常努力，对学生也非常尽心尽力，但她经常生病，情绪上似乎也很脆弱。我决定用我认为的"怜悯之箭"来回应她。

"你想改变对管理者的看法吗？"我问道。她点了点头。

"那你想想每个人都在尽自己最大的努力。根据他们的知识、技能和经验，他们正在做出最好的选择。”

桑德拉转过头去。“但这还不够好。”她说，声音平静了下来，语速也慢了下来，“我们的孩子需要我们做得更多。”

“是的，每个人都在尽自己最大的努力，包括你在内。”我说，“是的，我们需要掌握更多的技能和知识，但你不能因为人们的成长领域而对他们发火。试试这种思维方式，看看会发生什么。”

桑德拉停顿了一下。“为什么这会让我感觉好一点？”她问道，声音和耳语差不多。

“那你觉得你的管理者们怎么样？”我问。

“我觉得好多了。我不想感觉自己在和他们交战。”她说。

“我们渴望与他人建立联系。”我说，“你也知道，人是可以改变的。这种想法可能会让你感觉更好，因为它植根于怜悯心，而怜悯正是我们的自然状态。”

我们的交流到此结束，但在随后的多次指导课程中，我们又回到了这个话题，因为对他人的同情（以及对自己的同情）正是桑德拉提升自身的情绪弹性所需要的。

你想对谁培养更多的怜悯心？学生？同事？上司？当你阅读本章时，花点时间在你的职业生涯中找出一个你想记住，想对他培养更多的怜悯心的人。如果你对这个人有更多的怜悯，你的生活会有什么不同？

几个定义

- **可怜：**当你感到可怜时，你会从情感距离上认识到他人的痛苦；这可能是一种居高临下和非人化的表现。
- **同情：**当你感到同情时，你会关心受苦受难的人，但在情感上保持一定的距离。
- **同理心：**当你有同理心时，你会设身处地地感受他人的痛苦。当你有同理心时，你与他人之间没有距离，因为你能感受到她的情绪，想象她的想法和感受。
- **怜悯：**当你感到怜悯时，你会被感动，然后采取行动减轻他人的痛苦。你可能通过同理心体验过这种痛苦。行动是怜悯心与同理心的区别所在。

怜悯心能带来什么?

将怜悯心看作是我们所有人都有的肌肉，我们生来就有，也需要加强。当你的身体肌肉弱时——比如说，你的核心肌肉弱——其他肌肉，比如说你的腿筋和下背部肌肉，就会更加努力地进行补偿，以确保你的身体能够完成它需要做的事情。但是，这种不平衡会导致疼痛——腿筋拉扯背部肌肉，背部就会疼痛。问题的根源在于斜方肌和腹肌薄弱。当我们的身体不平衡时，就会感到疼痛。同样，当一项技能被忽视时，我们的情绪也会感到疼痛。

我经常练习普拉提，这样我的背就不会疼了。同样，我也必须有意识地培养怜悯心，否则，我就会忘记去关注它。我不知道你怎么想，但我下午5点没有“培养怜悯心”这门课。这就是为什么我发现自己在与他人交往时，总是带着沮丧的评判心态，而我的恼怒、失望、怨恨和其他糟糕的情绪最终会让我疲惫不堪。当我们对他人怀有怜悯心时，我们的心会变得柔软，我们的人际关系会得到加强，我们的视野会变得开阔，然后我们也会看到各种可能性。就像我们练习乐器或磨炼乐观等性格一样，我们必须培养和完善怜悯之心。

怜悯心是采取了行动的同理心。当你听到学生的母亲谈到她担心儿子可能有学习障碍时，你可能会同情她。如果你回应她说：“我知道你有多担心，我想让你知道，作为他的老师，作为一个关心你儿子的人，我将是你在这个过程中的伙伴。”那你则是有怜悯心的。

当你注意到你的两个高中女学生似乎互不理睬，你知道她们是朋友，你问其中一个一切都还好吗，她突然哭着告诉你她的朋友不想再和她做朋友了，你可能会同情她。如果你邀请她们共进午餐，谈谈发生了什么事，那你就是在表示怜悯。

当你的校长发出一封傲慢的电子邮件，要求教师们按时上交出勤报告时，你可能会意识到他的压力有多大，并回想起他通常都很体贴。如果你稍后在走廊上与他擦肩而过，询问他的近况，或让他知道你很欣赏他的努力，那你就是在表示怜悯。

怜悯心和爱是重叠的。爱可能只是一种更深层次的怜悯，但它们如此接近，我经常把它们当作同义词来用。

一个简单的培养怜悯心练习

静静地坐着，想象你关心的某个人正在经历一段艰难的时期。感受你与他的联系以及你对他的爱。然后默默地对他说：我关心你的痛苦。愿你脱离苦海。现在，为一个看起来很挣扎的学生做同样的事情。

作为延伸，把这些话说给你自己听，然后说给你觉得难相处的人听，甚至说给你可能永远不认识的人（比如遥远国家的难民等）听。当你做这个练习时，注意你的身体和思想发生了什么。

你可以在一天中的任何时候做这种练习——当你的学生进入你的教室时，在员工会议期间，或者当你走过大厅时。它方便、快捷，而且别人看不到！而且还能让你感觉良好。

怜悯如何让我们更有情绪弹性

在学校工作了20多年之后，我认为我们面临的主要挑战之一是缺乏对彼此、对学生、对他们的家庭和社区、对我们的上司以及对我们自己的同理心和怜悯心。尽管我们中的许多人都认为自己是富有怜悯心的人，但一旦我们进入学校那些布满灰尘的走廊，就会发生一些事情。培养怜悯心就像服用一种非常好的复合维生素：它能满足多种需求，预防问题，修复系统性失衡，让你变得更加强大。

培养怜悯心应该成为学校、学区和组织的首要目标。它需要被纳入员工会议和专业发展课程。我很希望在议程中加入一个名为“怜悯心练习”的部分，或许可以放在分析基准评估之前。是的，怜悯心的培养应该延伸到孩子们的课程中，他们也应该得到支持来锻炼这些肌肉。怜悯心有益于我们的身体健康，可以让我们更有效地合作，帮助我们与难相处的人打交道，并最终强化我们的共同体的凝聚力。你能想象有了这些好处，我们的学校会变得多么不同吗？

怜悯让我们更健康、更快乐

首先，怜悯对身体有好处。当我们富有怜悯心时，我们的心率会减慢，压力荷尔蒙会减少，免疫反应会增强。怜悯心可以降低患心脏病和其他疾病的风险。这是名副其实的预防医学。此外，怜悯心还能激活我们大脑中的愉悦回路。神经学家发现，当人们以怜悯的方式向他人倾诉时，他们的思绪就不会那么纠结于自己生活中发生了什么或未来可能发生什么。因此，他们更快乐。

用怜悯心激发我们的合作意识

想象一下，在11月的一个周三放学后，一群英语教师坐在一起，准备看看学生最近的写作评估。8月份，他们制定了评估内容和评分标准，确定了能够帮助学生掌握写作技巧的学习目标，并花了几个月的时间进行授课。现在，当教师们拿出成堆的学生试卷时，他们开始思考：我的同事们会怎么看我孩子们的文章？他们孩子的作文写得更好吗？他们是更好的老师吗？他们的压力荷尔蒙激增。

为了让对话富有成效，让教师们能够坦诚、脆弱、开放，也让教师们能够富有成效地相互挑战，我们需要对这些荷尔蒙做些什么。神经化学的答案是催产素，它能减少皮质醇，打开我们的信任开关。催产素会影响我们在人际交往中承担社会风险的意愿，并促进长期的联系和承诺。归根结底，催产素对许多行为负责，与许多行为息息相关，而这些行为正是怜悯自己和他人的核心所在。尽管愤世嫉俗者可能会认为怜悯心是感性或非理性的，但科学家们已经开始绘制怜悯心的生物学基础，揭示其深层次的进化目的。这项研究表明，当我们产生怜悯心时，大脑中与同理心、关爱和愉悦感相关的区域就会活跃起来。在团队会议上，我们需要表现出脆弱的一面，而在此之前，我们需要让催产素流动起来。

以下是一些将怜悯心培养融入专业发展课程或团队会议的方法：

- 互相讲故事，倾听对方的故事。
    - 我上学时的一段积极的经历是……
    - 对我产生过积极影响的一位老师是……

- 我一直在想的一名学生是……
- 我想了解的3件事是……
- 关于我名字的故事是……

• 邀请家长和学生参加教职工会议，介绍他们在学校的经历。小组讨论或玻璃鱼缸式讨论的形式可以为他们分享自己的想法和感受创造空间。这有助于教师和员工培养对学生和家长的同理心。

• 作为一项团队建设活动，为教职员工提供谈论情绪的空间。

• 会议期间吃块巧克力。它能增强催产素。

如果我们能带着对学生和同事的同理心开始团队会议和专业发展课程，我想我们的工作会更有意义和影响力，我想我们也会更享受在一起的时光。

怜悯心让困难的人际关系变得稍微简单一些

假设你的一个学生的母亲是个很有挑战性的人。她对你大吼大叫。她给你发又长又刻薄的邮件，如果你不在两小时内回复她，她就会生气。如果你满脑子想的都是这位母亲有多么不可理喻，你就会在你们之间筑起一道坚固的隔阂墙。怜悯心会让你看到她更复杂的一面，并想出应对她的方法。

增强怜悯心的第一步是找到那个难相处的人的优点，这会拓宽你对她的看法。你仍然会看到问题和挑战，但你也可能会感受到与对方的联系有了不同的质量。

当我对一位冲我大喊大叫的家长产生怜悯时，我会意识到她的恐惧和焦虑，看到她的痛苦和煎熬，回想起我也曾有过同样情绪的时候，这让我请她和我（也许还有我的校长）坐下来谈谈她的担忧变得容易了一点点。有时，就是这一点点，就会产生巨大的影响——让我不至于吼回去，不至于关上教室的门，不至于把怒气发泄到她的孩子身上。

有时，当我面对一个难以相处的人时，我会感到一头雾水，仿佛无法看到穿越障碍的道路。然而，当我激活自己的怜悯心时，仿佛迷雾散去，我看到了一些摇摇欲坠的联系桥梁。怜悯心帮助我们记住，人们能够做出一系列可能的行为，这有助于我们重新调整看待他们的方式，更坦诚地倾听他们。拥有怜悯心并不是要否定具有挑战性的行为，而是要拓宽我们对他人的理解，包括她的复杂性和潜力。

怜悯心可以让共同体更具凝聚力

想一想你现在正在遭受的痛苦。也许你很难有动力去学校上班，也许你为即将到来的单元备课感到压力，或者也许你感冒了。现在想想所有其他可能正经历类似情况的人。“怜悯”一词的字面意思是“与人一起受苦”。如果我们提醒自己，我们的痛苦与他人的痛苦是密不可分的，我们就会减轻个人的痛苦，并提醒自己，我们并不孤单。

自达尔文时代以来，科学家们一直在争论一个关键问题：如果生物是通过争夺资源进化而来，那么合作的作用是什么？越来越多的科学家认为，同情心可能对我们物种的生存至关重要。虽然我们不常把达尔文视为怜悯的主要倡导者，但近150年前，他在《人类的由来》（*The Descent of Man*）一书中指出，同情是我们最强烈的本能，有时甚至比利己主义更强烈。他的理论是，同情心会通过自然选择传播开来，因为“最有同情心的个体会发展得最好，繁衍的后代也最多”。

最近对怜悯心的研究很有说服力地论证了一种人性观点，即摒弃自我利益至上的观点，并认为在我们的内心深处，我们天生就有怜悯心，包括跨越差异的怜悯心。这些研究支持情绪是理性的、功能性的和适应性的观点。在经历极端挑战的社会群体中，那些具有高度信任和合作精神的群体会过得更好。当这些共同体遭遇挑战时，人们会迅速进入相互合作的状态。如果我们的学校和学区建立了坚实的合作与信任基础，并培养了富有怜悯心的共同体，那么就算是预算削减或深受爱戴的领导者离开，变革也会容易得多。当我们没有陷入危机的时候，我想你可以想象，如果我们属于一个充满活生生的、会呼吸的怜悯心的共同体，那该有多好。

自我怜悯

玛丽亚是一名高中校长，在特许学校系统中有10年的工作经验。在我们的第一次指导会议上，她分享说她和上司的关系不好。“今年，我打算更好地理解他。”她说，“如果我更有怜悯心，也许就能与他建立更好的关系。我知道他的压力很大，所以如果我设身处地为他着想，也许会有所帮助。”我鼓励她看看这次询问会有什么

> 你想要飞翔，就必须放弃那些拖累你的东西。
>
> ——托妮·莫里森

结果。

今年上半年，我们把重点放在了其他方面，到了2月初，玛丽亚想为和她的上司进行一次谈话做准备。我们讨论了她对这次谈话的目标、希望和意图；她写了一些她想说的话；然后我建议我们模拟一下这次谈话。“你能扮演我吗？”玛丽亚问我，“我真的很想看看你会如何回应他说的话。”

我从未见过她的上司，只知道他和她年龄相仿，在他们系统工作了很多年。我以玛丽亚的身份开始了谈话，感谢上司的会见。我分享了我对这次谈话的希望——希望我们能更好地了解对方。玛丽亚（进入上司的角色）双手交叉放在胸前，皱起眉头，打断了我的话。她用严厉的语气说：“说正题吧。我可没时间整天听你诉苦。”

我吃了一惊，但我继续解释说，我需要更多的支持来应对一个具体的挑战，我还建议采取两个行动。玛丽亚用手重重地拍了拍桌子，说：“听着。如果你不能处理这些事情，你就不应该当校长。回教室上课去，或者去做一份秘书的工作。如果工作了10年后，你连最基本的事情都处理不好，那你就不属于这里。”

我们只是在玩角色扮演，但我觉得自己好像被扇了一巴掌。她的语气和肢体语言残酷而轻蔑。我想站起来走开。我说：“我们暂停一下这个角色扮演吧。他就是这样的吗？”

“哦，他比这糟糕多了！”玛丽亚说，“我很难模仿他。”

当我要求她提供更多关于他的管理和沟通风格的例子时，我开始担心起来。这似乎是一个充满敌意的工作环境。“他对很多人都是这样，”玛丽亚说，“虽然他似乎真的不喜欢我。我只是一直试图理解他的观点，并对他抱有怜悯心。”

“如果你看到你最好的朋友遇到这种情况，”我问，“你会对她说什么？”

“我会告诉她，要么投诉，要么辞职。没有人应该这样对待她！”玛丽亚说。我静静地坐着，希望这句话能深入人心。我也有一点怀疑，她是不是夸大其词，或者觉得他的沟通方式太针对她了。

“我知道你在说什么。”玛丽亚回应道，“如果我最好的朋友为这个家伙工作，我会感到震惊，那我为什么还要接受这个？我不能辞职，他也不会被解雇。也许是我觉得他太针对我了。我不知道我能做什么。我只是想看到他好的一面，去理解他。”

接下来的一周，玛丽亚要参加一个网络会议，我陪她去了。会议期间，她的上司至少对她说了十几句粗鲁的冷嘲热讽的话，但有一句特别引人注目。当时，她的上司正在审查一份有关合规文件提交的数据报告，虽然有几所学校没有按时提交文件，但上司还是当着大约25位同事的面，把玛丽亚单独挑了出来，说：“你不适合当校长”“我对你有更高的期望”“你自己的孩子可能都不听你的”。我刚想跳起来把我的活页夹扔向他，一位年长的男校长用戏谑的口吻说：“该死，真难听！今天早上咖啡喝多了？”

几分钟后，当我们离开房间时，我失去了教练的冷静和沉着，骂了一些脏话。玛丽亚说：“我想我没有反应过度。”我问了几个问题，然后说：“我想分享一些我的想法。第一，你没有反应过度。他是刻薄下流。第二，在他的领导下，你的校长生涯不会顺利。你不能相信他，也不能向他寻求帮助，因为你不相信他会为你着想。他的行为正在营造一个有毒的工作环境。第三，我认为你应该投诉他。他这样对待你是不对的。第四，我的直觉告诉我，你有过与恶霸或权威人物打交道的经历，他们让你感到无力和恐惧。你不需要告诉我这些，但我想你需要做一些探索，因为我有一种直觉，你的过往经历在你与上司的关系中起着一定的作用。”

我们聊了几分钟，但玛丽亚得回学校了。第二天，她给我发短信说：“我投诉他了。是的，我父亲虐待过我。也许我是时候去接受治疗了。”我的回复很简短：“恭喜你迈出了这一大步，是的，也许是时候了。”

在我们接下来的指导课程中，我让玛丽亚告诉我她的核心价值观。她让人把它们贴在墙上，彩色大字号笔写着：“怜悯、勇气和共同体。”

“怜悯心对你来说意味着什么？”我问道。

“这意味着我敞开心扉来看待每个人，即使我不喜欢他们，我也会用爱、尊重和积极的态度去对待他们。这意味着我努力理解他们，看到他们的人性，像爱自己的孩子一样爱他们。”玛丽亚回答说。

这是对怜悯的充分而动人的描述，我也这样告诉了她。然后我问：“当你想到怜悯时，你在其中是什么感觉？是自我怜悯还是自爱？”

玛丽亚睁大眼睛看着我。“不，”她摇着头说，“不，我没有。”于是，我分享了以下关于自我怜悯的信息。

什么是自我怜悯

有一种方法肯定会削弱你的情绪弹性：当你犯错时，无情地进行自我批评，毫不留情，不断责备自己的缺点和不足，对别人如何对待你不设底线。这些自我挫败行为的解药是什么？自我怜悯。怜悯他人必须从自我怜悯开始。如果对自己没有怜悯心，就不可能对他人有真正的怜悯。

怜悯是你面对他人痛苦时的反应。如果你不把对他人的爱和关怀延伸到自己身上，你就无法对他人表达爱和关怀。如果你不觉得自己应该摆脱痛苦，你怎么能相信你对他人的怜悯是真实的呢？他们的痛苦有时是合理的吗？如果你渴望对所有人抱有怜悯心，你就必须把自己包括在“所有人”之中。

怜悯包括为他人的行为设定界限。如果某人给你带来了痛苦，你可能会将此人与其行为区分开来，你可能会理解此人行为的起因，进而对其产生同理心。但是，你在其中也很重要。你必须承认别人对你的影响，然后划定界限。这就是自我怜悯。

自我怜悯不会让你逃避对自己的行为、成长和改变的审视，也不会让你为自己在问题中的角色负责。自我怜悯只是对自己仁慈，这样你才有力量和精力审视自己并做出改变。它意味着要避免苛刻地评判自己和责备自己。

我们如何践行自我怜悯

践行自我怜悯的第一步是，认识到并说出因困难环境和我们自己的内心批评而产生的痛苦情绪。例如，假设你的校长观察到一堂课上得不太顺利，并给你留下了刺痛你的反馈意见。你会感到尴尬，也会对那个心不在焉、分散他人注意力的学生有些生气。然后，你会为责备学生而感到羞愧，因为可能是这节课设计得有问题。现在，你又开始生自己的气，气自己没有花更多的时间备课，气自己没有把那个学生换到另一个座位上。如果你能走上自我怜悯的道路，而不是在这条自责的道路上越走越远，你就会认识到这些情绪，不加评判地说出它们，并允许它们沉淀片刻。这样做能让你有精力去审视教训和反馈，并从中学习，而不是把潜在的成长拒之门外。

践行自我怜悯的第二步是，是意识到你其实并不孤单。作为人类就意味着不完美。我们都会犯错。有时，我们都会感到害怕、脆弱、尴尬、悲伤、愤怒和羞愧。不要迷失在恐惧中，也不要让自己觉得只有自己犯过这样的错误，这样才能增强自己的情绪弹性。

践行自我怜悯的第三步是，当你犯错、失败或遭受痛苦时，善待自己。像对待亲密的朋友一样与自己对话——轻轻地调低自我批评的音量说：嘿，这不是你上得最好的一课，但没关系。它也并不糟糕。每个人都有上得不好的课，你的校长知道这一点。你能从中学到什么，下一次你能采取什么不同的做法？对自己的感受充满好奇，并温和地接受它。远离拒绝、自我批评和评判。

在面对困难时，只要与最初的情绪反应保持一定的距离，你就可以选择如何应对，也可以选择放手。你可以认同自己的错误，对自己说：我应该……或者我为什么总是……或者，你可以敞开心扉，对自己说：我以为这堂课会很顺利。我没有预料到在分发和使用教学材料时需要一些流程，也忘记了检查学生对流程的理解。下一次，我一定要说清楚材料的使用流程和……自我怜悯为学习和成长打开了一扇门。

像与朋友交谈一样与自己对话。

羞耻和恐惧让我们感到孤独。它们让我们怀疑：我到底怎么了？在这种时候，要学会自我怜悯，认识到每个人都会犯错，每个人都会痛苦。有了怜悯心，你就能接受自己不满意的地方，并努力去改变它；怜悯心还能防止你在做出这些改变时责备自己。

如何应对批评性反馈

如果你的校长给了你批评性的反馈意见，自我怜悯并不意味着你可以无视它，爬到被子里躲起来，或者给你的校长写一封辩护邮件。自我怜悯允许你承认自己的情绪，并对自己的缺陷、不足和需要成长的地方保持开放的态度。当你承认自己是人并会犯错时，当你能克制住不去评判自己时，你就可以利用反馈来改进你的教学。但是，你个人的幸福感不能依赖于普遍的接受和赞扬。当你把自己的幸福感建立在别人的意见之上时，你将会遭受太多的波折。关键是要在乎，但不要太在乎。

这里还有一些练习自我怜悯的技巧：

• 如果你的自爱依赖于他人的看法，它就不会可靠，因为外界的评判、批评、赞美和欣赏来来去去。不要太执着于赞美，也不要因批评而崩溃。

• 不要因为执着于让别人喜欢你，而不说出自己的想法。另一方面：要知道，自我怜悯并不是允许你以爱自己或保护自己的名义向他人发火。

• 在你练习自我接纳和自我怜悯的过程中，要虚心听取有用和真实的批评，不要自动拒绝。虚心听取批评，才能从中学到东西。

• 练习谦逊——这是一种解放。你永远不会是完美的。当你不期望自己完美时，你对他人的指责和评判就不会那么敏感。

如何与难相处的人打交道

当你在为自己和他人努力培养自己的怜悯心时（当其他人都在努力成为一个更善良的人的时候），你可能仍然不得不面对一些难相处的人。也许这些人并不难相处，只是你觉得他们难相处。也可能他们是真的很难相处。玛丽亚的上司就是一个很难相处的人。

以下是与难相处的人打交道的10个技巧：

1. 倾听他们的抱怨，但不要发表评论。要非常小心，不要助长他们的消极情绪。

2. 不要被他们的故事情节所吸引，也不要因为他们的态度而激动。想象你正在观看暴风雨天气。

3. 对他们发生的事情感到好奇。你的好奇心可以放在心中，也可以问一两个真正好奇的问题。

4. 不要把别人的行为放在心上。这永远与你无关。

5. 培养共同点意识。共同点就在某个地方。你可能需要寻找，但要找到它们之间的联系。

6. 提醒自己，人是可以改变的。确保你不会对他们的成长能力抱有固定的思维模式。

7. 对自己说：和我一样，这个人在她的生活中也遭受过苦难。和我一样，这个人也想要有归属感。和我一样，这个人也想要快乐。

8. 明确自己的价值观。你可以放下愤怒（如果你愿意的话），富有同情心，并坚持自己的价值观。

9. 允许自己离开。划定界限。

10. 寻求帮助。向同事、教练或上司求助，告诉他们发生了什么事，并请求他们帮助处理与对方的关系。

对领导者的启示

- 如果你管理的是一个难相处的人，那么你就有责任对这个人如何影响社区设定界限。你可以遵循前面清单中的技巧1—8，但你不能置身事外。因为你的工作是帮助他人成长和改变，所以你可能需要为这些难相处的人在学校或组织中的行为划定坚定而明确的界限。记住，如果你的组织里有一个难相处的人，你就需要对所有受其影响的其他人——学生、教职员工和共同体——抱有怜悯心。

同情疲劳

从我当老师踏进教室的那一天起，我就敏锐地注意到了那些我怀疑没有感受到被看见、被爱、被支持或被接纳的孩子，他们没有茁壮成长。我常常觉得自己好像吸收了他们的痛苦，这让我感同身受，但也有问题。

同理心是同情的强大基石，但当我们对所目睹的事情感到痛苦时，这种情绪体验就被称为共情痛苦。共情痛苦会侵蚀我们的幸福感，使我们感到不堪重负、疲惫不堪和精疲力竭，并可能导致倦怠。如果我们不承认自己的痛苦感受，认为在工作中表达情绪是不可接受的，共情痛苦就会变得更加严重。

共情痛苦会导致所谓的同情疲劳，即感觉动力不足，无法减轻痛苦。作为回应，我们可能会在自己和他人的痛苦之间竖起一堵墙。许多教育工作者和从事助人职业的人都非常富有同情心，但我们可能会被看到的痛苦所淹没。有几次，我确实被我的学生所经历的痛苦淹没了，这深深地腐蚀了我的情绪弹性。

当科学家观察普通人观看他人痛苦视频时的脑部扫描结果时，被激活的大脑区域是与悲伤和痛苦情绪相关的区域。我们真的能感受到别人的痛苦。这就是为什么别人的痛苦会让我们感到心力交瘁。相比之下，科学家们还研究了进行过数万小时慈悲冥想的佛教僧侣的大脑。当这些僧侣看到人们遭受痛苦的视频时，他们的大脑扫描显示其他区域的活动增强了，包括那些与关爱、养育和积极的社会依恋相关的区域。他们大脑中感受疼痛和痛苦的区域并没有像非冥想者那样被激活。这对那些与受苦受难的人打交道的人来说是个好消息，包括教师、社会工作者、医务工作者等。这意味着我们有能力观察苦难，体验共情，而不会加剧自己的悲伤，也不会变得疲劳。

防止同情疲劳的关键在于培养一种特殊的超脱感。在这种状态下，我们承认目睹的痛苦及其给我们带来的困扰，但我们与之保持一定的距离。这并不是说要在情感上超脱。最简单地说，就是训练我们的大脑，当我们目睹他人遭受痛苦时，不要激活痛苦区域。这可以通过慈悲冥想来实现，就像佛教僧侣所做的那样，也可以通过培养一种平静的心态来实现，即看到并接受事物的本来面目的能力。

佛教教义指导我们如何敞开心扉，接受一个人所能做到的极限。这就需要在怜悯和平和之间找到平衡——这不是漠不关心或麻木不仁，而是一种智慧。它是一种能够坚定、果断并致力于做出积极的改变，以最好的方式为孩子们服务的能力。这也是一种对自己说“最终，这并不完全取决于我和我的意志”的能力。希望事情有所不同会消耗我们的精力，削弱我们的反应。当我们接受事情的现状时，我们就可以想一想：现在可以做些什么?

我希望自己在刚当老师时就知道如何预防共情痛苦。我的一些学生所经历的苦难——他们在家中遭受的暴力或他们的父母为维持生计所面临的挑战——有时会让我感到心力交瘁。当我回想我的教师职业倦怠发作时，它们往往与面对苦难时情绪上的不知所措和无助有关。

当我学会管理自己的同情疲劳和培养自己的平和心态时，我也找到了看待学生所经历的苦难的新方法。我的注意力可以更均衡地放在他们所经受的苦难和他们的力量与弹性之间。有时我想，我可以从这些孩子身上学到很多东西，既能认识到他们的挣扎，也能认识到他们在应对这些挣扎时所付出的巨大努力。这也让我更清楚地看到自己能做什么，不能做什么。我可以做很多事情，在课堂上营造一种环境，让孩子们受到善待和尊重，让他们的智力需求得到关注，让他们获得学习和社会情感方面的技能，从而茁壮成长。我无法改变移民法，无法为他们的父母找到工作，也无法让这个城市把倾倒在他们街道上的垃圾捡起来——至少，这不是我选择投入精力的地方。做出这些区分让我培养了自己的平和心态。

有情绪弹性的人会长期从事艰苦的工作。他们对苦难保持开放的态度，他们可以成为苦难的见证者，但他们不会沉浸于苦难之中；他们奉行的是一种“放下”的方式。“放下”让我们对生命和我们的存在有了更广阔的认识。有了这种认识，我们每天都能为减轻痛苦而努力。这就是平和心。而真正的平和则会为我们注入慈悲与勇气。

宽恕自己和他人

如果你曾经觉得受了委屈，你就会知道原谅一个人可能很难。花点时间想想曾经伤害过你的人——也许只是在职业圈子里。也许是你觉得自己作为教师或领导不被赏识，也许你觉得上司的反馈不公平，也许同事辜负了你的信任。看看你是否能回忆起在工作中感到被侮辱、冒犯或冤枉的一些时刻。如果你愿意，还可以将这种反思延伸到个人生活中。

现在想想当你被冤枉的时候，你是如何回应或者想要如何回应的。我们很多人都倾向于以牙还牙，寻求报复，或者躲避对方。但是，正如我们所知，报复或试图逃避的行为很少有好结果。它们会让我们不快乐，会破坏或摧毁人际关系。当然，我们可以通过一些有成效的方法来处理冲突（见第4章），但通常也需要宽恕。这就是怜悯心作为一种无与伦比的资源可以发挥作用的地方。

首先，让我明确一点：宽恕不是和解；它并不一定意味着和冤枉你的人重新建立关系。宽恕并不意味着原谅或否认伤害。宽恕绝对不意味着忘记或不寻求正义。事实上，要想原谅一个人，你需要思量这个人对你造成的伤害。

你需要制止错误的行为，但对那个人，你可以选择不产生愤怒或仇恨。宽恕的力量在于，在清晰而坚定地应对错误的同时，还能看到对方的人性。

宽恕是为了你自己，而不是为了那个冤枉你的人。佛陀说："执着于愤怒，就像抓着一块滚烫的煤炭，想把它扔给别人，但被烧伤的是你自己。"研究证实，宽恕他人的人不容易抑郁或焦虑，而且更有可能更快乐、更健康、更平静、更有同理心。宽恕就是照顾好自己。

> 宽恕是治愈自己、摆脱过去的唯一途径。没有宽恕，我们就无法摆脱伤害我们的人。我们被痛苦的枷锁束缚着，被绑在一起，被困住了。在我们能够原谅伤害我们的人之前，那个人将掌握我们幸福的钥匙，那个人将是我们的狱卒。当我们宽恕时，我们就重新掌控了自己的命运和感受。我们成了自己的解放者。
>
> ——大主教德斯蒙德·图图、姆福

你如何知道自己已经原谅了某人？想一想你刚才提到的其中一个人，想想你在多大程度上同意这些说法：

- 我要让他/她付出代价。
- 我要看到他/她痛苦。
- 我活得就像他/她不存在一样。
- 我尽可能地保持我们之间的距离。

你越同意这些说法，你就越需要付出更多的努力去原谅别人。如果你怀有报复或逃避的情绪，说明你还没有原谅这个人。现在，想一个让你生气的人。也许是一个在重要访客来访时捣乱的学生，也许是一位反应迟钝的家长，或者是一个从不履行团队会议协议的同事。或者你在生校长的气，因为校长刚刚告诉你，明年你将教不同的年级，调换教室，还要和大楼里最难相处的人合作。我们中的许多人总是怀有低级的愤怒或怨恨。现在也许是休息一下的好时机，你会发现更多帮助你宽恕他人的活动。

> 对我来说，宽恕和同情总是联系在一起的：我们如何让人们对错误行为负责，同时又与他们的人性保持足够的联系，相信他们有能力改过自新？
>
> ——贝尔·胡克斯

宽恕与放下我们对他人的期望息息相关。我们常常希望别人达到新的高度，当他们往不完美的地方发展时，我们会对他们感到愤怒。但为什么要关注消极的一面呢？这只会制造更多的负面情绪。如果我们认为别人会让我们失望，他们就会。花点时间想一想：我需要原谅谁的人性？原谅谁的不完美？原谅那个孩子的年幼。原谅家长的为人。原谅你的校长。试着这样想：我们都在尽力而为。然后注意你的感受。如果有哪怕是片刻的释然或轻松，也要抓住它。原谅是迈向接纳的一步。

> 当纳尔逊·曼德拉（Nelson Mandela）被问及如何能够原谅曾监禁他的狱卒时，他说：“当我走出监狱大门时，我知道如果我继续憎恨这些人，我就还在监狱里。”

记住：你可以原谅一个人，但仍然不想和他待在一起，或者如果他做出侮辱和贬低的行为，你仍然可以对他的行为提出申诉。

关于原谅自己的说明：原谅你自己是为了提升自我价值。这是关于接受自己的不完美，接受自己在人生旅途中的位置，以及有勇气审视自己的行为并从中吸取教训。

关于道歉的说明：道歉能产生共鸣。当你伤害了别人并向对方道歉时，你展示了自己脆弱和不完美的一面。为了表明你的观点，你可以解释一下你在伤害别人时是怎么想的。这样更容易取得原谅。但是，如果你伤害了别人，在道歉时不要执着于对方的反应（也就是说，不要希望对方会原谅你），否则就不是真正的道歉。

深入探究嫉妒

回忆一下你感到嫉妒的时刻。它是一种特别的刺痛，不是吗？如果你能驯服你的嫉妒心，你的生活会有什么不同？我告诉你一个好消息：你可以用你对自己和他人培养起来的怜悯心作为嫉妒的解药。

快速定义：嫉妒（envy）是对自己没有的东西感到痛苦；妒忌（jealousy）是害怕失去自己已经拥有的东西。这两种情绪很容易混淆，因此我们将在这里探讨一下这两种情绪。嫉妒和妒忌会让我们拿自己拥有的和别人拥有的进行比较，试图控制别人，插手别人的事情，纠结于自己没有的东西，批评别人，指责别人不忠诚，表现得很黏人或需要别人，或者做出一些事情来报复。嫉妒会引发恐惧、尴尬或羞愧，从而使我们想要隐藏或用不公平的借口来掩饰我们的嫉妒。我们知道这是应该避免的事情，因为它没有任何光彩或正义可言，而且它让我们感觉很糟糕。如果不加以约束，它会腐蚀我们的幸福和与他人的关系。佛教徒认为嫉妒是一种毒药，在我看来非常准确。

用怜悯心来应对嫉妒有两种方法：

首先，当你发现自己产生嫉妒时，注意它想告诉你什么。它的背后是什么？你的生活中缺少了什么？还有哪些情绪与你的嫉妒有关？有悲伤吗？对爱和欣赏的渴望？善待自己。你的嫉妒正试图告诉你，你的某个部分正在受到伤害。如果你只对它生气，你就学不到东西。利用你正在锻炼的自我同情肌肉，勇敢地面对你的嫉妒，与它同在。

其次，如果你对他人抱有同情心，你可能会从嫉妒中解脱出来。当别人得到了什么或取得了一些成功时，如果你能由衷地为他感到高兴，你就能减轻你的嫉妒。提醒自己，没有人拥有一切。每个人都会经历痛苦，每个人都有烦恼。认识到你们之间的相互依赖、共同的人性和相互关联性。我们都是相互联系的，所以别人的好运也会给你带来积极的好处。

当你遇到羡慕或嫉妒时，你还可以做以下几件事：

• **练习感恩**。列出你要感恩的事情，这可以帮助你获得新的视角。

• **将嫉妒作为改善现状的动力**。针对生活中让你不满意的地方做些事情。你想要什么？

• **停止监视别人**。停止在社交媒体平台上闲逛，或者干脆完全退出。对某些人来说，这只会滋养嫉妒心，所以要切断它的燃料来源。

生活不是一场零和游戏。我们并不是在相互竞争稀缺资源。如果别人找到了爱情、度了假或出版了畅销书，这并不意味着我们的资源就少了。嫉妒源于觉得人类的快乐是有限的，觉得别人得到了我们现在不能拥有的东西。嫉妒源于我们觉得自己总是在与他人斗争，如果别人取得了某种成就，我们在某种程度上就不那么成功、不那么可爱、不那么有成就——而事实并非如此。快乐、爱、友谊和富足是无限的。如果你发现自己感到嫉妒，请试着对自己说：每个人都有足够的份额。

嫉妒时有发生。它深深地腐蚀着我们的幸福、情绪弹性和人际关系。当嫉妒涌入你的身体时，请以怜悯心为工具，审视它、理解它、直面它。

性格特质：洞察力

我儿子4岁时，对虚拟地球仪这类软件非常着迷。我们输入一个他熟悉的地点——我们的房子或公园——他就会说出他看到的一切。当我们放大画面时，他的眼睛会兴奋地睁得大大的，因为他看到了进入画面的物体。然后，当我们把镜头拉得越来越远时，他会惊叹于我们国家、半球和地球的广袤无垠。“这就是我们生活的地方？”当我们俯瞰地球时，他会难以置信地问，“我们可以从这里看到重要的东西，比如海洋，这是我们在奥克兰的房子里看不到的。”他最喜欢的视角是俯瞰广阔的陆地。“拉远！拉远！”他喊道，“我想看看所有的东西！”

一天下午晚些时候，我正在工作岗位上与几位教师领导和学校校长开一个指导会议。会议气氛很紧张。我一门心思坚持着我自己对阅读干预计划的想法和意见。我们需要做出决定，但一个半小时过去了，我们毫无进展。不知道为什么，我的脑海里突然浮现出儿子对虚拟地球仪软件的热情，我想象着他那稚嫩的声音在要求："拉远！"我想象着我们在学校的办公室，想象着将此时的画面拉远到大楼上方。我想，从这里我能看到什么呢？我又想象着拉远，再远，再远，每一次，我都问自己，现在我能看到什么？

这个思想实验对我产生了深远的影响。首先，我瞬间从自己的沮丧、疲惫和烦恼中解脱出来，我意识到我的同事们也同样感受到了挑战。讽刺的是，我觉得自己不再那么孤独，与他们的联系更加紧密了——我们都很疲惫和烦躁。从我的新视角来看，我还对其他"对象"——我的同事——感到更加好奇，我想知道他们为什么要倡导自己提出的想法。当我继续想象自己在把镜头拉远时，我对我的同事、当时的情况以及我们谈话的大背景更加好奇了。我看到了从地面上看不到的特征。

从那时起，"拉远"就成了我在想要或需要洞察力时提示自己使用的一种策略。它让我有不同的感觉。它帮助我从不同的角度看问题。它能帮助我采取与在地面聚焦时不同的行动。

我们是一种以自我为中心的生物，常常从自己狭小的经验范围内，根据自己的需要、愿望和恐惧来看待问题并采取行动。当你打开更广阔的视角时，你就能摆脱自我参照的想法和沉思。更广阔的视角会让人心平气和，帮助你与他人产生共鸣和联系，让你获得力量和创造力来应对问题。洞察力可以帮助你认识到什么在你的影响范围之内，什么在你的控制范围之外。这会培养出更强的谦逊感、接纳感，甚至幽默感。

改变情绪很难，但改变观点却很容易，因为观点存在于你的头脑中，而你可以影响你的头脑。要获得洞察力，就要从多个角度看问题，包括从他人的角度看问题。当不好的事情发生时，你能从中看到好的一面吗？你能从挣扎中看到快乐吗？当我们有了洞察力时，我们就能看到坏事中好的一面，我们就能从他人的角度看问题，我们就能在更大的背景下看问题。所有这些有洞察力的方式都能培养我们的情绪弹性。洞察力并不会减少痛苦甚至悲剧——它只会拓宽我们的视野。它能让我们从长远的角度看问题，这有时会帮助我们获得更深刻的认识。洞察力让我们跳出自己有限的视角，跳出自我利益的局限。

洞察力不仅能帮助我们改善现状，还能改善我们的健康。拉里·舍维茨（Larry Scherwitz）博士发现，经常说“I”（我）、“me”（我）或“mine”（我的）的人心脏病发作的风险更高——经常使用人称代词（反映出更高的自我投入度）与吸烟、高胆固醇或高血压相比，导致死亡的危险更大。心理学家索尼娅·柳博米尔斯基（Sonja Lyubomirsky）的研究发现，对我们的幸福感影响最大的因素之一是我们对生活的看法，以及我们能否更积极地重塑我们的处境。

我们看待世界的方式就是我们体验世界的方式。当你感到困顿、失望或沮丧时，拓宽你的视野，看看还有什么进入了你的参照系。改变你看待事物的方式，就会改变你的感受和行为。

爱是唯一途径

雷吉是我共事过的最富有怜悯心的教师之一。也许因为他是代数和生物老师，每天都穿着夹克打着领带，我以为他会比其他教师更理性，更少情绪化。然而，在谈到他的学生时，他说话时带着极大的同理心，他的声音时而铿锵有力，他的眼睛时而噙满泪水。只要能帮助别人，他就会迅速行动起来，而且似乎并不希望因为自己的善举得到赞赏。

一天下午，准备在图书馆召开员工会议之前，我注意到雷吉正在把图书馆垃圾桶里的垃圾倒进走廊上的大垃圾桶里。“你换工作了吗？”我问。他摇了摇头。“克劳迪娅今天走路一瘸一拐的。”克劳迪娅是我们的清洁工。“我只是想帮帮忙。今天早上她比我来得早，走得也比我晚。”

“你是怎么成为这样一个好人的？”我问道。雷吉把目光移开，看起来有点不自在。

“我只是按照我的信仰去做。”他说。

“你的信仰是什么？”出于好奇，我脱口而出问道。

“不重要。”他说，“每个宗教传统的核心信息都是爱与同情。我们中的一些人有时会迷失方向，但它就在那里，在每个传统中，在我们每个人心中。”我点点头，觉得谈论宗教有点尴尬。雷吉似乎注意到了这一点，他笑了。

“这不仅仅是宗教。”他说，“这也是科学。所有的研究都指向同一个方向：人类的本性是富有同情心的。我们天生就会相互联系、相互关爱。我们的大脑从帮助他人中获得的快乐与从满足个人欲望中获得的快乐是一样的。宗教和科学只是发现同一件事的不同机制：爱是唯一途径。帮助别人让我感觉良好，这就是全部。”

我不记得那天员工会议的内容。我只记得雷吉在清理垃圾桶，我还记得自己在想，我能在哪里传递更多的爱和同情。在学生中，雷吉无疑是他们最喜欢的老师，这一点不足为奇。

本章思考

- 你与本章提出的观点有什么联系？
- 如果你增加对自己和他人的同情心，你的生活会有什么不同？
- 在本章提出的观点中，你想进一步探讨哪些观点？

你想对内心存在的嫉妒说些什么？你想问嫉妒什么？你想向它请求什么？给内心的嫉妒写一封信。

以下是信的开头：我对你感到如此羞愧，甚至不知从何说起。我害怕看你。我害怕你对我说的话。但一个我信任的人建议我了解你，建议我可以从你身上学到东西，所以我来了……

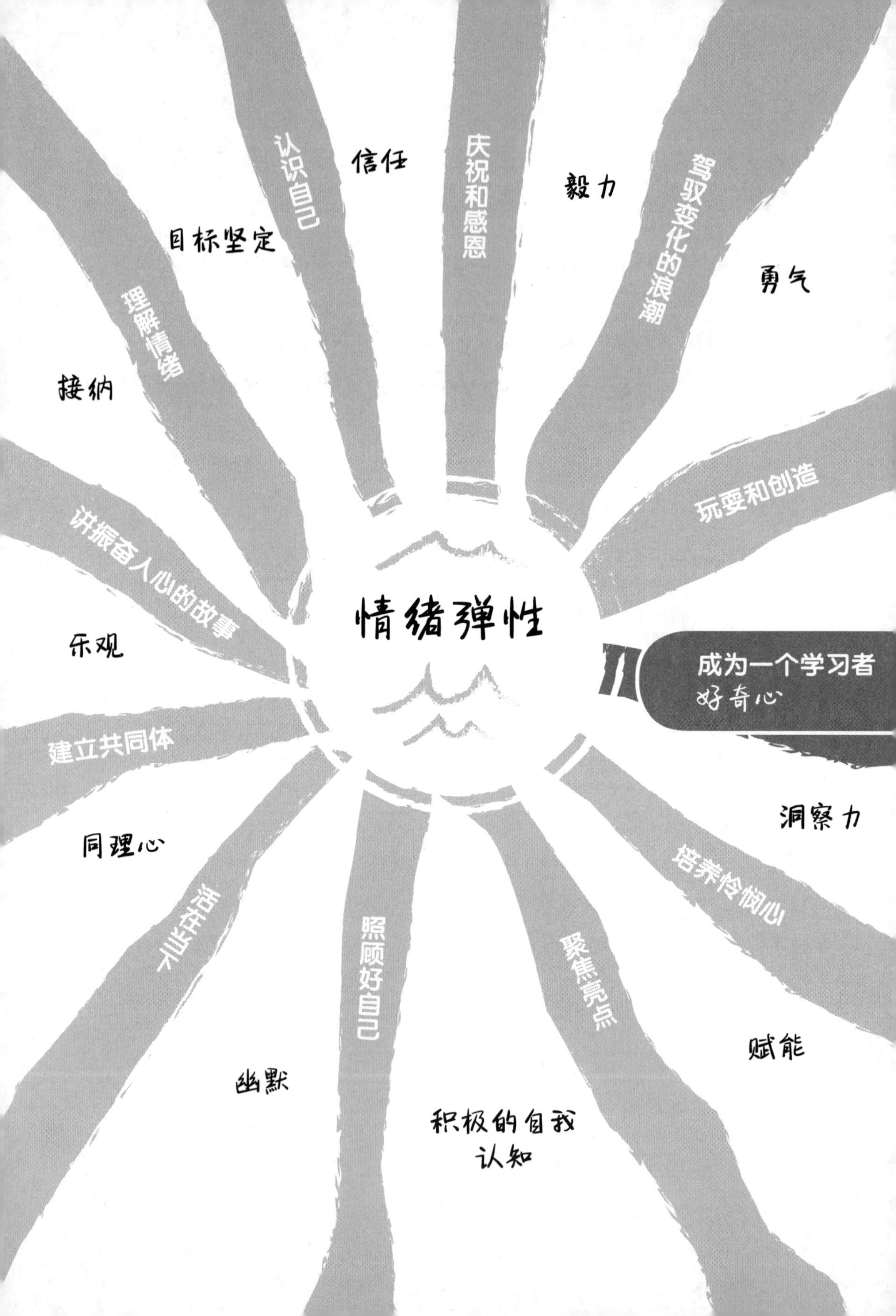
情绪弹性
成为一个学习者
好奇心
洞察力
培养怜悯心
赋能
聚焦亮点
积极的自我认知
照顾好自己
幽默
活在当下
同理心
建立共同体
乐观
讲振奋人心的故事
接纳
理解情绪
目标坚定
认识自己
信任
庆祝和感恩
毅力
驾驭变化的浪潮
勇气
玩耍和创造

第9章
成为一个学习者

> **2月：** 年中前后，你可能会有足够的时间来反思自己的学习方式，并回归初学者的心态，因为通过学习可以收获成长和培养情绪弹性。

如果我们将挑战视为学习的机会，如果我们在遇到障碍时都能调动自己的好奇心，我们就更有可能找到解决方案。这种习惯和性格不仅能帮助我们在逆境中生存，还能在逆境中茁壮成长。

我教书的第一年并不是最难的，而是第六年，当时我帮助创办了一所学校，教了一个新的年级和内容领域。我觉得自己能够胜任教学的基本工作，但我仿佛站在一个清晰的高原上，登上了一座迷雾重重的山峰，而摆在我面前的，是我还不知道的作为一名教师的艰难旅程。看到自己掌握的知识与渴望为学生做的事情之间的差距，我很沮丧。

只有当我觉得自己没有为孩子们提供好的服务时，我才想过放弃教书。到了第六年，我的能力已经达到了极限，已经不知道如何提高自己的教学水平，于是我开始考虑其他职业。后来，我遇到了丽兹·西蒙斯（Liz Simons），她是一位教学教练，在一家支持新学校的非营利机构工作，她让我想起了我的祖母，拯救了我的教师生涯。

在我的教学生涯中，丽兹从3个方面给予了我支持，这是其他人从未有过的。第一，丽兹对我、我在课堂上的表现以及我的学生表现出了毫不掩饰、始终如一的好奇心。她会坐在我教室的桌子旁，一边听课，一边做大量的笔记，在回应我长篇大论的反思时，她会说“这太有趣了”之类的话。她会停顿一下，想一想，然后再问另一个问题，比如“你为什么觉得他们会这么做？”她的好奇心渗透在每一个字里行间。她的问题开启了我脑海中的洞察力、联系和行动的可能性。

第二，丽兹还对我表现出了毫不掩饰、坚定不移的信任。她像一面镜子，帮助我以新的方式认识自己，让我用语言来欣赏自己的技能、优势、性格以及作为一名教师的定位。她不断的鼓励和肯定释放了我的自信。

第三，丽兹通过向我介绍行动研究，或者有人称之为课堂探究，帮助我留在教育行业。发现探究就像掉进了兔子洞。然而，与爱丽丝不同的是，我发现一切对我来说都更有意义了，作为一名教师，我感觉比以往任何时候都好。我找到了活力、力量和对学生的深刻理解；我发现了解决令人困惑的问题的方法。在我发现探究过程之后，一切——我的孩子们、我的未来，甚至我那被谴责的移动课堂——都变得不一样了。

你肯定想知道，在这片神奇的探究土地上会发生什么。一开始，我不停地提问：“我在想，为什么会发生这种情况呢？我想知道，如果我尝试……会发生什么？”在这片土地上没有评判，我对我自己、孩子们或结果都没有任何评判。无论每天发生什么，我的反应都是：哦，这太有趣了！然后，我会一层层地剥开，去理解。

在探究的世界里，我发现解决恼人问题的答案往往就在我眼前——就在我教室里的孩子们身上，就在我自己的脑海里，就在可以利用的资源里。我明白，我是在寻找答案，但我也明白，一旦我找到了答案，还会有更多的问题被发现，因为探索是永恒的。一个问题的答案会开启另一个问题。但是，学习的快乐、成长的喜悦、对问题永无止境的追求推动着我前进。我沉浸在这些问题和浮现出来的数据中；每天，我都会想，如果明天我……，会发生什么？然后我会记下我的想法、观察，尤其是那些见解——因为这些都堆积起来了——然后我会想，终于！我终于想明白了一些事情！作为一名教师，我在不断进步！

然后，我开始看数据。首先，学生们的态度、参与度和努力程度上都发生了微妙的变化（我在便签上认真地记录了这些变化：路易斯今天恳求再给他5分钟的阅读时间；桑德拉说她喜欢有坚强的女性角色的书）。然后，在6月份，我做了一次阅读评估，心想：哇，他们今年取得了很大的进步。8月份，我得到了最重要的一组数据。去年春天，我进行了标准化测试，并对孩子们说："我希望你们不用参加这个测试，但它在某些方面很重要。尽你最大的努力就行。"数据显示，我的孩子们在一年内取得了几年的阅读进步。这些数据引起了整个学区的关注："她是怎么做到的？"人们问。"通过探究。"我说。

这些数据很有说服力，也很有用，但最重要的是，到了8月份，当我回到学校开始第7个教学年头时，我感觉很好。我知道如何继续学习，成为一名更好的教师，我有信心为我的孩子们服务，我对下一年的工作充满期待（结果证明这是我有史以来最好的一年）。

就在我认真考虑离开教育行业的那一年，丽兹让我变成了这样。在她的引导下，我重新成了一名学习者，并找到了让我彻夜难眠的问题的答案。

本章将探讨这些问题：我们如何学习？我们如何改变？我们如何改进？我们如何创造学习条件？为了回答这些问题，我们将考虑如何利用时间和管理精力——学习所需的重要资源。当然，我们还将探索与这些问题相关的情感体验。学习以及与之相关的好奇心，为我们开启了一条有时会被忽视的恢复弹性之路。

学年大约过半时，会发生一件有趣的事情。你可能会感到更有活力。你可能会看到自己所有辛勤工作的证据——你的孩子们似乎在学习。你也可能会感到信心倍增，因为你正在度过这个学年！你可能会越来越清楚自己在做什么以及为什么这样做，这可能会让你对教学更加投入。到了年中，你可能会对今年余下的时间充满热情，甚至开始考虑明年的事情——你将重复做什么或做不同的事情。

年中是反思自己作为一个学习者的最佳时机，但如果你在年中并没有这样做——如果你没有感到精力充沛、充满希望或头脑清醒——请不要担心。它可能会在今年晚些时候发生，也可能在下一年发生。虽然有些模式是可以预测的，但我们每个人都有自己的日程表和时间表。本章仍然适用且有用。

了解学习，你才能学习

了解学习是一个强大的起点。对自己的学习发展有了更深入的了解，你就能更有效地成长。为了更好地理解这一过程，让我们来看看两个有用的框架：意识能力阶梯和注意缺口。

意识能力阶梯：了解学习之旅

想想你一生中真正想学的东西，也许是一些有趣的东西，比如一项运动或一个爱好。选择一件你已经解决并在其中获得了一些能力的事情。你开始学习的时候发生了什么？过程是怎样的？

有一次，我想学习制作陶器，所以我报了一个班。我知道这需要技巧，但我没有预想到制陶有多难。一周又一周，我弯着腰，扶着一团摇摇晃晃的湿黏土，试图把它捏成一个形状，看着它从托盘上滑落或从中间裂开，我内心不断地嘀咕：这太难了。我做得太差了。别人似乎都比我做得快。我太差劲了。这种内心对话提醒了我，学习新知识是多么可怕和令人精疲力竭，这让我在那个学期对学生更加友善和耐心。而且，因为我的坚持，我在陶艺课结束时做成了两个又矮又厚的碗，15年后我仍然珍藏着它们。

情绪伴随着我们的学习经历。起初，当我们开始学习某样东西时，我们可能意识不到自己需要学习的东西有多少。当我们开始了解这门新学科或技能的广度和深度时，我们可能会泄气，甚至放弃。如果我们对自己在学习过程中可能会产生的情绪有所了解，我们就能在学习过程中更好地管理这些情绪。

意识能力阶梯（见图9.1）是一个帮助我们理解4个学习阶段的框架，该理论由诺埃尔·伯奇（Noel Burch）于20世纪70年代提出。该模型强调了在我们学习新技能时影响我们思维的因素：意识（认知）和技能水平（能力）。它指出了我们在掌握新技能时所经历的4个阶段：

- **无意识无能力**。在这个阶段，我们不知道自己不具备某种技能，也不知道自己需要学习这种技能。我们懵懂无知，我们的自信超过了我们的能力。在这一阶段，我们的任务是找出我们需要学习的技能。

- **有意识无能力**。在这个阶段，我们知道自己不具备想要掌握的技能。我们意识到别人比自己更有能力，他们可以轻松做到让我们感到吃力的事情。在这个阶段，我们可能会失去信心或放弃学习。这时，我们最需要控制不适、恐惧和焦虑，并增强我们的信心。

- **有意识有能力**。在这一阶段，我们知道自己掌握了我们努力获得的技能。随着我们将知识和技能付诸经常性的实践，我们会获得更多的自信。在掌握这些技能时，我们可能仍然需要集中注意力，但随着练习和经验的增加，这些活动会变得越来越自动化。我们需要尽可能多地使用这些技能，以便进入下一阶段。

- **无意识有能力**。在这一阶段，我们并不知道自己已经掌握了技能。我们毫不费力地使用新技能，不自觉地完成任务。我们对成功充满信心。为了不断成长，我们需要将这些新掌握的技能传授给他人。这可以加深我们对教学材料的理解，使我们的技能更加精湛；传授技能也会让我们受益匪浅。请注意：如果不经常使用我们的技能，我们可能会倒退。

图9.1　意识能力阶梯

意识能力阶梯明确指出了学习过程中的核心情绪。这种体验的常态化和可预测性可以帮助我们保持动力和管理我们的期望。当你处于有意识无能力这一阶段时，要安慰自己，尽管学习一项技能是困难和令人沮丧的，但总有一天会感觉轻松一些。而当你处于无意识有能力状态时，记住要珍惜你已经获得的技能，并对那些仍在学习这些技能的人保持耐心。

对领导者和教练的启示

在指导人们学习的过程中，使用意识能力阶梯模型。以下是针对各梯级的一些补充提示：

- 在这个过程的开始阶段，也就是无意识无能力阶段，人们可能不知道自己有多么缺乏技能。你需要让他们意识到有多少东西需要学习，并向他们解释如何使用这些技能。显示他们所需技能水平的评分标准、范例和成果都很有用。在这一阶段，要给予大量积极的反馈，帮助他们看到自己的长处，并确保展示清晰而具体的高素质模型。最重要的是：将这一阶段的情绪体验正常化。
- 在有意识无能力阶段，提供鼓励和支持，并分享自觉能力阶梯模型。这有助于学习者理解沮丧的感觉，并认识到这是他们可以度过的一个阶段。使用培养成长心态的策略，并不断提醒学习者，他们现在还不能做他们想做的任何事情。“现在”是关键词。
- 在有意识有能力阶段，要让人们专注于他们所学到的技能，并给他们提供大量的机会来练习这些技能。
- 当人们处在无意识有能力阶段时，要警惕自满情绪，提供机会让他们掌握最新技能，并邀请他们将自己的技能传授给他人。

固定型思维模式与成长型思维模式

另一个需要理解的概念是思维模式。卡罗尔·德韦克（Carol Dweck）的《终身成长》（*Mindset*）一书已成为教育领域的核心教科书，这是有道理的。当我们持有固定型思维模式时，我们会认为智力和天赋是与生俱来的。我们认为，我们要么擅长某件事，要么不擅长某件事，我们的性格、智慧和创造能力是静态的、不可改变的。成功就是对这种与生俱来的智慧的肯定。这促使我们不惜一切代价争取成功，避免失败，以此来保持一种聪明或熟练的感觉。在固定型思维模式下，我们就无法接受批评，我们逃避挑战，并早早放弃。

在成长型思维模式下，我们认为智慧和天赋可上升也可下降。成长型思维模式乐于迎接挑战，认为失败不是智慧不足的证据，而是成长和提高能力的动力。持有成长型思维模式的人热衷于学习，而不是渴望得到认可；失败变成了学习的机会。

成长型思维模式是一种具有弹性的思维模式。正如卡罗尔所解释的那样："为什么要隐藏不足，而不是克服它们？成长型思维模式的特点是热衷于自我拓展并坚持到底，尤其是在进展不顺利的时候。正是这种思维模式让人们能够在人生中最具挑战性的时期茁壮成长。"

这些思维模式为我们提供了截然不同的方法来处理我们无法做到的事情。在成长型思维模式下，我们会好奇地探索我们想做的事与我们能做的事之间的差异。这种探索揭示了改进的途径。理解思维模式的概念并意识到自己的思维模式，是通往弹性之旅的另一个工具。

注意缺口：明确学习需求

我第一次尝试做寿司并不顺利。它几乎不能吃：米饭太黏，海苔烧焦了，三文鱼和其他配料的比例没把握好，切好的寿司段都散开了。我知道自己失败了，我丈夫的表情也证实了这一点。但是，我并没有感到羞愧，反而很纳闷：我为什么会失败？下一次我需要怎么改进？我需要学习什么才能做好寿司？

我之所以愿意设想"下一次"，是缘于我多年前接触到的一个概念。我对这个概念进行了扩展，并将其命名为"注意缺口"。这个标题提醒我们要"注意"或关注期望的能力（比如做寿司）和当前能力（做出一大堆糊状的米饭和弄碎的三文鱼）之间的差距。这个框架提出，我们可以把干扰我们做事能力的事情分成6类。这有助于我们明确自己需要学习什么，并洞察开始学习的切入点。图9.2描述了“注意缺口”这一概念，表9.1描述了每种差距，并分给给出了学校环境中的例子。

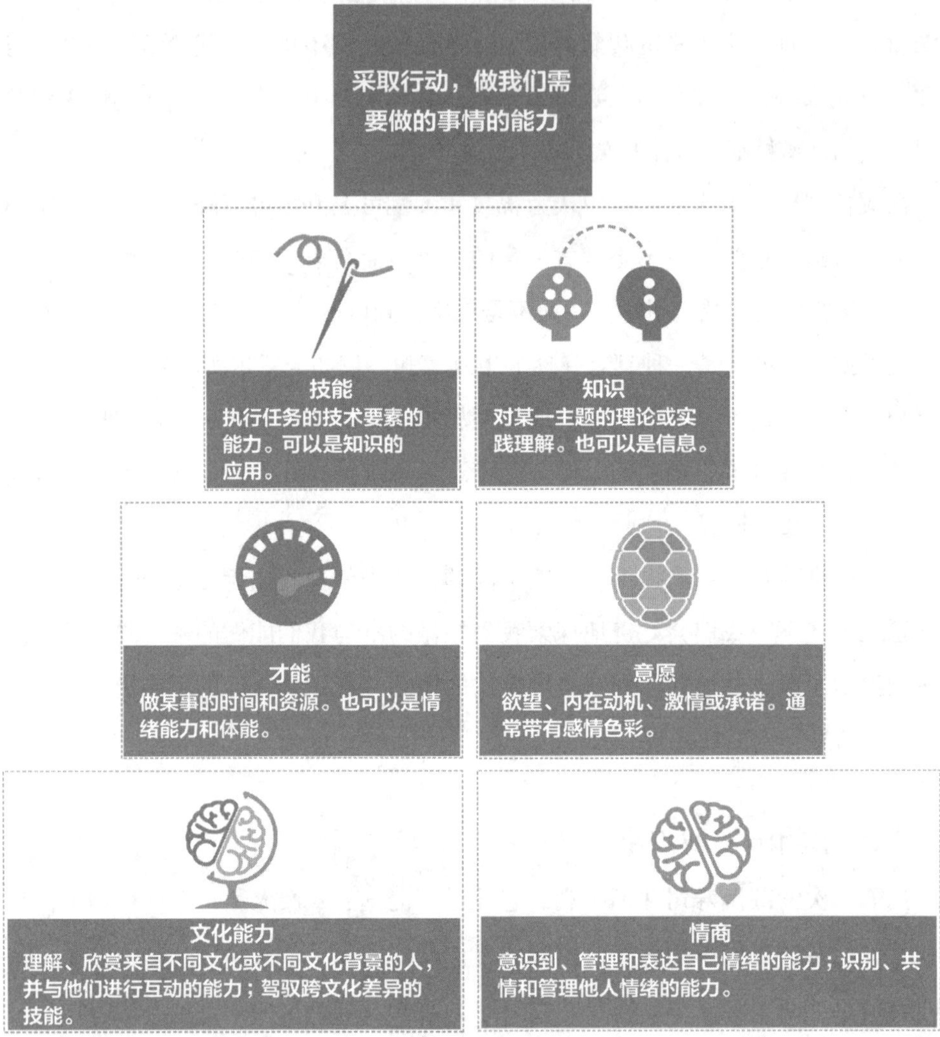

图9.2 注意缺口

当我把这个框架应用到我的寿司灾难中时，我发现我在不同的方面都有很多不足。我切寿司的刀不够锋利，所以当我试图切三文鱼和寿司卷时，它们都碎了；我的烤箱坏了，温度太高，所以海苔烤焦了；我时间紧迫，同时又要洗衣服；我感到不耐烦和沮丧，因为整个过程花了太长时间。我也不知道该用什么样的米。能力上的缺口可能是我无法做出一盘美味寿司的根本原因，但一个方面的缺口也可能导致另一个方面更大的缺口。因为缺口往往是相互关联的，所以很难找出最原始的缺口。

表9.1　定义的缺口

差距	描述	示例
技能	执行任务的技术要素的能力。可以是知识的应用。	• 提前讲解词汇。 • 使用讨论结构。 • 让全班安静下来。 • 分解求解复杂方程的步骤。 • 为一堂课确定一个可行的学习目标。
知识	对某一主题的理论或实践理解。也可以是信息。	• 理解多项式。 • 了解讨论策略。 • 知道学生的名字。 • 知道如何调整行为。 • 了解年级标准。
才能	做某事的时间和资源。也可以是情绪能力和体能。	• 有时间给学生家长打电话（可能知道如何打电话，可能想打电话，可能具备打电话的技能，但可能没有时间）。 • 有区分学习的书籍（可能理解区分学习的必要性，可能知道如何区分学习，可能想区分学习，但可能没有物质资源）。 • 有足够的情绪储备来应对愤怒的家长。 • 有体力参加晚上和周末的学校活动。
意愿	欲望、内在动机、激情或承诺。通常带有感情色彩。	• 热爱这份工作。 • 想为社区服务。 • 感受到打破教育不公平的召唤。 • 致力于帮助孩子们学习。
文化能力	理解、欣赏来自不同文化或不同文化背景的人，并与他们进行互动的能力；驾驭跨文化差异的技能。	• 认识到来自不同文化背景的学生身上的优点。 • 理解眼神交流在不同文化中有不同的含义。 • 通过选择课程确认学生的背景。 • 欣赏不同文化背景学生的贡献。
情商	意识到、管理和表达自己情绪的能力；识别、共情和管理他人情绪的能力。	• 管理者进入班级时，意识到自己会感到焦虑。 • 能够对来自同事的帮助请求划清界限。 • 能够控制自己对长期难以相处的学生的恼怒情绪。 • 与难相处的学生沟通的能力。 • 有能力安抚心慌意乱的学生。

当教学中出现缺口时

现在，让我们在学校背景下考虑一下这个框架。作为一名新手教师，我对自己的不足之处进行了快速调查，得出了以下结论：

- 我无法有效地教授词汇，是因为我不知道最好的教授方法是什么。
- 我无法顺利执行例行工作和程序，是因为我不知道自己需要做哪些例行工作，也缺乏组织技能。
- 我无法拥有一个井井有条的教室（也无法找到上课所需的用品），是因为才能上的缺口。（我没有时间）
- 我无法与同年级的搭档老师合作，是因为情商上的缺口。（我不知道如何控制我对他的不耐烦）

下面是在学校环境中应用“注意缺口”的另一个例子。迪亚娜是我指导过的一名新教师，一个8年级英语教师在开学3个月后辞职，她作为长期代课老师上任。当我观察迪亚娜的头几周时，我很担心我所看到的一切：她的课堂管理能力很差，孩子们脱离任务的时间比参与学习的时间还长，而且她看起来疲惫又紧张。我开始在管理、例行工作和程序方面对她进行强化指导。然而，当我观察她实施我们讨论过的策略时，她却很难执行。我想她需要更多的示范，于是我在她第一节课上演示了这个策略，然后观察她在第二节课上试图模仿我的做法。这也没有奏效。

下班后我们见面时，我问迪亚娜她怎么想的。“我无法像你一样自信地说话。”她说，“我知道你让我大声说话，但这不仅是音量问题——我可以大声说话，但我没有自信。”

我想，自信是一种情绪。我一直在指导迪亚娜的技能，虽然她确实存在技能缺口，但其他方面的缺口也加剧了这一问题。迪亚娜表现了对这门课的投入；我相当肯定她没有意愿缺口。我还确信她有能力；她只教4节课，这样她就有3节课的时间来计划、指导和观察其他教师。她拥有所有必要的教学材料。我知道迪亚娜有知识缺口；她是新来的老师，所以这是不可避免的。但我没有考虑过她的情绪。

“说说你教学时的感受吧。”我说。

迪亚娜叹了口气。“嗯，我想这很正常，但大多数时候我都很紧张，担心自己做得不好，担心校长会后悔聘用我，担心自己并不是真的适合教书。这是我从上一年级开始就想做的事情，我害怕自己会失败。”

“是的，这些都是正常的感觉。”我肯定地说，“想想当你打开教室门，让孩子们开始热身活动的那一刻。那时你的感觉如何？”

“紧张。”迪亚娜说，“我怕他们不停地说话，我会失控，他们会造反。”她不好意思地笑了笑。

“我很欣赏你的诚实。”我说，“那你觉得你感到了一些恐惧吗？”

迪亚娜叹了一声。“太尴尬了。我想也是。这是不对的，不是吗？我不应该害怕我的学生。”

“你是诚实的。”我说，“你觉得他们有什么让你害怕的？”

“首先，他们都比我嗓门大。有时我都听不懂他们说什么。”她说，“他们比和我一起上学的孩子大声得多；他们的穿着打扮很不一样；他们说话方式也不同。我想在奥克兰教书，但没想到会感到如此格格不入。”

我的脑海中灵光一闪：迪亚娜面临着文化能力缺口。虽然迪亚娜和她所有的学生一样都是有色人种，但她和孩子们的文化背景并不相同，而且她是在一个上层中产阶级社区中由两位大学教授抚养长大的。她不知道如何解读学生的语言或非语言暗示，这加剧了情商缺口。

我改变了我的指导方法，同时解决她的文化能力问题，并教授她新技能。当我们研究如何给出清晰的指示、如何理解眼神交流（或缺乏眼神交流）等问题时，迪亚娜的自信心也在增强。有一天，当我们直接谈到这个问题时，她说：“所以，并不是我教得不好，我只是在文化能力上有缺口？有可能有一天，我和孩子们在一起会感到舒适自在吗？”

“是的。”我点头。

“这真是个好消息。”她说。然后过了一段时间，迪亚娜确实觉得和孩子们在一起很舒服，在几年的时间里，她一步一步地培养出了成为一名高效能教师所需的能力。

缺口的层次性和相互关联性

正如我前面提到的，缺口是相互关联的。当我们在某件事情上遇到困难时，我们需要了解每个领域的缺口大小，然后考虑是否存在根源上的缺口。但有时，这些缺口并非以线性方式相互联系；可能同时存在多个根源上的缺口。这个框架并不是一门学科，它只是一个激发洞察力的工具。

在将这一概念呈现为一个金字塔（如图9.2所示）时，我暗示了一个层次结构。情商和文化能力是所有其他领域的基础：技能上的缺口会造成情商上的缺口，但如果我们的情商不稳固，我们就无法真正缩小其他领域的缺口。的确，意愿缺口可能会和情商缺口混淆。在某种程度上，意志也是一种情绪——但我把它分开是因为我认为，我们经常把意愿缺口归咎于某个人（儿童或成年人），而这个人所经历的是恐惧或羞愧等情绪。如果这个人缺乏应对这些情绪的策略，那么他无法做某事就会表现为一种意愿缺口，但实际上并非如此。如果我们能够从把某件事情看作是意愿缺口转变为把它看作是情商缺口，那么就会有更多的行动选择。

在学校里，无论是对成年人还是对孩子，无论是在课堂上还是在专业发展课程中，我们都把重点放在最重要的方面——技能和知识。有时，我们会关注意志，试图培养一种紧迫感，或者点燃使命感。能力有时也会受到关注，但经常被忽视，学区领导在一年内推出7项新举措，但因为没有时间来精确实施这些计划而感到沮丧时，就能证明这一点。最容易被忽视的是基础领域，包括情商和文化能力。你上一次参加关于一个高三学生在最后一个学期骂你时如何平复情绪的专业发展课程是什么时候？或者，如何应对每天早上妈妈送她上学时哭个不停的1年级学生？或者，当一群英语学习者用西班牙语互相交谈，而你却听不懂他们在说什么时，如何转移你的不适感？或者如何处理你所在部门的低强度冲突，这种冲突让你参加的每一次会议都令人痛苦不堪？如果我们关注这些基础能力，我们就会在拓展技能和知识方面取得更大、更快的进步。

如何使用这一框架

把这个框架作为一种资源，推动你进入学习者的姿态，充满好奇心而不带评判，以成长的心态去学习。我们每个人都有缺口；只要我们活着，我们就会有缺口，因为没有一个人有能力做到一切。缺口是我们仍然可以学习和成长的标志。我们可以学会欣然接受我们的缺口，用喜悦和清晰的眼光看待它们。这个框架不是缺陷思维，不是寻找弱点；而是关于认识到我们真正的潜力，并研究是什么阻碍了我们发挥潜力。它不是自我评判或批评的工具。当你发现自己很难以一种有用的方式使用这一工具时，请探索你对这一框架的感受。

这一框架还旨在为行动绘制路线图。在你明确了自己的缺口之后，你就能深入了解可以采取哪些行动来弥补这些缺口。你可能需要对你所怀疑的缺口进行更多的调查：我真的对多项式存在知识缺口，还是我不知道如何用孩子们能理解的方式向他们解释多项式？让这个框架帮助你把自己放在学习者的位置上。

对领导者的启示

你的主要职责是为孩子、成年人和你自己创造最佳的学习条件。以身作则，成为学习者，分享你的学习实践，让你的教职员工看到你在学习。找个导师，请个教练，把事情写下来，并召集你的同事一起来学习。

悲伤的周日以及如何不再悲伤

在这本书中，也许有很多时候你会想，我也想这样做，但我没有时间。为了成为一名学习者，为了进行探究、阅读、写作或与同事见面并谈论你所阅读的内容，你需要学会如何支配你的时间。我写这一部分有两个原因：其一，更好地管理时间会让你有更多的学习机会。其二，在如何管理时间方面，我们大多数人在知识和技能上都存在缺口。让我们来弥补这一知识缺口。

多年来，我一直害怕周日。我几乎不喜欢周六，因为我知道接下来的一天都是苦差事：洗衣服、买菜、评分、备课。一周又一周，周五我拖着满满一帆布包学生日记、课程指南、青少年小说和一两本专业书籍离开学校，我确信我会在周六早上，也许是在喝咖啡的时候，也许是坐在公园里的时候，开始做这些事情。然而，这些帆布包有多少次在周末闲置在门前，无人问津？有多少个周一，我拿起这些帆布包，承诺下个周末我会读完所有的青少年小说，为即将到来的文学圈活动做准备？

我甚至没有利用周日去做有趣的、放松的或其他有意义的事情。我经常躺在沙发上，旁边的茶几上放着我的绿色备课本，我不停地抱怨和哀声叹气。然后打瞌睡。然后我会找一些紧急的事情来做，比如给我的猫修剪指甲。（那是在无穷无尽的数码设备尚未分散我们的注意力的时候。）我通常会洗衣服，计划一两节课。但到了周一早上，我就会被恐惧唤醒，毫无准备地去学校，对自己感到失望。

然而，在一两年的时间里，一系列的时刻改变了我周末（和工作日）的生活习惯。我对自己的拖延症深感厌倦，于是做了一些小调整，稍稍缓解了拖延症——过了一段时间，这些调整累积起来就变成了一个重大的改变。当老师的第七年，我每天下班后都有一套固定的日程，包括回顾当天的形成性评估，并调整第二天的计划。周五下午，孩子们一出学校，我就会花两三个小时来制定下一周的计划。在那几个小时里，我很累，但我的注意力非常集中。最晚到下午6点，我离开学校，可能只带着一本书，然后和丈夫一起去我们最喜欢的寿司店吃周五晚上的例餐。周日，我有时会做更多的准备工作——微调课程、收集其他资源或完善长期的单元计划。到了周日下午5点，所有的工作都结束了，晚上我会读读小说、看看电影、见见朋友，或者准备一顿丰盛的晚餐。周一醒来，我觉得自己恢复了活力，为一周的工作做好了准备。

你不必讨厌周日，不必害怕周一，也不必总是毫无准备地去学校。你可以做你需要做的事情，拥有更多的精力，生活在一天24小时。让我们来谈谈能帮助你管理时间和精力的习惯和行为，这样你就可以利用周末来恢复活力。

记录时间日志

有一年，在校长的敦促下，我做了一个时间日志。我每周工作70个小时，虽然我知道我的时间利用效率很低，但我不知道为什么，也不知道该怎么改变。我坚持记录了一周，结果让我大吃一惊。以下是我如何使用时间的情况以及我得出的结论：

1. 我没有在精力最充沛的时候做最重要的事情。我会比孩子们早到学校90分钟，而这90分钟里的大部分时间我都在做无用功。

2. 我做了一些可以让家长志愿者和学校教职员工做的工作。他们可以复印、整理文件包和书籍，等等。我只需要把他们组织起来，提出要求。

3. 我低估了完成某些任务所需的时间。放学后，我打算完成5项任务，但第一项任务就花了我几乎全部的时间，因此我从未对自己的成果感到满意。

4. 我没有给工作排优先级，因此没有深思熟虑地决定如何处理我的工作量。我倾向于做一些意义不大的工作（比如剪下布告板上的图片），因为我想逃避那些我不知道怎么做的事情（为写作评估打分）。

5. 我很容易分心，因为我觉得自己被压得喘不过气来。

完成这本时间日志让我清醒了许多。当我和校长谈起我学到的东西时，我感到很尴尬，但我对如何改变我的行为有了一些清晰的认识。

如果你觉得自己没有足够的时间去做自己想做的事情，那么你需要问的第一个问题就是：我的时间究竟去哪儿了？不是你认为它去哪儿了，而是它实际去哪儿了。要弄清楚这个问题，你需要记录下你是如何度过你的时间的。写下你一周内每天每个小时都在做什么。如果不这样做，你就不知道该实施以下哪些时间和精力管理建议。

时间和精力管理策略概要

- 直面计划谬误。
- 分块。
- 制定待办事项清单。
- 遵守日程表。
- 使用专注机制。
- 停止多任务处理。
- 暂停，然后重新开始。
- 先完成最难的事情。
- 找人陪伴。
- 庆祝微小的成功。

管理你的时间

作为一名新手教师，我真希望自己有过上述的总结和对这些习惯的了解。我常常认为自己是个拖延症患者，或者做事没有条理，或者做事慢吞吞。我编造了各种关于我与时间关系的故事。然而，我现在发现，我所需要的只是一些管理时间的基本技巧。

以下是我认为对教育工作者最有用、最相关的时间管理策略。

直面计划谬误：我们往往会低估完成一项任务所需的时间，也会高估完成一项任务所剩的时间。假设现在是12月1日，12月14日要交评分成绩。你告诉自己，你还有几个星期的时间。今年评成绩用不了那么久。但你并没有考虑到，在评定成绩之前，你还需要对学生的期末作业进行评估；你也没有考虑到，你需要花时间来找到那个学生的期末作业；你也没有考虑到，你需要花时间来输入成绩，并处理评分程序中不可避免的技术问题。所以，在截止日期前的那个周末，你必须花26个小时来完成这些工作。

时间日志能帮助你弄清事情实际需要多长时间，而不是乐观地低估时间，这样你就能制定出切合实际的计划。因为我经常陷入这种谬误，所以我会把我认为需要花费的时间加倍。如果能提前完成，我就会觉得自己很成功，很有成就感！你觉得今天晚上需要花10分钟给几位家长打电话，告诉他们关于孩子的好消息？那就分配20分钟。

分块：把大项目分成容易完成的小步骤，这样你的大脑就可以一次只专注于一件事。如果你有拖延症，这一点尤其有用。列出写成绩单的每个组成部分，每完成一项，就把它勾掉，沉浸在完成任务的满足感中。

制定待办事项清单：制定一份待办事项清单，按优先顺序排列，并确定每项任务的时间长度。要切合实际，谨记计划谬误。在日程表中为每个项目分配时间。

遵守日程表：不要等到兴致来了才打印评分标准，只需在日程表上输入“周四，3:30—4:00”即可，打印评分标准。遵守日程表。还要在日程表上安排好休息、午餐和开放时间，以便处理需要处理的事情。事情总是突如其来：预计你每周都会需要这些时间，这些事情就不会打乱你的计划。

使用专注机制：当你有一项需要集中精力的任务时，找出能帮助你保持专注的方法。例如，把手机放在另一个房间或开启勿扰模式，断开网络连接，关闭电脑通知，和/或一天中只在两个预定时间回复电子邮件。当我坐下来做具有认知挑战性或烦琐的工作时，我会把手机调成勿扰模式，并设定一个45分钟的计时器。在此期间，我禁止自己移动或做任何其他事情。计时器响了之后，我休息5—10分钟，然后重新设置一次。这套程序需要一段时间才能习惯，但现在我的大脑已经训练有素，表现得很好了。工作大约3小时后，我会休息更长时间，然后再回来工作几个小时。我所有的书都是在一次次的45分钟增量中完成的。

停止多任务处理：多任务处理严重影响工作效率。将注意力从一项任务暂时转移到另一项任务——停下来回复一封邮件或接一个电话——会使完成主要任务所需的时间增加25%。此外，当我们回复电子邮件、查看社交媒体应用或被其他琐事分心时，我们会感到瞬间的满足感；我们的大脑实际上会释放多巴胺。这可能就是为什么对一些人来说，强迫性地查看社交媒体或电子邮件会让人上瘾。

管理你的精力

管理时间和管理精力之间有着微妙的区别。一些生产力专家建议，我们应该把重点完全放在精力管理上，而这两者是密不可分的。我发现刚才分享的时间管理策略非常有用。以下是一些看似用于时间管理，但能帮助你管理精力的进一步策略。

暂停，然后重新开始：每隔90—120分钟，我们的身体就需要短暂的恢复。当你开始打哈欠、感到烦躁不安或难以集中精力时，就休息几分钟，完全断开连接。和同事聊聊工作以外的事情，听一首你喜欢的歌，在院子里走几圈或上下爬爬楼梯。冥想和深呼吸也是恢复活力的策略。活动的质量比时间长短更重要，每90—120分钟做一次这样的活动将帮助你一整天都保持精力充沛。

先完成最难的事情：如果你可以选择，那么早上第一件事就是做最重要、认知要求最高的工作。在起床后的2—4个小时里，你的大脑最敏锐，也最有条理。

老师们：我知道你们对学校的日程安排没有太多发言权，但如果你们设定一个目标，在周六或周日上午完成周末计划和准备工作，看看会发生什么。这样可能会比你把事情留到周日下午再做要快得多。校长们：考虑到你的日程安排有更大的灵活性，那就把发邮件、繁忙的工作、打电话和开会的时间留到下午，在上午做那些耗费脑力的工作。

找人陪伴：只要有朋友在身边，就能推动你提高工作效率。容易分心的人在有人陪伴时会做更多的事情，即使这个人不是在指导或协助他们。因此，当你面临一项枯燥或困难的任务时，比如整理教室、批改成堆的文章或输入数据，找个朋友或同事陪伴你。

庆祝微小的成功：承认自己取得的微小成功。进步是巨大的动力。当你翻阅那些成堆的学生日记时，把已经看完的日记堆在你面前，作为你成功的证据。每完成一篇，就用10秒钟时间，闭上眼睛，告诉自己你做得有多好，你的注意力有多集中。这可以为你的情绪电池充电，让你更容易读下一本日记。

在你养成管理时间和精力的习惯后，你会惊奇地发现自己每天的身体和情绪都会好很多。你会发现自己有更多的精力投入我在本书中建议的活动中——自我关怀、反思和内省、参与社区活动和学习。你会发现，周末是恢复活力的机会，也是增强免疫力，抵御一周工作压力的机会。要培养情绪弹性，你需要内化许多行为，有时，了解这些事情和做到这些事情之间的差距仅仅是技术知识和技能的差距。

对领导者的启示

- 成年人和孩子都需要每隔90—120分钟进行一次无责休息。在制定总日程表时，考虑如何在白天为教师提供真正的恢复活力的机会。
- 可以考虑让孩子们晚点上课（而不是提前放学），这样上午就可以进行专业课程和专业学习共同体活动，因为此时每个人都更清醒，可以一起参与严格的认知过程。

认识背景：关于学习的条件

在本章中，我鼓励大家掌握学习的主动权，缩小自己的理想与现有能力之间的差距。然而，由于我们不是存在于真空中，因此认识到我们学习的最佳条件至关重要。

关于学习所需的时间

要想成为像教学这样复杂的领域的大师，你需要花费大约1万个小时的刻意练习。如果你想知道这是多少年，那就是5—7个学年。但是，仅仅靠磨时间并不能让你成为一名出色的教师，因为单靠练习并不能造就完美。有反馈、有纠正、有改进的练习才能让你变得更好——没有所谓的完美。

教育工作者需要教学和领导力教练，因为我们需要这1万小时的练习和反馈。教练促进练习，创造反馈机会，培养自我反思，并提供指导，这样我们就不会年复一年地重复同样无效的行为。虽然有效的教学指导不是唯一的方法，但它是一种经过充分研究和验证的提高教师水平的机制。即使超过1万个小时也需要如此：毕竟，即使是处于顶尖水平的职业运动员也有教练。

对领导者的启示

- 一项研究表明，教师在特定领域需要大约50个小时的专业发展课程，以提高他们的技能和学生的学习水平。这50个小时可以包括指导，因为教学指导也是专业发展的一种形式。
- 在制定年度发展计划时，请将这一数字放在首位。如果你想让教师真正精通一门技能，就必须限制你所推出的项目、目标和计划的数量。计算时间，确保投入50个小时来提高一个领域的技能。
- 现在可能是推出今年教师专业发展计划的最佳时机，结合这些事实重新考虑一下。

你的大脑需要什么

人类大脑要想最大限度地学习，有一些基本的生理要求。让本能说明提醒你，你的大脑需要氧气（所以去街区散散步）和葡萄糖（吃一把杏仁水果干）才能发挥最佳功能，让知识进入大脑。大脑还需要营养（吃什么很重要），包括氨基酸。在我所了解的关于营养和最佳大脑功能的知识中，氨基酸的作用和对它的需求是最有启发性的。你可以向营养师咨询，在网上做一些研究，或者与当地健康食品店的工作人员聊聊有关5-羟色胺、苯丙氨酸和S-腺苷甲硫氨酸等营养补充剂的知识。服用氨基酸补充剂可以对你的精神集中、睡眠、情绪等方面产生神奇的效果。当然，我不是营养学家，而且每个人的情况都不一样，所以请自行研究。你的大脑可能会感谢你。

> 从别人的错误中学习。你不可能活那么久，让自己去犯所有的错误。
>
> ——埃莉诺·罗斯福

学习型组织的必要性

学习型组织本质上就像它的名字一样：一个人人都在学习的组织，包括教师、校长、指导老师、孩子们，等等。当教师个人在非凡的学习型组织中工作时，他们的工作能力会达到很高的水平。当学校作为学习型组织运作时，它们就会蓬勃发展。

按照1—5分制（5分表示完全同意）对以下适用于你所在工作环境的陈述进行评分，然后合计评分：

- 我可以不同意同事或上司的意见；我可以提出任何问题。
- 我被鼓励去冒险和尝试新事物，而且我也这样做了。
- 我可以与同事和主管发表不同的意见。
- 我有时间停下来，深思熟虑地反省我的工作过程，并从我的经验中学习。
- 我从多个渠道（包括同事和主管）获得工作反馈。
- 我与他人以及团队和组织之外的人分享我学到的东西。
- 领导者将自己的学习成果公之于众，并以身作则，践行学习者的做法。

如果你的总分在28—35分之间，那么你在一个强大的学习型组织中工作。如果你的总分在20—27分之间，那么你所在的组织属于新兴学习型组织。如果总分低于20分，则表示你所在的组织属于弱学习型组织。

对领导者的启示

- 这就是你的工作——创建一个真正的学习型组织，创造有利于成长和学习的条件。在这里，你可以发挥最大的杠杆作用，对学校和孩子们产生最大的影响。请继续学习如何做到这一点——这并不容易。

深入探究羞耻感

羞耻感会关闭我们大脑中的学习回路。它让我们想躲起来或消失，逃避冒险或提问。羞耻感可能是所有情绪中最恶性的一种，没有任何益处。我希望这个关于羞耻感的简短讨论能引发你对生活中羞耻感的反思。如果你怀疑羞耻感影响了你的幸福和健康，我希望你能找到支持来消除这种情绪。高度的羞耻感会严重削弱你的学习能力和培养情绪弹性的能力。

羞耻感是一种感觉，觉得自己在某种程度上是错误的、有缺陷的、不足的、不够好的。你可以经历不同程度的尴尬，一端是尴尬（一种轻微的形式，产生于绊倒或打嗝等微不足道的社交过失），而另一端则是长期的羞耻感，此时你会觉得自己的核心是糟糕的。

内疚和羞耻并不相同。当我们意识到自己可能对他人造成了负面影响时，我们就会感到内疚；这是一种对自己行为的悔恨，而不是对自己的感觉。内疚能让人产生责任感，促使我们改变自己的行为，因此它比羞耻感更有用。

如果你感到（或在别人身上看到）很多愤怒或自责，那么羞耻感可能就隐藏在这些情绪之下。将愤怒或自责投射到别人身上，是摆脱羞耻感的无效方法。相比之下，愤怒是一种比羞耻感更舒服的情绪。责怪他人可能会让我们觉得自己重新获得了一些控制权，但当我们沉浸在愤怒和责怪中时，我们自己和我们的人际关系都会付出高昂的代价。容易产生羞耻感的人还容易滥用药物和酒精，这有助于掩盖羞耻感。

作为一名教师和教练，我在太多的小人物和大人物身上看到了羞耻感。我指导过的教育工作者，他们拼命工作，对自己吹毛求疵，（对自己和他人的）完美期望侵蚀着人际关系、健康和快乐。在充满恐惧和羞耻感的情况下，几乎没有学习的空间。即使我使用了非常精细的指导策略，效果也很有限，因为羞耻感太深了。强烈而普遍的羞耻感通常起源于童年时期。如果你的羞耻感非常强烈，请寻求你应得的专业帮助。

性格特质：好奇心

我的祖母有永不满足的好奇心，对我来说，她是这种性格的缩影，也是一个非常坚韧、有情绪弹性的人。在她生命的最后几十年里，她周游世界，去了厄瓜多尔、津巴布韦、中国和罗马尼亚，经常参加音乐和舞蹈巡演。85岁时，她身体非常健康，她感叹道："还有太多的好书要读。我还不能死！"她活到了89岁，直到最后还在如饥似渴地阅读。

好奇心几乎是羞耻感的反义词。它是一种让我们想要调查、倾听、提问和冒险的性格。它能让我们质疑自己对他人的假设，并超越刻板印象。好奇心强的人会被新的人和新的想法所吸引。好奇心甚至可能是长寿的灵丹妙药，因为它让我们对自己的内心体验和周围的世界充满渴望和求知欲。

每个人都有好奇心——这是一种天生的性格，但人们的好奇心的强度和广度以及根据好奇心采取行动的意愿各不相同。你可以通过提出开放式的问题来增强自己的好奇心：我想知道砖是怎么制成的？我想知道约翰尼为什么不识字？我想知道为什么当孩子们忘记带日常用品时我会如此恼火？我想知道今天我能问多少个问题？

学习者接受他们天生好奇的性格，将障碍和挑战视为成长的机会。每当我们问自己：我能从此刻学到什么？从这次挑战中学到什么？我们对体验的感知就会发生变化。当你充满好奇心时，你会接受各种想法，并寻求解决方案，几乎尝试任何事情，并在过程中寻求帮助。这就是有情绪弹性的人所做的事情，而且往往是好奇心在驱使他们采取这些行动。

好奇心有很多好处。它能帮助我们用全新的眼光看待问题，更多地利用我们的大脑来解决问题；它能自然而然地减少我们的恐惧，并帮助我们摆脱旧的、不健康的行为；它能让我们感觉良好，触发我们的大脑释放多巴胺。多巴胺是一种天然的慰藉物，它还能增强和学习有关的细胞之间的联系。因此，好奇心能帮助我们更好地学习和保留信息（这就是为什么我们教给孩子们的最吸引人的课程是他们记得最牢的课程）。好奇心、知识和情绪弹性之间存在着一种螺旋式上升的关系。我们学得越多，就越想学；我们应对挑战的能力越强，好奇心就越强，如此循环。

初学者的心态

想象一下你现在正站在教室里，摆出学习者的姿态：也许你正站在教室的边缘，注视着你的学生。也许你的头微微倾斜，用拳头撑着。也许你的表情是开放的、疑惑的。你并不困惑——你正处于学习者的姿态。当你摆出这种姿态时，你就变成了一个超级英雄，你的力量就在你提出的问题中。

当加布里埃尔把纸揉成一团，扔到教室的另一头时，你会想，他已经一个月没这么干了，不知道他今天是怎么了。当伊莱两周内第5次没来上课，但看起来并没有生病时，你会怀疑是不是出了什么事。当你厌倦了批改日记时，你会想学生们是否也厌倦了写日记。

好奇心和学习者的姿态引导我们提出更大、更明智的问题并解决问题。当学监突然来到你的教室，而此时正是你作为教师表现不佳的时刻，你会想如何才能帮助他更深入地了解你的课堂。当你的校长告诉你，苏西的妈妈要求当天放学后你们三人见面时，你会想，这会不会是一个讨论苏西的行为是如何改变的机会呢？好奇心和解决问题之间存在着微妙的区别，这种区别值得尊重，但也没有必要总是注意。

记住：情绪弹性是在刺激与反应之间的空间里培养出来的。在这个空间里，我们可以提出问题，重新找回我们的初心，因为那正是可能性、机遇和希望所在。

我相信你对学习非常了解。毕竟，你是一名教育工作者。请让自己每天、每时每刻都在不断学习。

如果你真的不喜欢写作，但我的频繁劝说让你有些厌烦，那就试着写写一句话日记吧。每天你只需做一件事——写下一句包含当天一些精彩细节的话，或者写一点轻松的思考，或者写一句关于你的心态或心情的话。

周一

和X女士的会面让我想起自己是多么热爱教练这份工作，我必须确保每周都能做教练——每次指导别人时我都能学到很多东西，而且这是相互有益的。

周二

周三

周四

周五

周六

周日

本章思考

- 阅读本章时，你有哪些感受？
- 本章的新观点是什么？
- 读完本章后，你可能会采取什么行动？
- 本章让你对什么更加好奇？

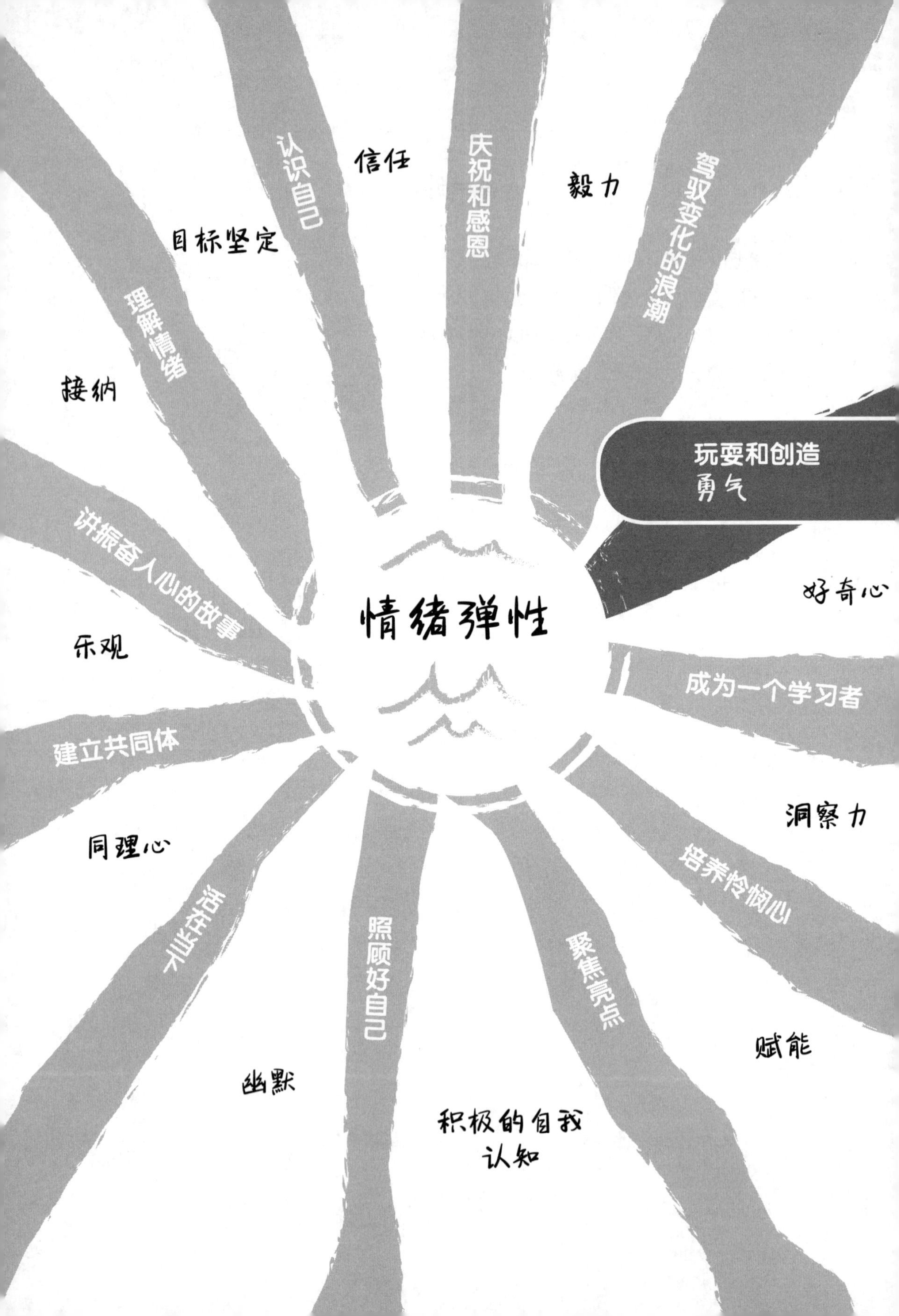
情绪弹性
认识自己
信任
庆祝和感恩
毅力
驾驭变化的浪潮
目标坚定
理解情绪
接纳
玩耍和创造
勇气
讲振奋人心的故事
好奇心
乐观
成为一个学习者
建立共同体
洞察力
同理心
培养怜悯心
活在当下
照顾好自己
聚焦亮点
赋能
幽默
积极的自我认知

第10章
玩耍和创造

> **3月**：春假带来了探索玩耍和创造力的机会，这样你就可以将这些活动融入日常生活。情绪弹性源于创造。

创造力和玩耍能释放内在资源，帮助我们应对压力、解决问题和享受生活。当我们有创造力时，我们就能随机应变，用新的、独创的方式解决问题，从而激发我们的勇气。我们的思维得到拓展，与自己和他人的联系也会加深。

每当我设计教学单元时，我都会沉浸在研究和规划中。有一年，在设计6年级人文单元时，我思考了我们远古祖先的艺术。在法国南部和西班牙的洞穴深处，发现了史前绘画最集中的地方，墙壁上覆盖着奔跑的马、翻滚的牛、游泳的雄鹿和搏斗的野牛。早期人类艺术一直吸引着我，现在我有机会了解古人类学家的最新发现。

我的丈夫斯泰西是一位艺术家，有一次，我问他为什么拉斯科洞穴壁画的艺术家要画这些动物。"画这些画的人喜欢线条和动作。"他说，"当我还是个孩子的时候，我画马也是出于这些原因——我想捕捉它们的动作。"

研究洞穴壁画的科学家还试图解释艺术背后的目的。他们告诉我们，古人类想了解兽群是如何移动的，动物是如何行动的，这样他们就能知道如何捕猎它们。或者他们推测，人们把自己猎杀动物的画面画出来，以此来代表过去或未来狩猎的成功。绝大多数情况下，这些解释都与人类对自然的了解和统治有关，而且绘画的目的总是具有功能性。

当我们看着这些艺术品时，我越发想知道古人为什么要画画，斯泰西说："也许他们只是想捕捉动物的本质，也许画家们只是喜欢画画。我画画的原因就是这个。除了对动物动作、物质和过程的热爱之外，为什么还需要一个目的呢？"

也许古代艺术家作画的原因是他们热爱绘画。

当然，我们不知道谁关于洞穴艺术家的目的理论是正确的，但这个想法让我感到不安。我一直以来都是目标驱动的人，我认为这是一种个人优势。我渴望我的日常行为具有意义和理由。但是，为每项行动赋予目的性也有其弊端：如此以结果为导向，减少了纯粹玩乐的可能性，或许还减少了创造力。

长期以来，艺术家和哲学家们一直在争论艺术是否需要有目的，或者艺术应该扮演什么目的。与此相关的是艺术创作和艺术欣赏之间的区别。在某些方面，它们在我们的生活中发挥着相同的作用——都能帮助我们获得创造性的、抽象的、更广阔的思维方式。但是，我们与创造性的世界互动的经历存在于一个连续体上：在其中一端，我们消费或欣赏艺术；也许在中间位置，我们玩乐；而在另一端，我们创造艺术。在连续体的每一个点上，我们都会激活大脑、心灵和精神的不同部分；培养情绪弹性的最大机会很可能就在最活跃的点上——创造艺术。

在探索玩耍、创造力和艺术的过程中，会出现这样的问题：玩耍是创造力的前奏吗？所有的创造性表达都是艺术吗？"好玩的工作"是矛盾的说法吗？在思考这些问题的过程中，我发现自己陷入了一个逻辑陷阱——想要找到玩耍、创造力和艺术之间的关联；考虑是循环关系还是共生关系更贴切。我想明确这些区别，将它们包含在一个线性图形中，以尊重活动的本质——无论是玩耍、创作还是艺术。这些问题既具有哲学性又具有实用性，我没有答案。我邀请你们加入这场探索：也许你能通过摆弄这些问题找到答案。

我希望，如果你在春天读这一章，你会有机会把这个习惯融入你的春假中。不管你是在什么时候读到这篇文章，我敢打赌，你早就该创造性地休息一下了——也许是时候来一次小型创造力训练营了。努力将创造力和玩耍融入员工会议、周末，甚至是你的教学中，你将会变得更富有情绪弹性。提高你欣赏和创造各种艺术的能力，你很可能会更享受生活。

为什么我们每天都需要玩耍？

一天，我正在家里工作，5岁的儿子在我身边徘徊，说："我很孤单。和我一起玩吧！"我当时只读了120本学生读书笔记的四分之一，但我已经厌倦了告诉他我必须工作。我摘下眼镜，放下笔，同意了。"我们来打水仗吧！"他边说边跑到外面去拿东西。那是一个炎热的春日下午。我想，我能做到的。我可以变得有趣。有时候，我需要付出一点努力。

一小时后，我请求休息一下。拿起水上玩具，在院子里追逐打闹，目的无非是向他的小身体喷水，这并不难。我们躺在车道上晒太阳，浑身湿透，气喘吁吁，我为自己感到骄傲。我承认，这并不难。而且很有趣。当我回到那堆读书笔记前时，我发现自己更有活力了。我想，所有的奔跑和欢笑一定给我的大脑注了氧。但我也感觉更快乐，头脑更清晰，更容易集中注意力。

几年后，当我读到斯图尔特·布朗（Stuart Brown）的《游戏：如何塑造大脑、开启想象力和激活灵魂》（*Play: How It Shapes the Brain, Opens the Imagination, and Invigorates the Soul*）一书时，我想起了这个打水仗的下午，意识到它正体现了玩耍的定义。

玩耍是什么

你小时候喜欢做什么？什么事能让你沉浸几个小时？也许是读小说，是搭乐高城市，是爬树，是打扮自己并举办精心策划的茶话会，或者是画马。你还记得那种感觉吗？你会如何描述它？你上一次做一件令人愉悦、全神贯注的事情是什么时候？玩，顾名思义，就是我们因为好玩而去做的事情，而不是因为它能帮助我们实现某个目标。专家们说，要想最大限度地利用玩耍，关键是要把它融入我们的生活，而不仅仅是在假期里。我非常认真地研究了这个课题，因为我致力于提高自己的情绪弹性，当然也包括你们的。

一大批研究玩耍的科学家，包括神经科学家、发育生物学家、心理学家和社会科学家，都认为玩耍在动物物种的发展中起着至关重要的作用。这些研究人员著述颇丰，解释了玩耍是如何塑造大脑、使动物更聪明、适应性更强、培养同理心以及使复杂的社会群体成为可能的。对于人类来说，玩耍是创造力和创新的核心。

但玩耍甚至还有更大的作用。回忆一段你觉得自己最有活力的时光。花一点时间闭上眼睛回忆那段时光，让自己回到那段记忆中。

你们中的大多数人都会记得自己曾经参与过某种形式的游戏——一种让人深感愉悦、充满活力、焕发生机的游戏。然而，你上一次仅仅为了快乐而参与活动是什么时候呢？儿童是游戏专家。玩耍是他们的天性和本能，在某种程度上，玩耍也是他们的工作。他们可以花几个小时搭一个乐高积木，或者和毛绒玩具玩假扮游戏。他们在玩，非常认真地玩。然而，在我们长大后，我们被告知玩耍是浪费时间；我们专注于提高效率，被忙碌的生活占据。

斯图尔特·布朗把给成年人的生活带来更多的玩乐当作自己的人生使命。除了撰写《游戏》一书，他还是游戏研究所的创始人。他的核心理念是，只要一点点“非生产性游戏”，就能让我们更高效、更有活力、更有弹性。斯图尔特提醒我们，如果没有游戏，这个世界将变得非常黯淡，因为游戏通常是艺术、游戏、书籍、体育、电影、时尚、幽默和音乐的基础。事实上，布朗认为，游戏是“我们所认为的文明的基础，是生命的本质”。

根据布朗的观点，游戏具有以下属性：

- 明显的无目的性：为做游戏而做游戏，没有任何实际原因。
- 自愿：不是义务或责任要求。
- 内在吸引力：它很有趣，让你感觉良好。
- 不受时间限制：你会失去时间流逝的感觉。
- 自我意识减弱：你不再担心自己是好看还是愚蠢。在想象力游戏中，你甚至可能是另一个自己。你完全沉浸其中。
- 即兴发挥的潜力：你乐于尝试各种不同的做事方式。你会有新的想法。
- 持续下去的欲望：你会想继续做下去。

现在想想你喜欢做的可能是游戏的事情。它符合这些标准吗?如果你发现有些事情你喜欢做，但并不符合所有标准，也没关系。例如，也许你喜欢徒步旅行，但你这样做的原因之一是它是很好的运动，有助于你保持健康。那就坚持徒步旅行吧，但偶尔也挑战一下自己，做些纯粹的娱乐活动。同样，真正的游戏也是非竞争性或低竞争性的游戏。很多时候，当人们“玩”高尔夫球、篮球或其他运动时，竞争的元素掩盖了纯粹的乐趣。

此外，沉迷于网剧平台也不能算作是游戏。在一项活动中过于被动会降低其游戏价值。也许看一部电影可以被认为是玩，但当你看完整个系列时，玩耍的益处就被削弱了。可以换种思考方式：正如我在本章前面提到的，玩耍活动是一个连续体，一端是欣赏和吸收，另一端是创造。你可能会欣赏和喜欢听音乐，这可以产生一些玩耍的放松和愉悦，但如果你创造了音乐（高歌一曲或在钢琴上捣鼓），你就收获了玩耍的全部益处。

玩耍有何好处

每当我玩耍时，我都会想起那种感觉有多好。在公园里吹肥皂泡或在海滩上找海玻璃，不需要太多时间，我就会沉浸其中。但后来我就忘了。当然，幼儿教育工作者和幼师都知道玩耍有多么重要（近几十年来，他们一直主张玩耍仍然是幼儿在校体验的核心部分）。但如果你和我以及其他许多人一样，回忆提醒有助于我们看到玩耍对成年人和小孩的益处。现在让我们回顾一下专家们总结出的玩耍的益处。

- **玩耍能缓解压力**。它能激发内啡肽的释放，内啡肽是人体自然产生的让人感觉良好的化学物质。（哪怕只是回忆起一段非常有趣的玩耍经历，也能起到这种作用——现在就试试吧！）
- **玩耍能改善人际关系**。分享欢笑和乐趣可以促进与他人的共鸣、同情、信任和亲密关系。玩耍不一定是一种特定的活动，它也可以是一种精神状态。培养玩耍的天性可以让你在压力环境中放松下来，打破与陌生人的僵局，结交新朋友。
- **玩耍能改善大脑功能**。下棋、完成拼图或从事其他挑战大脑的有趣活动有助于预防记忆问题。玩这些游戏时需要进行社交互动，这也是一个额外的好处。

• **玩耍能刺激思维，提高创造力**。小孩子通常在玩耍时学习效果最好，这一原则也适用于成年人。当你在轻松愉快的氛围中学习一项新任务时，你会学得更好。玩耍还能激发你的想象力，帮助你适应和解决问题。

• **玩耍能让我们保持年轻和活力**。用乔治·萧伯纳的话说，“我们不是因为变老而停止玩耍，而是因为停止玩耍而变老”。玩耍可以增强我们的精力和活力，甚至提高我们对疾病的抵抗力。事实上，它可能会帮助我们活得更久。一组科学家花了15年时间研究阿拉斯加灰熊，得出结论：玩得最多的灰熊存活时间最长。我希望那些科学家当时在研究这些熊的过程中能玩得开心。

几年前，当我第一次读斯图尔特·布朗的书时，我向一位熟人描述了玩耍的好处，她是一位50多岁的高中法语教师。她听着我列举数据并陈述我的理由，然后她打断了我。“我不需要被说服。”她说，“大约15年前我离婚后，我就立志要玩。玩不仅仅是我做的一件事，也是我对生活的一种态度。是的，我喜欢跳舞，涂闪闪发光的指甲油，用捡来的东西做饰品，用香料做饭，但更重要的是，我只是不把生活看得太严肃。”

少量、定期的玩耍很有效

有了所有这些好处，玩耍就像我们每天都应该服用的重要的多种维生素。当我们玩耍时，我们正在创造新的富有想象力的认知组合。我们的大脑可以尝试新事物，而不会威胁到我们的身体或情绪健康。当风险较小且充满乐趣时，我们更容易学习新技能。

如果我们在工作中融入更多的玩耍，在各处找到可以穿插玩耍的空间，让教学、领导或指导变得更轻松、更愉快，那会如何呢？

如果你能经常在河上漂流或参与任何符合你喜好的大型游戏，那就太棒了，但定期的玩耍对你的情绪健康贡献最大。如果你能每天都玩，你很可能会成为世界上最快乐、最有弹性的人，但首先还是把目标定在每周玩一次吧。培养自己爱玩、幽默的一面永远不会太晚。留出固定的玩耍时间，在公共场合或私下里玩。玩得越多，玩笑开得越多，笑得越多，就会变得越舒适。

让美好时光开始吧

那好，你已经准备好去玩了。从哪里开始？玩什么呢？首先头脑风暴一下不同规模的娱乐活动：有些活动需要一天的时间，而有些可能只需要5分钟。对我来说，拿根逗猫棒逗猫是我快速进入玩耍状态的方法。我也觉得准备一顿精致的晚餐非常有趣，但这可能需要一整天的时间。我最喜欢的活动可能就是在温暖的大海里做任何事情——漂浮、浮潜、在小浪花下潜水。但这样的机会并不多。因此，在建立玩耍时间的活动库时，要包括一些你可以轻松参与的活动。

建立玩耍活动库的另一个方法是询问他人他们是如何玩耍和创造的。问问你的同事，你的上司（这也是更好地了解他们的一种方式）。最近，我问了一些教育工作者他们是如何玩耍的，我听到的答案包括：穿狂野风格的服装、在花丛中跳舞、弹钢琴、做一顿丰盛的晚餐、在沙滩上与狗赛跑、用橡皮泥捏金字塔以及用染发剂做实验。

角色扮演：另一种游戏形式

约瑟夫是一所学校的教师主管，学校换了新校长。这位校长试图实施一长串的新举措，而教职员工们却不以为然。约瑟夫的部门同事曾请求他代表他们反对这些变革，但约瑟夫很紧张。他告诉我："我不知道该如何进行对话。"他抱怨着，后悔自己决定担任部门主管。"我该从哪里开始呢？"

我是角色扮演的热心支持者，因此我建议我们这样做。当约瑟夫在对话中挣扎时，他找到了他想用的词，找到了反映他情绪的语气，找到了最能帮助他沟通的肢体语言。谈话结束时，他咧嘴笑了。"这很有趣。"他说。

"这就是为什么这叫角色扮演。"我说。

在这个案例中，角色扮演的目的是帮助约瑟夫确定如何与他的校长进行对话。角色扮演帮助约瑟夫在一个低风险的环境中尝试了他的沟通技巧，这让他感觉更轻松、更平静和更有信心。

老师们：如果你正在努力改善课堂管理或发展与学生和家长的关系，甚至正在努力与同事或上司进行艰难的对话，那就分角色进行对话吧。你不仅能得到练习，还能从游戏的乐趣中获益。

对领导者的启示

如果你经常与教职员工一起玩，会是什么样子呢？以下是我将非竞争性、低风险的游戏引入会议的几种方法：

- 让教师分享他们喜欢的游戏方式。考虑如何将这些方式融入会议中，这样你也确定好了活动负责人。
- 在用品箱中提供陶土、橡皮泥或黏土。我喜欢磁性黏土类产品，因为它不会变干，玩起来感觉非常好。当我们在学习或说话时，手可以摆弄或探索一些东西，我们就会有更好的想法。
- 在会议开始时，加入即兴剧中的游戏，作为共同体建设或基础活动。我最喜欢的游戏之一是“Zip Zap Zop”（一个戏剧热身活动，考验参与者的快速反应力和团队协作力）。它总能让人们开怀大笑。
- 提供基本的打击乐器，制作简单的节奏。我也很喜欢手敲八音琴这类音乐玩具（你也可以查查），因为它们非常有趣，而且你很容易就能敲出相当不错的声音。
- 玩网球游戏——只需将网球以越来越复杂的模式打向对方即可。
- 提供有趣的签到或讨论提示，例如：如果你可以在平行宇宙中过另一种生活，成为任何东西，你想成为什么？或者：如果你能和任何活着或死去的人共进晚餐，你会和谁共进晚餐，为什么？

最后，考虑如何将游戏融入有目的的活动中。如果你正在主持一个关于基于标准的评估的专业发展课程，你能否加入一个随机配对游戏（如模仿抽取卡片上动物的叫声和行为找到你的同类）来产生新的合作伙伴？你能否设计一种方法，既能实现课程目标，又能让参与者参与到激发欢笑和创造力的活动中？在我的辅导研讨会上，我为教育工作者提供了多种参与角色扮演的机会，以此来探索指导策略和人际交往挑战。当人们扮演不同的角色时，房间里难免会发出笑声。笑声将我们联系在一起，帮助我们更加投入正在做的事情中，我们也会对这段经历有更美好的记忆。

艺术：玩要能带给我们什么？

在这场关于玩要和创造力的对话中，我们必须承认艺术（视觉艺术、音乐、戏剧、电影、表演等）及其在情绪弹性中的作用。当你想到艺术时，你会想到什么？哪些感觉会浮现出来？当我向教育工作者提出这两个问题时，我通常会听到以下回答：

- 我不擅长艺术，所以我感到焦虑。
- 艺术很无聊。我觉得在博物馆里很无聊。
- 我希望能有更多机会接触艺术；我小时候很喜欢美术课。
- 有时候看看也不错，但有什么意义呢？

> 那我们为什么还要唱那么久？因为我们就是这种意志坚定的生物。
>
> ——高尔威·金内尔

为了接受玩要，对艺术的鉴赏力和探索艺术的时间是很有帮助的。

人类创造了艺术

根据考古记录，我们的远古智人祖先在发动战争、建造城市或耕种庄稼之前就已经创造了艺术。他们试图用图画和象征的方式来表现和思考他们的世界，他们在拿起刀剑和播种之前很久就创造了音乐（很可能还有舞蹈）。已知最古老的乐器是距今4.3万年的骨笛和象牙笛。在澳大利亚、非洲南部、欧洲和印度尼西亚的洞穴壁上，动物、人物和手的壁画可以追溯到3.5万年前。大约3万年前，德国南部地区的雕刻家雕刻了动物和妇女的象牙雕像。虽然我们肯定不知道我们的祖先为什么要创造这种艺术，但他们确实创造了。创造的召唤和创造美的事物是最原始的。

艾伦·狄波顿（Alain de Botton）和约翰·阿姆斯特朗（John Armstrong）写了一本很棒的书，叫《艺术的慰藉》（*Art as Therapy*）。他们诗意而形象地提出了一个前提，即艺术（包括设计、建筑和工艺）“是一种治疗媒介，可以帮助引导、劝诫和安慰观众，使他们成为更好的自己”。狄波顿和阿姆斯特朗提出了创作和消费艺术的七种功能，值得我们思考：

- 我们创作艺术是为了铭记（想想写作和摄影）。

• 我们创作/欣赏艺术是因为它给我们带来了希望和乐观。

• 艺术教我们“如何更成功地承受痛苦”。

• 艺术帮助我们重新平衡情绪，了解自己——无论是通过创作还是体验艺术。

• 艺术作品（比如诗歌或歌词）可以点亮一种情绪，或清晰地表达一种体验。

• 艺术创作可以挑战我们的思想和价值观，促使我们成长。

• 艺术可以帮助我们欣赏我们身边的事物、日常生活的价值以及我们可能认为理所当然的东西。

这本小书本身就是一件艺术品，值得放在你的书架上。

艺术、反抗和弹性

小说、诗歌、电影或戏剧可以打破我们对彼此的误解，打破我们之间的隔阂。你能想起哪件艺术作品曾帮助你看到和感受到你认为与众不同的人的经历吗？最近，电影《月光男孩》（*Moonlight*）让我做到了这一点。这是一部华丽的电影作品，它可能会让你心碎，却又让你的心变得比以前更加完整。艺术是联系和共情的载体，它能消除孤独、疏离和非人化，帮助我们更好地了解自己。创作这样的艺术是对那些试图分裂我们的人的一种政治反抗行为。

长期以来，艺术一直是推动社会正义的重要工具。几个世纪以来，从讽刺剧、抗议歌曲、街头戏剧到海报、木偶、漫画、壁画等各种形式的艺术作品都证明了这一点。当艺术家创造性地表达政治信息时，就会出现一种独特的形式，激发人们的情感，包括幽默、希望、悲伤和承诺。例如，加勒比海的海底雕塑博物馆中的海下雕塑会让人联想到中央航路途中被扔下奴隶船的非洲人。这座雕塑由詹姆斯·德凯雷斯·泰勒（James deCaires Taylor）创作，是真人大小的一圈人，他们手拉着手，面朝外。它阴森恐怖，令人震惊。可以在网上搜一下。看看它给你什么感觉。之后，再看一看毕加索的《格尔尼卡》（*Guernica*）。

艺术就是这样增强我的情绪弹性的：一幅画、一首诗、一尊雕塑、一首歌或一本小说，如果传达了一种不公，就会激发我的共鸣，让我感到悲伤或愤怒。然而，也许因为信息是以艺术的方式传达的，我也体验到了乐观。这提醒了我，人类既有能力实施猛烈的暴力行为，也有能力做出令人惊叹的美好行为。艺术品的纪念性和永久性也让我感到充满希望，因为这位艺术家的作品，苦难的经历将不会被遗忘。

在撰写本书的过程中，我去了柏林，这座城市曾经是20世纪最恐怖的暴力事件的中心。在柏林，你一定会想起法西斯主义的后果，部分原因是遍布全城的艺术。柏林的人行道上到处都是“绊脚石”，这些鹅卵石是为了纪念大屠杀的受害者。1992年，德国艺术家冈特·德姆尼格（Gunter Demnig）开始在纳粹迫害受害者的最后居住地前铺设这些黄铜牌匾。这些石头上通常会写上受害者的姓名、出生日期、被驱逐出境的日期，如果知道的话，还会写上死亡日期和所在集中营的名称。截至2017年初，德姆尼格已经在22个欧洲国家铺设了超过5.6万块绊脚石。你可能正站在一家德国咖啡馆外，一边享受着美味的面包圈，一边欣赏着咖啡馆的建筑，一低头就会看到一块绊脚石，让你铭记于心。

我见过的绝大多数教育工作者都渴望对孩子们的生活产生积极影响。我们的教学蕴含着社会正义的使命，那就是让世界变得比我们发现时更好。由于我们渴望建立的愿景每天都在磨损，我们需要定期的灵感和点燃我们精神火种。艺术可以为我们注入希望和乐观，让我们继续前进，并提醒我们与生俱来的创造美的能力。

当时代变得艰难，我们的精神受到打击和挫伤时，拿起笔和画笔比以往任何时候都更重要。作家托妮·莫里森（Toni Morrison）向那些有创作倾向却感到沮丧的人说了这样一段令人震撼的话：“现在正是艺术家们需要努力工作的时候。没有时间绝望，没有地方自怜，没有沉默的必要，没有恐惧的余地。我们说话，我们写作，我们使用语言。这就是文明治愈的方式。”

情绪弹性使你能够在暴风雨后反弹；它是内在的力量储备，为你的生活提供动力，做你生来要做的事情。正如我将在第12章中详细论述的，艺术产生于超越的、神圣的和精神的领域。当我们与世界上的能量源相连接，为我们的内在储备补充能量时，我们就会变得无比强大。

现在就花几分钟的时间来思考一下，有哪些艺术形式能将你与内心深处的情绪弹性之井联系起来。也许你应该暂停阅读，试着去感受一下。情绪弹性是一点一点培养出来的。

创造力是一种习惯和性格

回忆一下你上一次穿表演服装是什么时候。也许是万圣节，你去参加了一个派对，或者玩不给糖就捣蛋的游戏，或者用你的另一个自我逗你的学生。成为别人或别的东西是什么感觉？你能做什么？它是如何改变你对自己的认识的？当我问教育工作者这些问题时，他们会不自觉地微笑，眼睛闪闪发光，分享趣闻逸事。

装扮（哪怕只是戴上面具）是一种低风险、简单的激发创造力的方式，又能绕过头脑中焦虑的自我。它是通往我们内心渴望广泛表达的部分的捷径。它能让我们尝试原本不会尝试的事情，说不同的话，有不同的感受。想象一下，如果你来自一个具有超凡力量的地方，课堂上会发生什么？如果你每天都穿着神奇女侠的服装，教学或领导工作会有什么不同？

创造力是一种习惯，也是一种性格。很难说它何时会从一种习惯转变为一种性格，也很难说它是否可以不通过变成习惯而成为一种性格。几乎所有关于创造力的研究都认为创造力是一种关键的特质、行为或性格。这些研究大多不值得一读；讽刺的是，这些研究很无聊，但结论却值得深思：创造力至关重要。正如作家伊丽莎白·吉尔伯特（Elizabeth Gilbert）在她的书《大魔力：跨越恐惧的创造性生活》（*Big Magic: Creative Living Beyond Fear*）中所说的那样，创造力就是一种让梦想成真的能力，是一种由好奇心而非恐惧驱动的生活方式。让我们更深入地挖掘一下创造力的原因，然后再看看如何培养创造力。

为什么我们需要创造力（以防你需要被说服）

对于理性的、善于分析的人，往往需要说服他们为什么应该尝试一些创造性的东西。至少我现在还是这样。尽管我非常感谢创造力在我生命中发挥的作用，但我发现自己仍然需要研究来解释为什么有创造力是件好事，以及为什么艺术创作是对时间的有效利用。

创造性的过程使我们能够看到问题的根源，或从不同的角度看待问题；我们可以将看似毫不相关的现象联系起来，并获得新的视角。创造力及其同类——想象力和创新——是许多学校改革工作中缺失的要素。学校改革几乎总是依赖于深刻的创造性思维。

让我们来看看教师们经常抱怨的问题：学生的行为。事实上，在对中学教师的研究中，学生的行为是导致教师职业倦怠的首要原因。在我工作过的许多学校中，管理者会通过规定程序和行为不当的后果、在学校各处张贴规则、加强教职员工在走廊上的巡视、为屡次违反规则的学生打印行为契约等方式来应对学生的不当行为。这些技术性的解决方案有时能在短期内控制学生的行为，但对监管文化的依赖却让教师们不太满意。这些学校有时安静平和，学生们排着整齐的队伍，静静地走过走廊，双手放在身侧，目视前方，但对我来说，他们也让人感到悲伤和些许恐惧。我不想在这样的学校当老师，也不想让我的孩子在这样的学校读书。要建立健康的学习共同体，孩子们需要遵守较高的行为要求，但我们可以改变让孩子们参与这些行为的方式。这就是创造力发挥作用的地方。

另一个支持尽情发挥创造力的理由是：它对你的大脑有好处。它能让你的阿尔法波活跃起来。阿尔法波是大脑中与放松状态密切相关的信号。科学家们发现，当人们放松时，他们更有可能出现“啊哈！”时刻，那些不可能解决的问题似乎就会迎刃而解。这就是为什么当你在一个问题上绕来绕去时，最好的办法就是散步、打乒乓球或洗个长时间的澡。这些活动会在你的大脑中产生阿尔法波。

如果我告诉你，在员工会议上发挥创造力或玩耍有益于你的情绪健康，你会这样做吗？确实是这样的。大量研究表明，绘画、编织和创意写作等活动能提高血清素水平，减少焦虑。在治疗方面，创造力能让我们探索自己的情绪，也许还能治愈创伤，而光谈论经历则无法做到这一点。创造性的表达还能增进彼此间的共鸣和理解。而且，由于在创作过程中难免会有失败和失误，参与创造性表达为我们提供了增强情绪弹性的机会，因为挫折和小障碍给了我们重新站起来再试一次的机会。

让我提出最后一个请求：尽情发挥创造力，因为这是你与生俱来的权利。创造性表达是我们的一部分。世界上没有哪种文化的人们不创造美的表达形式。就像我希望你们照顾好自己的身体、关爱自己的情绪一样，我敦促你们滋养自己的创造性精神。这是你应得的。

如何提高你的创造力

创造力既是一种心态，也是一种行为。当你处于创造性思维状态时，你会问一些开放式的、真正好奇的问题。你会凝视窗外，做白日梦。你会看着两种通常不会放在一起的食物，然后想：如果我把它们放在一起吃，会发生什么呢？你会想比利怎么总在下午课间休息时惹麻烦。你会想如果你尝试这样或那样，会发生什么事。

创造力源于好奇心，但我们可以有好奇心而不具备创造力。一旦你提出问题，你就需要采取行动。然后，你就会为你的好奇心注入生命，它就会变成创造力，成为一个完全独立的实体。当你开始创造时，如果你感到恐惧，发现自己处于紧要关头，不要感到惊讶：你可能会看到你的创意想法想要迸发然后实现，或者想要躲起来。尝试使用我在本书中建议的一些应对强烈情绪的策略。你还有另一个选择：只管去做。将你的创意付诸行动，看看会发生什么。把这两种东西结合起来。邀请比利做你的课间帮手。把浴室刷成宝蓝色。随着时间的推移，承担创造性风险会变得越来越容易。

如果你很想探索自己的创造力，但又不知道如何开始，那就动手做一些事情吧。拿一盆橡皮泥，捏出长长的蛇形状，然后把它们卷起来放到碗里，再把它们捏成球。画手指画。烤面包。种花。用粗蜡笔画圆圈和星星。把手弄脏有助于缓解焦虑。

重拾艺术表达的权利

在美国，艺术被贬为二流或三流地位已经很久了。它被限制在每周一次的40分钟课时或高中选修课上；在大城市里，艺术被局限在我们死气沉沉、毫无生机的博物馆里。在一些学校，只要同意“融合”，艺术就会被请进来，为更高一级的目标服务：艺术融入可以帮助学生理解科学概念、记忆文学作品或展示他们对历史事件的分析，但它必须服务于核心学科。艺术在这些时刻发挥了作用，值得肯定。但是，艺术很少有机会成为它自己，很少有机会让人体验到它本来的样子。

我们害怕艺术，与我们艺术的一面脱节，甚至可能害怕艺术家，这是有背景原因的。在有些人的刻板印象中，艺术家们被视为是一团糟、精神不正常、长期失业的怪人。欣赏艺术，让它渗入我们疲惫的骨髓，会增强我们的情绪弹性，但要最大限度地发挥它的潜力，我们还需要亲自动手去创造它。

如果你对艺术有恐惧感，如果你的直接反应是“我不是艺术家”或“我不擅长艺术”，那这个可以帮到你。首先，你可以重新定义艺术以及艺术创作的意义：记住，你并不是要创造在博物馆展出的物品。你必须控制自己的完美主义倾向、对他人看法的不安全感以及对失败的恐惧。然后，可能是独自一人，也许是在别人的支持和指导下，你会想涉猎多种形式，玩转各种表达方式，找到最适合你的方式。有一种工具可以引导你的创造力：它可能是一把单簧管、一支书法笔、一瓶喷漆、一副针织针、一台尼康相机、一套彩色铅笔或一双踢踏舞鞋，但它确实存在。你只需要看一看，玩一玩，看看觉得什么比较好。我见过很多害怕艺术创作的人，但经过探索，他们解放了自己的创作灵魂，找到了一种表达方式。你很可能渴望创造性的表达，你有权利这样做。

深入探究心流状态

我经历过的最愉快的、最强烈的、最绝妙的状态叫做心流状态。在这种状态下，我在做一些创造性的事情，我忘记了时间，感觉自己好像恍惚了；文字（因为这种状态经常在我写作的时候出现）从我的脑海和心灵中涌出，也许还来自其他地方，在我之外的某个地方，毫不费力地倾泻在纸上，让我精力充沛，生机勃勃。没有什么感觉比心流更让我向往，没有什么状态比心流更让我渴望。

你有过这样的经历吗？你当时在做什么？事后感觉如何？

心流是一种精神状态，这时你处于最佳状态，全神贯注地投入自己喜欢的活动中。你会忘记时间、空间，甚至自己的生理需求。匈牙利心理学家米哈里·契克森米哈赖（Mihaly Csikszentmihályi）将这种状态命名为“心流”，当你在做一件有内在价值的事情时，你最有可能体验到这种状态。在这种全神贯注的状态下，你还会感觉到自我与客体之间的界限消失了；对有些人来说，这是一种近乎神秘的体验。虽然心流最常出现在人们创作或欣赏艺术过程中，但人们在进行体育运动、武术活动和玩电子游戏时也会体验到心流。

虽然我在写作时大部分时间都处于心流状态，但我也在教学和指导别人的时候体验过。在那些时刻，和我在一起的人也发现自己处于心流状态，它是会传染的。在我教7年级的时候，有一个冬日，我和我的学生们都沉浸在课堂活动中，以至于我们都没有注意到两个小时的课程已经结束，午饭时间也已过半。（也许学校里没有钟表或铃声也有好处。）在我认为自己教得最好的那一年里，我经常忘记时间，发现自己愉悦地沉浸在教学中。那一年，我长时间工作，也经历了毁灭性的个人损失，但那是我第一次觉得，我可以长期当一名老师。这份工作让人觉得是可持续的，因为满足感、成就感和心流带来的情绪回报超过了每天的疲劳和压力。

心流在提高教育工作者的情绪弹性方面发挥着作用。我所见过的最有效率的教师、领导和教练都利用创造力来应对挑战，让他们的工作充满乐趣。他们的创造力是以创新方式解决问题、收集资源以及建立联系的入口。心流滋养了他们的创造力，而创造力又为他们打开了心流的大门。

尽你所能寻找心流状态。它可以出现在游戏、艺术创作或活动身体的体验中；它可以出现在上课、推动专业发展课程或放学后与家长交谈时。带着淡淡的决心去寻找它，因为你越努力寻找，就越难感受到它。温柔地追求它，要知道它是不常见的，当你发现自己正在体验心流状态时，就沉浸其中。享受这种独特的感觉和无法形容的愉悦，并心存感激。

性格特质：勇气

有情绪弹性的人是勇敢的。当我们被要求发挥创造力时，我们必须鼓足勇气，因为没有风险的创造力收获甚微。有情绪弹性的人的所有特质都会因勇气而得到加强。目标坚定、接纳、乐观主义、好奇心——采取任何这些姿态都意味着风险。

想一想最近工作中具有挑战性的时刻。回忆一下你的行为。在那个时刻，你觉得自己有多大的勇气？如果你有更大的勇气，可能会发生什么？你会说什么或做什么？

当我遇到障碍，发现自己倒在尘土中，双手颤抖，满是伤痕，想知道如何重新振作起来，如何度过又一次挫折时，勇气充斥着我的肌肉，让我站了起来。勇气让我离开了一所有毒的学校，在那里我没有实现我作为一名教育工作者的目标。勇气让我看清了自己作为教练的无效行为，并使我能够改变这些行为。勇气让我走上讲台，分享作为一名教育工作者所面临挑战的个人故事。

你的勇气在生活中帮助你做了什么？你生活中的哪些方面需要更多勇气？更多的勇气能让你做什么？

考虑到恐惧在我们的生活和世界中普遍存在，我们肯定会从对勇气的深入持久的探索中受益。我们将从讲述和阅读关于勇气的故事中受益，从为勇气编排诠释性舞蹈中受益，从为那种能够增强我们的情绪弹性并使我们能够改变世界的勇气建造纪念碑中受益。

最重要的问题是：勇气从何而来，我们又该如何激活自己的勇气？

勇气可能没有明确的起源，因为当你追溯勇气的起源时，你很可能会在自己的行为和周围人的行动中看到勇气的种子。勇气的种子散落在我们的个人、家庭和社会历史中。我们每个人都曾在生命中的某个时刻说过或做过勇敢的事，很可能就在昨天。承认这些小小的勇气之举——它们很重要。

在我们的家族史中，许多人都曾迈出过或大或小的勇敢一步：没有结婚的姑姑实现了她环游世界收集布料的梦想；曾曾祖父母离开家人去了天气更温暖的西部，在那里他们可以种地；单身母亲在与抑郁症作斗争的同时养育了3个孩子；小叔子向婆婆坦白了自己的性取向。你的基因里就有勇气，我对此深信不疑。找到这些故事，然后与他人分享。当你与他人分享你的故事时，你会增强自己的勇气。

然后，发现并引导他人的勇气——人类的共性允许你这样做。向他们致敬，让那些在你之前或现在正在进行光荣战斗的人的力量激发你自己的勇气。从巴基斯坦女性教育倡导者马拉拉·优素福·扎伊（Malala Yousafzai）的勇气中汲取灵感；想象她无限而丰富的勇气粒子注入你的勇气储备。从那些逃离奴隶制、与法西斯斗争、挨家挨户登记选民、在草莓园里辛勤劳作为公平劳动条件而奋斗的人身上汲取灵感。历史上充满了勇气的故事，我们只需要找到它们。

长期以来，我一直在寻找我的家族、我的社区和历史中的勇者。我想听听这些故事，了解是什么让这些人能够在新的一天站起来，做他们需要做的事情。我在内罗毕的贫民窟、哈瓦那的圣人制作家、历史小说和回忆录、奥克兰的小学教室以及我祖先的生活中找到了这些故事。

在我对自己家族历史的调查中，有一些幸存者有着难以想象的勇气：我的犹太曾祖母真的把我的祖父带出了欧洲，如果他留在那里，就会被杀死。在我父亲的家族中，也有勇气的体现，大约500年前，在西班牙宗教法庭中幸存下来的犹太人家族皈依了基督教。但我也发现了关于压迫和暴力的故事——西班牙殖民者强奸了我的土著祖先。我会保留她的勇气，然后摒弃他的暴力。

这并不是说，我们不必正视历史中的丑陋部分，也不必承认我们因祖先的行为而享有的特权。但是，在选择故事来激发我们的勇气时，我们可以擦亮眼睛。通过审视那些行为可能应受谴责的祖先，我们就能鼓起勇气。选择并保留让你变得强大的故事。用这种勇气来纠正过去和现在的不公正。

现在，去挖掘你的勇气吧。找出那些刻在基因里的勇气。吸收他人的勇气。有情绪弹性的人是勇敢的。

疗伤药膏

人类学家安吉尔思·阿利恩（Angeles Arrien）解释说，在许多传统文化中，病人去看病时会被问4个问题：

- 你什么时候不再唱歌了？
- 你什么时候不再跳舞了？
- 你什么时候不再讲述你的故事了？
- 你什么时候不再静坐了？

阿利恩把这些——唱歌、跳舞、讲述自己的故事、静坐——称为“疗伤药膏”。我发现这种思考疾病和治疗的方式很有启发性。如果我想象我的生活中没有创造性的表达，没有倾听我的人，没有自我反省和沉思的时刻，我知道我会感觉不舒服。

当我把这些标准应用于学校或地区的物理实体的健康时，我有了新的见解。我曾在一些学校和组织工作过，那里教职员工人际关系的毒性非常高，像油泥一样顺着墙壁往下滴，浸透了地毯。在这些有毒的机构里，孩子和教职员工经常生病，没有创造性的表达，没有故事分享或相互倾听，也没有反思。相反，在我所见过的组织最健康的学校里，教师的留任率最高，孩子们茁壮成长，墙上都是学生们的艺术作品，成年人倾听学生们的心声；我甚至看到过一天中有一段时间，整个学校都安静下来，进入了"安静时间"。

我并不是抽象地在说。如果你去加利福尼亚州里士满的一所6—12年级公立学校加州预科学院（Cal Prep）参观，你就会看到这种组织健康状态。走进校门，教职员工会热情地欢迎你，学校墙上都是艺术品。在教室里，学生们在进行批判性和创造性的对话。他们深入钻研内容，建立学科之间的联系，从而获得比大多数大学课程更深刻的见解。教师从旁协助学生学习，开展探究项目，并在其中不断完善自己的教学实践。教职员工的流动率极低，学校洋溢着幸福和快乐。

这所学校是怎么变成这样的？这要归功于谦逊而剽悍的校长哈维尔·卡布拉·沃尔特罗斯（Javier Cabra Walteros）的变革性领导。哈维尔通过给员工的学习和成长分配时间和资源，培养出了高效、协作的团队。他还尊重学生和教职员工的创造性需求，为他们提供分享故事和静坐沉思的时间，同时他也关注自己在这些方面的健康成长。在过去的几年里，加州预科学院让我坚信，我们可以改变学校，而创造力发挥着核心作用。

玩耍、艺术和创造力不是附加活动，不是业余爱好，也不是我们已经做过的事情的充数活动。它们可能会帮助我们在遭受重创后修补受伤的心灵，打开我们对世界的美丽和壮观的感知，并帮助我们打开改造学校的大门。现在就去做吧，让它们在你的生活中占据一席之地。

埃琳娜的清单

- 乱涂乱画。
- 制作愿景板。
- 速写。
- 收集石头和树枝制作雕塑。
- 给冥想涂色书上色。
- 打乒乓球。
- 放风筝。
- 唱歌。
- 主办游戏之夜。
- 举办化妆舞会。
- 缝制枕套。
- 编织围巾。
- 制作飞机模型。
- 在玻璃瓶里制作一艘船。
- 和狗玩耍。
- 为他人朗诵诗歌。
- 创新菜谱或制作传统家常菜。
- 扔飞盘。
- 拍照。
- 加入合唱团。
- 用泥巴、沙子或雪做手工。
- 玩猜字谜游戏。
- 骑自行车漫游（不设目的地）。

本章思考

- 读完本章后，你想做的第一件事是什么？
- 你如何增强自己的勇气？
- 你如何探索和拓展富有创造力的自我？

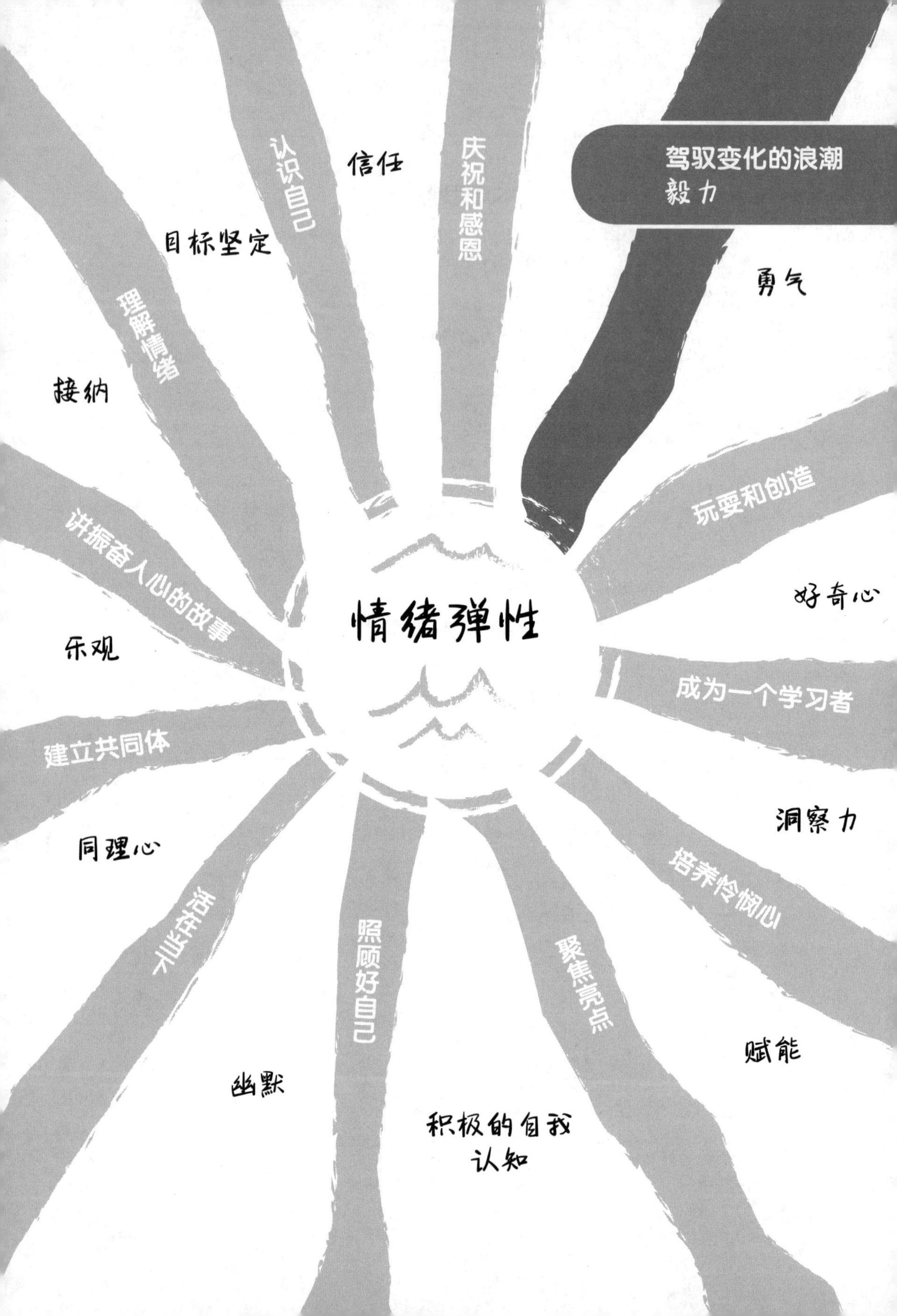
情绪弹性
驾驭变化的浪潮
毅力
勇气
玩耍和创造
好奇心
成为一个学习者
洞察力
培养怜悯心
赋能
聚焦亮点
积极的自我认知
照顾好自己
幽默
活在当下
同理心
建立共同体
乐观
讲振奋人心的故事
接纳
理解情绪
目标坚定
认识自己
信任
庆祝和感恩

第11章
驾驭变化的浪潮

我们可以指望的就是变化，当我们遇到变化时，我们可以利用我们的身体、情绪、心理和精神能量，引导它们带来最大的变化。毅力、耐心和勇气有助于我们应对变化。

4月：虽然变化是永恒的，但春季给学校带来的变化尤其大。要学会用专注、耐心、坚持和勇气来驾驭这些变化的浪潮。

任教的第一年，我在一栋没有围墙的教学楼里工作。想象一下，一个狭窄、天花板低、铺着地毯的房间，有6间教室那么长，再想象一下，6组，每组32名小学生聚集在一起。滚动橱柜把空间隔开了，但阻隔不了声音。如果说这种物理设计看起来很疯狂，不利于学习，你是对的——确实如此。

然而，在开学的第一天，我发现我和隔壁的老师之间没有一堵墙，这是多么幸运啊。珍·克拉里（Jen Clary）经验丰富、沉着冷静、有条不紊，她的一举一动我都看在眼里。我可以听她讲解一个活动，然后我再转过身来向我的孩子们重复同样的指令。我看着她分发材料、带领全班同学吃午饭、应对愤怒的家长或闹情绪的孩子，然后我会重新调整自己的方法。因为我选择了一条非传统的课堂之路，没有接受过学生教师培训，所以我与珍的近距离为我提供了宝贵的机会，可以观察一位名师，并立即将我所学到的付诸实践。

那年春天，当珍告诉我她要离开我们学校时，我慌了。在我的恐惧消退后，我意识到我或许可以在第二年循环教新学生第一年的课程（珍本来应该是他们的老师），并搬到她梦寐以求的走廊尽头的教室。我都做到了。珍的离开也让我加入了学校的科学领导小组，这为我带来了很多机会。第二年，我很想念珍，但我也很快意识到，我原本以为会很糟糕的改变却给我带来了很多好处。

我在学校工作的20年里，每年春天都经历了意想不到的变化浪潮。同事离开，敬爱的领导被解雇，学校倒闭，部门被“重组”，项目被终止，新的倡议被宣布，联邦法令被强制执行，资金枯竭，班级规模缩小，班级规模扩大，等等。在大多数情况下，经过一段时间后，我对变化的看法更加广泛，我看到了变化带来的好处。

此外，有时我也想做出改变——去一所新学校教书、教一个新的年级或担任领导职务——但事实证明这些改变都出乎意料的艰难。当我努力适应这些新环境时，我密切关注自己是如何进行调整的，我发现这些策略在我应对不希望发生的变化时同样有效。随着我发现了更多应对变化的策略，我也发现自己在学校中发起了我希望看到的变革。

我们对变化的各种体验可以看作是一个连续体，从一端的防御到另一端的领导。当我们对变化采取防卫态度时，我们专注于减轻变化对我们生活的干扰；而当我们领导变革时，我们也在招致动荡。我们知道，无论是试图应对还是领导不受欢迎的变革，情绪弹性的关键在于学会如何在凶猛的海浪击倒我们时回到水面，如何乘风破浪，甚至是如何在冲浪时找到快乐。

变化将持续下去

现在，你可能需要停下来，参考以下文字，反思一下自己对变化的感受。

思考你对变化的感受

- 用几种不同的方式完成这个句子：变化是……
- 你有哪些应对变化的方法？哪些策略对你应对变化很有帮助，哪些策略没有效果？

- 你看到别人是如何应对变化的？你想模仿他们的哪些行为？
- 回忆一下你起初抵制，但后来看到了它的好处的变化。你希望自己在最初遇到变化时知道些什么？
- 你希望自己如果看待变化？

对于我们中的许多人来说，当谈及变化时，我们的第一反应反映了我们对它的恐惧和厌恶："变化很难""变化让人不舒服"。我们希望事情保持不变，直到我们希望它们改变。当我们想要别的东西，或者我们不喜欢现有的东西，或者我们想教不同的年级、换一个国家生活、找一个配偶、生一个孩子——这时我们就在寻求改变。我们中的许多人可能也希望看到学校有更多的变化，但又觉得变化太慢。不想要的改变和我们追求的改变是有区别的。

如果事物从未改变，我们就不需要情绪弹性。情绪弹性是我们应对障碍、挑战和挫折的方式——如果我们处在一个静止的宇宙中，这些就不会存在。在我们的宇宙中，变化是永恒不变的。这是我们唯一可以指望的东西。对于教育工作者来说，变化的速度比许多其他职业都要快，这也是事实。学年的节奏，甚至一天的节奏，都蕴含着改变的机会和必要性。

变化常常会让人感觉出乎意料、不受欢迎、太快或太粗糙。它发生在我们身上。或者至少感觉是这样的，就像那些拥有更大权力的人强加给我们的东西。变化会挑战我们对事情应该是怎样的，或者我们希望事情是怎样的思维模式，这会引发情绪循环。人类喜欢控制，然而变化的核心——无论是我们想要的还是我们不想要的变化——都是我们与控制之间关系的重大转变。如果我们审视一下自己是如何理解变化的，就能扩大我们的情绪反应和行动选择。

潜力：危险与机遇

中文的"变化"一词由两个符号组成，一个代表危险，另一个代表机遇。情绪弹性来自你如何感知和适应变化——把变化看作是潜在的危险和机遇至关重要。

有情绪弹性的人接受变化是常态，并相信自己能够对生活中发生的事情施加巨大的影响。他们也承认，他们所能控制的只有自己对所发生事情的反应。有情绪弹性的人不会逆来顺受；事实上，他们对自己在任何情况下的能动性（他们的行动能力）都有敏锐的感知，他们会温和地推动扩大自己的能动性。这就模糊了不希望发生的变化和希望发生的变化之间的界限。我们将沿着变化体验的这一连续体，思考应对变化的解释和选择。

影响范围

快速列出上周你抱怨过（或想抱怨）的所有事情，无论是大事还是小事。下面是我的一部分事情：天气太冷了，我不想住在城市里，我的桌子很乱，家里很吵，一个朋友快把我逼疯了，我有一大堆工作要做，我没睡好。

现在，针对每一项内容，确定它是否在你的控制或影响范围内。如果它不属于任何一个范围内，那么它就不在你的控制范围内。图11.1直观地展示了“影响范围”这一概念。

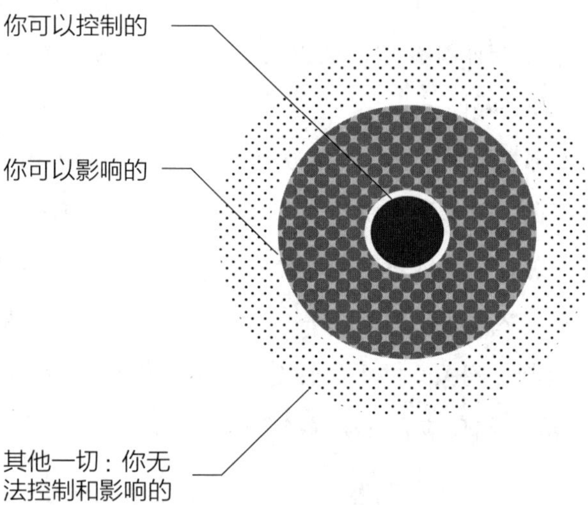

图11.1 影响范围

当你对自己的抱怨进行分类时，你注意到了什么？

在我看完我的清单后，我不得不得出结论，我可以影响我的许多抱怨，即使不是全部。天气很冷：我无法改变天气，但我可以打开暖气，穿上暖和点的衣服，等等。如果我愿意，我绝对可以改变我办公桌上一团糟的情况。如果我以此为目标，我也可以为在城市生活和嘈杂的家做些事情。认识到这一点后，我感觉自己更有力量了，尽管我也明白，如果我选择处理某些事情，就需要做出一些决定。

能量的关键

控制和影响范围的概念很简单：将我们的抱怨分为我们可以控制的、我们可以影响的及我们无法控制和影响的，这是朝着明智地使用我们的能量迈出的一步。这种分类活动所产生的清晰度可以释放大量的情绪能量，帮助我们认识到自己比想象中更有能动性。

我清楚地记得，有一年我教3年级时，我抱怨最多的是：我讨厌有硬性规定的、照本宣科的识字课程；我的校长缺乏远见；教师工资低得可怜；第一个月就给我的班级增加了两个2年级学生，这让我的班级成了一个混合班；我旁边的一位老师对他的孩子们大声吼叫，把我墙上的书架都震得嘎嘎作响；我的教室总是杂乱无章。问题是：这些抱怨中有哪些在我的控制和影响范围之内？

就拿我当时的校长来说吧。她缺乏远见（和其他领导能力），对此我无能为力。我可以在未来做出选择：我可以选择去一所由高效能领导者领导的学校任教，但在当下，我对现任校长的能力水平无能为力。因此，我可以把这一项归入“我无法控制”的范畴。同样，对于有硬性规定的课程或教师工资，我也无能为力。然而，当我思考我的抱怨清单时，一个主题出现了：我可以影响自己在这些情况下的感受。我几乎持续不断的、低水平的沮丧和不满情绪都在我的控制范围内。

当我承认并接受自己的情绪时，我开始重新审视自己的处境，这激发了我的能量去做些事情。春天，我在另一所学校找到了一份工作，那里有一位变革型的领导，没有硬性规定的课程，还有机会赚取额外的津贴。一年后，我的抱怨几乎完全变了样（除了教室仍然杂乱无章）。

关键问题

将控制和影响的范围作为一个框架，通过它来探索我们的抱怨、当前的现实以及生活中想要的和不想要的变化，有助于我们决定该怎么做。首先，这个框架告诉我们，我们无法控制一切，但我们对自己的感受和对所发生的事情的反应有很大的影响力。我们对环境的反应是唯一真正在我们控制之内的事情。

几乎所有其他事情都在你的影响范围之内。如果你愿意，你可以对教师工资产生很大影响，你可以影响联邦教育政策、课程、评估或招聘决定。你要问自己的关键问题是：我想把精力放在哪里？

当我们面对不希望发生的意外事件时，这个问题就显得尤为重要。让我们来探讨一下，这个问题在处理那些让我们想要冻结、逃离或抗争的变化的过程中的作用。

对领导者的启示

- 当你面对心烦意乱的人时，将控制和影响范围的概念牢记于心，会对你很有帮助。仔细倾听他们把注意力和精力放在哪里，这些问题是在他们的控制范围之内还是之外。指导他们意识到他们所做的关于把精力放在哪里的选择。将图11.1打印出来贴在墙上，也可以送给别人，帮助他们理解这一概念。

如何应对不希望发生的变化？

在我的生命中，曾经有一些时刻，变革的海啸席卷而来，我发现自己在说：我将如何渡过这个难关？或者我能否挺过这个难关？从某种意义上说，这些自我怀疑的话语是我讲述发生在我身上的故事的一部分。然而这个特定的思维方式是有问题的。当我们只关注生存时，我们看到的行动选择有限，我们的感知范围缩小，我们只关注基本需求。当变化来临时，如果我们转而问这些问题：这个变化会如何帮助我茁壮成长？或者（我是这样想的）我有没有办法从这个糟糕的局面中走出来，变得比以前更强大？那我们就更有可能发现更多的行动选择。

部分免责声明：我并不是建议，当发生非常非常糟糕的事情时，你应该寻找一线希望，或者简单地问问自己，这些经历将如何帮助你茁壮成长。有时会发生一些非常可怕的事情（比如，你敬爱的学校领导、你的配偶、父母或最好的朋友年纪轻轻就死于癌症），在这种时候，大哭一场、好好睡一觉是恰当的，也是正常的。在极度痛苦的时候，保持长远和大局意识，同时专注于每一天是有帮助的。

我们经历的不想要的变化有不同的粒度。在我们的一生中，大多数人都会经历许多中小型变化和一些重大变化。当你在这些变化的浪潮中乘风破浪时，考虑一下，如果你的目标是茁壮成长，而不仅仅是生存，可能会发生什么。不管是考虑你是第一年担任校长，还是适应领导层、课程安排或教学任务的变化，都要关注是否有可能变得更有情绪弹性。这是可能的。有4项原则可以帮助你应对不想要的变化，并有可能在变化后茁壮成长，这4项原则是：

- 放慢脚步。
- 评估和分析形势。
- 把精力用在最关键的地方。
- 对结果持开放态度。

放慢脚步

有一年春天的一个周一下午，中心办公室的管理人员来参加我们的员工大会，宣布我们的校长和副校长将被调到另一所学校，我们的校园将与另一所校园合并，我们都必须重新申请教职。我们都崩溃了。不到3个小时，反对改革的委员会成立了，律师和工会领导人被召集起来，教师们列出了一长串要做的事情。

玛丽是一位我钦佩和尊敬的资深教师。她总是沉着冷静、深思熟虑、幽默风趣。在她的教导下，她的学生取得了巨大的进步，而玛丽也始终如一地讲授着引人入胜、有条不紊、严谨的课程。几乎每天下午4点半，玛丽就会离开学校，去健身房、瑜伽馆或和朋友们一起去读书俱乐部。玛丽帮助创办了我们学校，所以当我们在会后交谈，她说她要明天再考虑这个问题时，我感到很惊讶；我原以为她会熬夜整理到凌晨。她说："我只是需要静下心来，想想我想做什么。"

很多人行动太快，做得太多，这是典型的恐惧反应。是的，当意外发生时，有些人也会躲在被子里否认。其他人则会攻击。因此，这是发生变化时的第一条规则：放慢脚步，这样你才能清楚地思考和评估情况。你不太可能需要立即采取行动。以下是这一阶段应该做的事情：

• 真实面对自己的感受。注意到它们。说出它们的名字。接受它们。花一点时间去探索它们，尤其是当你有强烈的感受时。

• 在采取行动或做出决定之前，给自己24—48小时的思考时间。本节的以下步骤将指导你完成这一过程。

在应对学校的变化时，放慢脚步思考一下总是一件好事。

评估和分析形势

第二天，当我在上课前去玛丽的班级时，我问她在想什么。我很羡慕她看起来休息得很好，因为我一直熬夜写信，表达我对学区决定的愤怒。"我对如何运用自己的技能应对所发生的事情有了一些更清晰的想法。"玛丽说，"我还意识到，我还有很多问题，需要更多的信息。"

我当时的表情一定很失望，因为玛丽笑着说："我肯定会努力争取的，这一点我很清楚。我只是想有目的、有策略地去做事情。这可能是一场持久战，我需要保持精力充沛。"我点点头，想起玛丽已经在我们学区教了28年书。"这不是我第一次竞技表演。"她淡淡地说道。

当变化来临时，花点时间问问自己这些问题：

• 为了更全面地了解情况，我还需要知道什么？谁能提供这些信息？

• 关于这一变化，我要说的故事是什么？别人如何看待这一变化？谁能从另一个角度来看待这一变化？

• 这种变化可能会通过哪些方式影响孩子们和我所服务的学区？

• 哪些是我可以影响的？

• 我现在可以自由选择什么？我想要什么？

- 我有哪些可用的资源？我可以利用什么来应对这种情况？
- 如果我挑战这种变化，会有什么可能？如果我坐等它过去，会发生什么？

我发现有一种策略对评估变化很有用，那就是我认为的“切换镜头”。尤其是当我感觉自己是变化的受害者时，我会想象通过3个镜头来帮助自己获得新的视角。首先，我用微距镜头观察变化，近距离观察所有元素。有时，这能帮助我看到被我忽略的积极方面。其次，我会换上长焦镜头，问自己：6个月后我会如何看待这种情况？两年后呢？最后，换成广角镜头，问自己：还有哪些因素在起作用？还有谁受到了影响？他们对这种变化有什么体验？他们是如何看待这种情况的，以及他们是如何经历这种变化的？切换镜头经常帮助我了解如何更好地应对正在发生的事情。

把精力用在最关键的地方

时间是有限的，我们的精力也是有限的。我们可以管理我们的精力，使其最大化，我们也可以补充我们的精力，但归根结底，一天的时间有限，可消耗的精力也有限。如果你这样对自己说并接受它，你会感觉更好。

此外，当你能够接受这些限制时，你的精力重心就会转移，你就可以把精力用在最关键的地方——一个有意义、能引起共鸣、富有成效并与你的核心价值观相一致的方面。如何确定什么才是最关键的地方呢？回到我们的第一个习惯——了解自己。对你来说，什么才是真正重要的？

当无关紧要的事情耗尽我们的精力时，我们就很难弄清楚什么是重要的。当我们的自尊心受到伤害，或者对某些事情过于在意时，就会产生这种困惑。我们拒绝或抵制改变，因为它感觉像是对个人的侮辱。我们反击，因为我们希望自己是对的。然而，我们必须探索介于“感觉个人化”和“真正个人化”之间的灰色地带。

我曾指导过玛吉，她是一位对学生尽心尽力的老师，深受孩子和家长的喜爱。从许多方面来看，她都是一位卓越教师。她在学校工作两年后，学校任命了一位新校长，玛吉在之前的学校与这位校长有过一段不愉快的经历。第二年3月，新校长解雇了玛吉，并让她没有资格在本学区的任何地方再次受聘。玛吉很生气。新校长根本不喜欢她，而且对效率低下的教师不闻不问，这已经不是什么秘密了。玛吉召集了同事、以前的行政工作人员、教练和家长；她争取工会的支持，与律师交谈，并参加学校董事会会议。虽然有时感觉玛吉拼命要留在这所学校有些固执，但她被解雇确实让人觉得是私人恩怨。

玛吉的情况引出了一个问题：你如何知道何时该离开？学年结束时，玛吉要选择是否继续抗争。我一遍又一遍地问她同样的问题："什么才是真正重要的？"她想保住她的工作，留在她所建立的共同体，并且至少可以选择留在校区内。一天晚上，玛吉又说："我想证明她错了，她不能那样对我。"玛吉完全有理由感到受伤，但是，在追求正义的过程中，她耗费了巨大的精力，付出了健康、人际关系和幸福的代价。

"玛吉，"我说，"我知道这感觉像是私人恩怨，但她这样做，谁知道背后有多少原因。不喜欢你只是其中之一。你现在无法控制她的想法和感受，但你可以选择把精力投入什么地方。你已经挑战了她的决定，如果你愿意，可以继续挑战。但如果你想想即将到来的学年，从万丈高空俯瞰全局，什么才是真正重要的呢？"

"我想教书。"玛吉毫不犹豫地说，"对我来说，这才是最重要的。我想教书，想再次感受到教书的快乐。自从她来了以后，我就没有感受到什么快乐了。"

"那你为什么要留在这里呢？"

"因为我能比她待得久。校长换了又换，她已经给自己惹了不少麻烦。她一年内就会离开。"

"即使她在这里再待一年，"我说，"如果你在这里，你喜欢教书的可能性有多大?"

玛吉耸了耸肩。

我继续追问。"你现在有什么选择？"玛吉又耸了耸肩。"那真正重要的是什么？"

"我想教书，"她说，"所以我也许应该开始找一份新工作了。我可以继续争取留在这个学区，但我也可以去其他地方看看。"她就是这么做的。在夏季中期，校董会决定让她到学区里的另一所学校工作，但此时，玛吉已经找到了一份非常适合她的工作，她也爱上了这份工作，遗憾的是，我们的学区失去了一位尽职尽责的教师。

我们常常不知道该把精力花在哪里。当变革来临时，我们会感到害怕，不知道什么才是"重要的"。反复问自己，什么才是真正重要的？倾听自己的回答。把它们写下来。每天问问自己。回到第一个习惯，了解自己，充分立足于自己，才能客观地看待自己的处境。

> “你是谁？”毛毛虫说……“我——我现在还不知道，先生，”爱丽丝相当害羞地回答，“至少我知道今天早上起床时我是谁，但我想从那以后我一定变了好几次。”
>
> ——刘易斯·卡罗尔

对结果持开放态度

底线是：你可以选择如何消耗你的精力。如果你决定要和变化作斗争，那就斗争吧。有意为之。将你的精力投入到最重要、最在你影响范围内的事情上，运用你最精湛的技能，确保你的行为是符合自我本性的。然后全力以赴。确保对自己进行自我检查，了解自己使用了多少精力（用全部精力去应对一个变化很少是个好主意），并检查这场斗争的成本。

在挑战不希望发生的改变的同时，你也需要做一些具有挑战性的事情：你需要找到一种对结果持开放态度的方法。这是一个悖论：带着愿景和承诺去工作，利用你的资源和精力去实现这一愿景，与此同时，要保持开放的态度，不执着于你所设想的结果。

原因如下：对结果持开放态度让我们变得灵活，适应力强。即使我们消息灵通，并与他人合作抵制了不希望发生的变化，我们仍然不可能知道一切。对各种可能性保持开放态度。如果有人提出建议或解决方案，即使不完全是你想要的，也要考虑一下。继续交谈，倾听每个人的意见。

当我的学校受到威胁时，我们团结起来，组织起来，进行抵抗。后来，有人向我们提出了一个我们从未考虑过的想法：我们的校区将与另一个校区合并；班级规模会略有扩大，但我们将拥有双倍的支持人员、更多的备课时间，以及可以与我们合作教授相同内容的其他人。我们不得不做出一些妥协，也遇到了一些小麻烦，但我们不仅消除了被取代的威胁，还得到了比威胁出现之前更好的东西。

我们难以对结果持开放态度，是因为我们必须应对我们的不确定性，并与未知共存。不确定性是恐惧的阴影，它让我们不安，让我们希望事情保持不变。本书讨论的习惯将帮助你克服这种恐惧。你还可以通过了解生活的方方面面来驾驭不确定的变化浪潮——这包括认识到有很多事情你不知道，也无法知道。持有这种观点的能力部分源于信任，这是我们将在第12章中讨论的一种性格。

当我们面对变化时，心平气和（我在第8章中讨论过）是一种非常宝贵的心理和情绪状态。它能让我们对结果持开放态度，审视现状并说："现在，事情就是这样。"即使我们不喜欢它，或者希望它有所不同。心平气和能让我们从更全面的角度看待问题。它不是要压抑感情，也不是要无动于衷或逆来顺受；它是要接受特定时刻发生的任何事情。通过培养一种平和的心态，我们对结果就不会那么执着。我们可以同时对结果持开放态度，并采取行动阻止或引导改变。

当我们在不确定的水域中航行时，我最喜欢下文描述的故事《塞翁失马》。它不仅承认应对不希望发生的变化是复杂而艰难的，而且还提醒我们要对结果持开放态度，并持有广阔的视角。读完这个故事后，你可能会发现，每当变化来临时，自己都会说"也许吧"。

《塞翁失马》

从前，有一个老农夫，他已经种了很多年的庄稼。有一天，他的马跑了。

听到这个消息后，他的邻居们纷纷前来探望。他们同情地说："真倒霉。""也许吧。"农夫回答道。

第二天早上，那匹马回来了，还带来了另外3匹野马。

"多好啊！"邻居们惊叹道。"也许吧。"老人回答道。

次日，他的儿子试图骑一匹未驯服的马，结果被甩下马，摔断了腿。

邻居们再次前来对他的不幸表示同情。农夫回答说："也许吧。"

第二天，军官们来到村里征集年轻人入伍。看到农夫儿子的腿断了，他们便略过了他。

邻居们向农夫表示祝贺，说事情发展得很好。农夫说："也许吧。"

引领变化的秘诀

如果我们能够驾驭不希望发生的变化，我们就有可能积极主动地引领使他人受益的变化。无论你是希望改变课堂文化的教师、试图引导员工进行全校变革的校长，还是希望帮助客户意识到自己无意识偏见的教练，以下建议都适用于你。让我们直奔秘诀。

应对恐惧

应对恐惧。这是最大的秘诀。许多领导者在尝试领导变革时，没有认识到、承认或管理自己或他人的恐惧。我们人类是充满恐惧的动物，而且我们没有足够的能力来应对恐惧。

在我第一次担任全职读写能力教练时，我立志要改变我所在中学的教学方式。当我参观教室时，我看到教师们坐在桌前阅读，而学生们则在默默地做语法练习；没有与学生共享的课程安排或学习成果，教师们告诉我他们不写教案；8年级学生阅读4年级的课文；课程很少与州立标准相关联。此外，当我查看学校的数据时，我发现学生在我校就读期间的读写能力持续下降。8年级学生毕业时，他们的读写能力比6年级入学时还要低。只有3%的8年级学生的阅读能力达到了年级阅读水平。

当我开始倡导学习目标、课程计划、相关课程和参与教学实践时，我遭到了反对。这让我更加努力。阻力越来越大。我变得更加坚定。你遇到过这种情况吗？很累。会遭受不必要的痛苦。最后，它并没有真正起作用；在一些教室里，教学和成果有所改善，但没有持续下去，也不是整个学校都有改善。

当时，我并没有意识到，当我建议教师们改变他们的做法时，他们有多么害怕。他们害怕做不到我要求他们做的事情，他们害怕因为自己不知道或不想做的事情而被公开曝光。他们也无意中害怕失去自己的身份。这些教师中有许多人已经花了多年的时间才成为他们现在的样子，而我却暗示他们需要放弃这种身份，成为一个全新的人——一个他们无法想象的人。这不仅让人害怕，而且我的要求中还包含了一种观念，那就是他们做得不好。

恐惧和羞耻感威胁的作用有限。有时，它们能让人遵纪守法，但它们不是可持续的，也不能带来革命性改变。恐惧和羞耻感会让我们所有人都感到精疲力竭——无论是利用这些手段的人，还是承受这些手段的人。我迫切地想要改变这所学校的一些事情，但我并没有很好地控制自己的紧迫感。剥开层层情绪的外衣，我意识到了我为学生们感到难过，我害怕我不能改善他们的经历，我对功能失调的系统和维护它的人感到愤怒，我对那些没有按照我认为的时间表采取行动的人感到不耐烦，同时我也意识到了我想要改变现状的自我和野心。领导变革的秘诀在于，在我们经历这些情绪的时候（而不是10年之后）就意识到它们，意识到其他人所经历的情绪，并制定策略来应对我们所看到的一切。

如果你内心有一个小小的独裁者（恐怕我也有），你可能会相信它能为你的实践带来一些价值。我希望我能告诉你，挥舞棍棒的紧迫感会产生效果，或者让人们负起责任是让他们做你想让他们做的事情所需要的魔法。我希望我能分享追踪工具箱、简短的反馈表格，以及因为我给了他们明确的指导而改变的教师的例子，但我做不到。我有一份清单，上面列出了20多种我曾经尝试让人们做出改变的相互作用型方法，但没有一种管用。有的时候，他们会遵从我的要求，但随后就会出现抵触、破坏，以及更多同样无效的教学。对孩子们来说，一切都没有改变。我感到精疲力竭，十分沮丧。

这些无效的策略绕开了潜在的情绪。改变的秘诀在于处理情绪（我们自己和他人的情绪），尤其是处理恐惧，因为我们中的许多人都试图快速产生结果，但没有奏效。是的，处理情绪需要时间，但别无选择。

记住改变和学习有关

在第9章中，我们探讨了在学习的不同阶段产生的感受、注意缺口的概念以及学习的必要条件。领导变革通常包括学习；为了让人们做一些不同的事情，无论你想让他们做什么，你都需要解决技能、知识、才能、意愿、文化能力和情商等问题。

当你领导变革时，“意识能力阶梯”和“注意缺口”框架将为你提供有用的指导。它们会提醒你，当人们达到有意识无能力阶段时，他们需要很多鼓励。你可以思考如何增强人们参与变革倡议的意愿和决心。你需要阐明人们将获得的技能和知识，你也需要了解他们一开始掌握的技能和知识。

如果你希望人们改变，你就是在要求他们成长。如果你要求成长，你就是在要求学习。作为这项工作的催动者或领导者，你有责任创造最佳的学习条件，并周到地指导他们完成学习。

了解逆火效应

我们常常渴望领导学校进行变革，包括让人们做一些不同的事情，从而改变他们对某些事情的信念。无论我们是否意识到，我们所有的行为都源于信念。如果我们想改变行为，我们就必须表现出、探索甚至可能改变潜在的信念。在这个过程中，我们将再次面临恐惧。

亚当是我指导过的一位新任小学校长，他对被送进办公室和停课的学生人数之多感到担忧。他希望教师采用一种管理方法，即在学生被立即赶出教室之前，他们会受到警告，并有机会回到正轨。他还希望教师采用一些策略来缓和受挫学生的情绪，“给孩子们机会”，“不要那么死板和控制欲强”。

在8月份的一次员工会议上，亚当推出了学校的新管理计划，并试图用强有力的理由说明为什么有必要这样做。他分享了幼儿园学生停学与高中生辍学率之间的相关数据。他综合了学校5年来的办公室惩戒移送数据，表明被停学的学生更有可能在州考试中表现不佳。他展示了各种图表、统计数据和大脑成像幻灯片。他引用了大学赞助的研究和世界各地的纵向研究。当我看着教师们聆听这场90分钟的演讲时，我注意到他们眉头紧皱，双臂交叉在胸前，身体微微后仰。

当亚当终于停下来问问题时，他面对的是接二连三的反对意见。一位教师声音颤抖地说：“你这是要我降低对学生的要求。”另一位教师猛地一拍桌子，补充说：“我们必须从第一天起就对他们严格要求，这样他们才能学会如何表现得体！”一位幼师站起来大声说：“当我把学生送出去时，你们应该表扬我。我是在用我们的行为准则要求他们。”这句话赢得了热烈的掌声。一位德高望重的老教师说：“我在这里教了26年书，学生家长一直很感激我的管理方式和他们在家里的管理方式一样。我们相信，对孩子严格要求，他们才能学会远离麻烦。你甚至都没有为人父母。你知道怎么养孩子吗？”在所有这些发言期间，房间里到处都是愤怒的嘟哝声。亚当平静地听着他们的反应，然后说他有很多事情要考虑一下，他们下周再继续对话。

回到办公室，亚当瘫倒在椅子上说：“刚才到底发生了什么？”我解释说，这就是所谓的“逆火效应”，是政治学家布兰登·尼汉（Brendan Nyhan）和杰森·赖夫勒（Jason Reifler）在2010年创造的一个术语。当有人和你分享的信息与你强烈坚持的信念相矛盾时，这种效应就会发生，你的恐惧就会导致你比以前更坚定地坚持自己的信念。这些信息会起反作用。让我们仔细研究一下这种现象。

当你对挑战你信念的信息感到惊讶时，你的大脑会做出反应，就好像你在森林里遇到了一只灰熊。你的肾上腺素飙升，全身准备战斗或逃跑。你的大脑无法区分身体伤害的威胁和对心理模式的威胁。那么，在亚当学校的教师们听了他的演讲后，是什么受到了威胁呢？不仅仅是他们关于课堂管理的“信念”，还有他们自己作为教育工作者的心理模式。这个“自己”包括个人身份、心理自我和政治信仰。他们没有听到亚当在挑战他们的想法或管理实践；他们听到的是对他们几十年来建立和巩固的身份的挑战。

然而，它甚至比这更大，因为一个人的政治信仰和自我意识通常与更大的社会网络相联系，与家庭、邻里、组织、宗教团体或地理区域相联系。就亚当所在的学校而言，教师们的身份彼此相连，也与他们工作的社区相连，对有些教师而言，还与他们成长的社区相连。亚当对他们管理学生的方式提出批评，是对他们的成长方式以及他们如何教育自己孩子的间接批评。我们中的许多人早已对自己的出身怀有戒心，但如果改变信仰会让我们面临与所在社区疏远的风险，我们就更不可能改变信仰了。因此，对信仰的威胁就是对我们社会自我的威胁。这就是为什么即使面对大量相互矛盾的证据，也难以改变人们的政治信仰。

情况并不像你想象的那么糟糕。要记住，领导变革的最大秘诀就是应对恐惧。当我们面对与自己信念不符的信息时，我们会本能地、无意识地保护自己的信念。当信息向我们袭来，当它让我们措手不及或被推到我们面前时，它会适得其反。如果你是一名领导者，那么就创造一种体验，让那些你试图改变他们想法的人感到舒适和安全。你不需要与他们对抗。你不需要把信息强塞给他们。

这就是研究人员的发现：我们很容易选择支持自己世界观的信息和数据，而削弱或否定与之相悖的证据。然而，如果我们不担心我们的核心身份会被粉碎，我们就可以扩展和改变我们的信念，并听取纠正信息。信念是可以改变的，即使是构成我们个人和社会自我关键部分的坚定的政治信仰。[有关这方面的更多信息，请参阅政治学家汤姆·伍德（Tom Wood）和伊桑·波特（Ethan Porter）的研究]

“我想震撼一下他们。”亚当在我们结束教练课程时坦言。“我不知道他们是否知道自己在对孩子们做什么。”他说，“但很显然，我的方法没有奏效。”

那一年，亚当花了很多工夫来修复他与教师们的关系，几年后，教师们才同意新的管理计划。

如何让人们改变想法，考虑不同的做法，这超出了本书的讨论范围，但以下是一些可以减轻恐惧、帮助改变信念的方法。

- **为教师们创造机会，让他们反思为什么要这样做**。教师们需要认识到，我们所做的一切都是因为我们拥有的资源和技能。
- **将变革的需求人性化**。邀请在校生和曾经就读的学生（及其家长）谈谈他们在学校的经历。
- **建立倾听机制**。我们都需要提高倾听他人的能力。
- **谈论情绪，尤其是恐惧，并使之正常化**。
- **共同设想新的现实**。引导人们创造另一种未来，看看对自己和孩子来说会有什么不同。

认识背景：我们何时打一场正义之战?

尼莫拉牧师起初支持阿道夫·希特勒，但后来心灰意冷，领导一群德国神职人员反对希特勒。为此，尼莫拉在集中营中度过了8年。他令人难忘的话语让人联想到政治冷漠的危险和漠不关心对其他社区造成的灾难性影响，以及我们自己可能面临的危险。

我们什么时候打一场正义之战？这个问题是一个个人问题，它植根于我们根深蒂固的价值观、道德观和对他人的责任感。我们必须选择如何花费我们的精力。有很多事情是我们无法控制的，我们对其影响微乎其微。与此同时，在某些时刻，我们也会受到道德的召唤去发声，挺身而出，做正确的事。

> 我们自己觉得，我们所做的只是沧海一粟。但是，大海会因为少了这一滴水而变小。
>
> ——特蕾莎修女

在本章中，我邀请你思考什么是重要的，考虑你能影响什么，谨慎使用你的精力，并对结果持开放态度。我建议你在向人们介绍与他们的信仰和社会身份相冲突的信息时要谨慎。但我也在倡导改变。事实上，我希望本书所介绍的策略能够提高你的情绪弹性，从而让你有更多的精力、力量和信心走出去，领导变革。当我们从生存走向蓬勃发展时，我们就能创造条件，让其他人也能在其中茁壮成长。

这些时候，我们需要反思哪些变化对我们最重要，并扪心自问，自满、沉默和恐惧的代价是什么。这些时候，我们需要审视各种来源的事实，甚至是可能威胁到我们的社会自我、使我们与自己的家庭和社区产生矛盾的事实和信息。这些时候，我们需要认识到自己的特权，并考虑如何利用这种特权来帮助那些特权较少的人。我们必须管理不确定性，学会如何维护人际关系，因为不采取行动的代价可能会太高。

深入探究耐心

我非常信任我的教练丽兹，所以当她粗暴地说："你太没耐心了。你必须在这方面下功夫，否则作为一名教师，你总是会感到沮丧。你的不耐烦是个问题。"她放下手中的笔，身体前倾，透过眼镜，目不转睛地盯着我。那一刻，我意识到了她的经验和智慧，知道她说的是实话。

我经常对变化的速度感到不满。当我对学生需要学习什么、学校应该如何运作或我的生活应该如何有一个愿景时，我希望现在就看到它的实现！我的急躁使我变得易怒；我希望对时间安排有更多的控制权。然而，当我感到不耐烦时，我无法做出头脑清醒的决定去做什么或说什么。高度的不耐烦让我永远感到不满。在这种情况下，我无法有效或有力地建立人际关系，也无法领导和激励他人。这也会让我精疲力竭，并削弱我的情绪弹性。因为我们的情绪是复杂的，我们在表面上所感受到或看到的通常只是故事的一个层面。我们有责任认识并接受表层，但我们也必须探索表层之下的层次。

作为一名教师，在我的急躁情绪之下，还有许多焦虑。我担心学生的未来。我担心他们是否能学到该学的东西。我担心自己能否教好他们。我担心他们的父母是否会认可和欣赏我所做的一切。我担心我的同事和校长是否会认为我做得很好。我担心自己做得还不够。

在我的不耐烦之下还潜藏着愤怒。有一年，我在学区的中心办公室工作时，我遇到了一位领导，他并没有按照我认为应该的方式做事。他工作得也很慢。我经常对他感到沮丧，但说实话，我更多的是感到恐惧。我担心如果我的上司没有按照我的想法去做，或者不是我所需要的那种人，我的工作就会没有成效。我担心我的努力会失败，我的时间会被浪费。

耐心是一种情绪，也是一种技能。不耐烦往往是由我们无法控制的事件引发的，我们认为这些事件应该有所不同。耐心始于我们接受自己和事情的现状。要做到这一点，我们需要勇气、冷静和信任（或者有些人称之为信念）。耐心不是被动，也不是逆来顺受；它不会阻止我们为别人对待我们的方式划定界限。耐心是一种力量。它能增强你的同情心，帮助你看清全局，明确何时采取行动。耐心是对自己的诚实——认识到自己潜在的愤怒或恐惧，然后放下你对他人的看法。耐心要求我们完全活在当下，关注当下的真实情况。它开启了我们的意识和可能性。

我努力培养耐心。保持广阔的视野，善于发现闪光点是非常有用的。练习冥想（见第5章）是非常重要的——当我的心平静下来时，我就会更有耐心。参与沉思活动也有帮助（见第12章）。耐心可以激发韧性，而韧性是有情绪弹性的人的关键特质。当对发生的事情保持开放的态度，接受事情的现状，保持长远的眼光时，我就有更多的精力坚持下去，而不会执着于想要的结果。

性格特质：毅力

我教学生涯中最辉煌的时刻是在奥克兰帮助创办了一所新学校。我们的核心价值观之一是毅力，第一年教6年级时，我努力培养学生的这种性格。春天，我们带6年级的学生去大峡谷游玩。在我们徒步回到峡谷的那天下午，维罗妮卡说："现在我知道你们为什么要讲毅力了，也知道我们为什么要读那么多遍《小火车做到了》(*The Little Engine That Could*)了！"她停下来喘了口气，她的朋友们开始高呼："我觉得我能行，我觉得我能行！"

后来维罗妮卡说："在徒步旅行中我意识到，我只需要把一只脚放在另一只脚前面，而不必在意自己满身是汗。我只是在想我最后会是什么感觉。每当我感觉双腿快要支撑不住时，我就对自己说，我能行。我不需要'去想'，只需要去做。我想起了上学时的艰苦时光，我提醒自己，我以前也做过艰苦的事情。当我到达峡谷之巅时，我感到前所未有的自豪。"

有情绪弹性的人是顽强的，完成挑战会强化这种性格。这就是为什么当变革的风暴将我们击倒，或者我们遇到我们想要攀登的高山时，我们会在攀登和恢复的过程中变得更加强大。我们会在事后茁壮成长；我们会沉浸在我们重新连接并填满的内在弹性储藏库中，因为弹性始终在我们体内，而且经常需要得到补充。

然而，为了培养毅力和韧性，你必须超越短期考虑，着眼于长期目标。你需要推迟即时满足感，控制自己的急躁情绪。你还必须超越自己的舒适区，接受不同规模的挑战，这样你才能学到东西，增强自信。在努力增强自己的韧性时，你必须把挫折看作是成长的机会。你需要一些策略，比如本书中讨论的行为和习惯，来应对前进道路上出现的障碍。最重要的是，你需要行动——采取深思熟虑、有意识的行动，不断前进，直到实现你想要的目标。

下次当你面临挑战时，为了激发你的韧性，请提醒自己什么才是最重要的，以及你为什么要这样做。承认你的恐惧，告诉自己，无论你想做什么，你都能做到。

然后把一只脚放在另一只脚前面，继续前进。

海浪也可以很有趣

我的儿子热爱大海，13岁时上了第一堂冲浪课。我看着他抓住一个又一个浪头，优雅地站在冲浪板上，乘着海浪冲向岸边。这似乎毫不费力。课程结束时，他的夏威夷教练伊恩称赞了他的技巧。“他很有天赋。”伊恩说，“他很专注，意志坚定，在水中有很好的判断力。”第三次上课时，伊恩（他曾是一名冲浪竞技选手）认为我的儿子已经准备好迎接“真正的海浪”了，于是他带着我的孩子驶入了太平洋1公里远的地方，比我们用肉眼看到的还要远。几个小时后，当他们回来时，我儿子满脸笑容。他一遍又一遍地说：“太棒了！”我追问他这次经历：浪大吗？他被撞倒了吗？他害怕吗？有没有摔倒？水深吗？有鲨鱼吗？

“很好玩，妈妈。”他说，改变了我的提问方向，“有些浪很大，我很紧张，但我相信伊恩。所以我保持冷静，集中精力，如果浪真的很大，我就从下面钻过去。然后它就会变得太平静和无聊，所以我就会冲出去打浪。当我站在冲浪板上，感受着微风和海水的冲击时，感觉棒极了。”

花时间和孩子们待在一起是件好事，因为他们会提醒我们，年龄和经验会缩小我们对事件的认知。变化并不可怕。如果我们能找到度过动荡时刻的方法，如果我们能培养对他人和不确定性的信任，如果我们能保持冷静和专注，我们就可能在驾驭变化的浪潮时体验到优雅和快乐。我们甚至会发现，当我们对自己驾驭变革浪潮的能力充满信心时，我们就会被变革所吸引，而当我们回到干涸的土地上时，我们会更加快乐，更有情绪弹性。

给毅力写一封信。你想对毅力说些什么？对于你自身所拥有的毅力，你想向它提出什么要求或者感激它什么？

以下是信的开头：毅力，当我给你写信时，我完全意识到一个悖论——我迫不及待地想要了解你。我有100个问题想要向你发问，但我不确定自己是否愿意倾听你的回答。我只是希望你能照我说的做，为我服务。因为我需要你。我需要更多的你。我怎样才能拥有更多你呢？告诉我……

本章思考

- 本章的观点是如何影响你对改变的感受的？
- 本章哪些部分对你最有用？
- 本章的观点对你的行动有什么启示？
- 你如何将这些观点应用到现在正在发生的事情中？

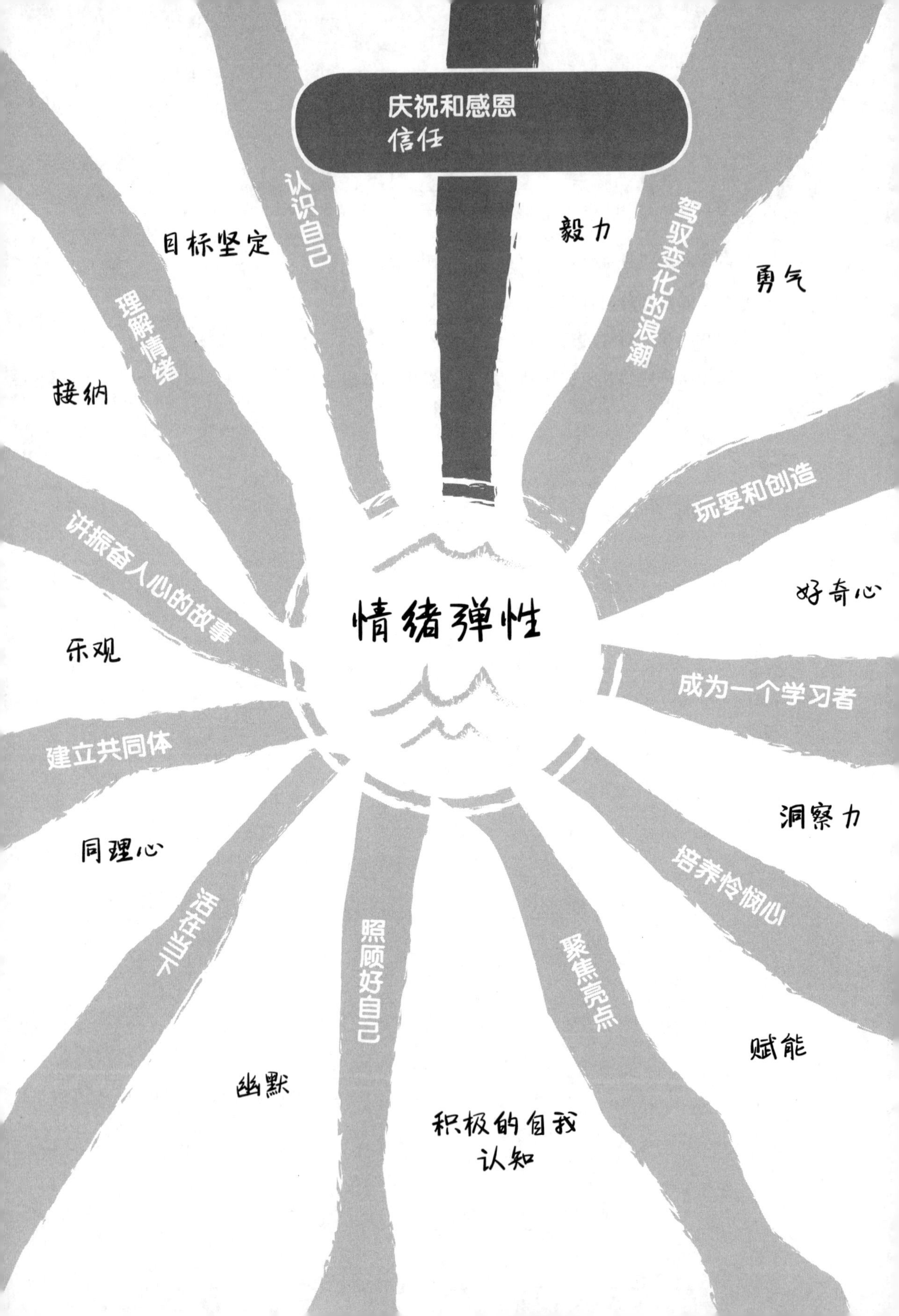

庆祝和感恩
信任
认识自己
目标坚定
毅力
驾驭变化的浪潮
勇气
理解情绪
接纳
玩耍和创造
讲振奋人心的故事
情绪弹性
好奇心
乐观
成为一个学习者
建立共同体
洞察力
同理心
培养怜悯心
活在当下
照顾好自己
聚焦亮点
赋能
幽默
积极的自我认知

第12章
庆祝和感恩

> **5月：**学年结束是值得庆祝和感恩的时刻，这为今后的情绪弹性能力奠定了基础。

个人和集体的庆祝，以及感恩的实践，是本书中最顶层的习惯。即使在艰难的时刻，如果我们能转而采取感恩的态度，我们就能建立起自己的情绪弹性。感恩能培养我们对自己、对过程、或许对更大的事情的信任，这有助于我们应对生活中不可避免的挑战。

在学校的最后一天，我们都挤在我的活动教室里——我和我的搭档教师惠子，还有我们8年级的学生。这45个孩子将是我们3年前创办的那所小型K–8学校攀越学校的第一批毕业生。我教了这些孩子3年，与他们结下了深厚的感情。

对于这次毕业，我们的心情都很复杂。这些学生的初中生活过得很充实，但对高中面临的挑战并不天真。最后一天，当我们站在我的活动教室里，他们的脸上反映出各种各样的情绪时，我们用一项活动来纪念我们共同旅程的结束。我把一团纱线抛向房间另一头张开的双手里。我说："我们将永远联系在一起。"当纱线在房间里绕来绕去时，每个学生都将纱线缠在自己的一只手上，并讲述了成为我们共同体一员的意义。"我们将永远联系在一起。"当我们看着我们组成的象征性的网时，我再次说道。

我看着我的孩子们，想着他们的奋斗，想着他们各自和一起走过的路。那一刻我知道，我与这群孩子分享的东西是独一无二的，是我可能再也不会经历的。在那个活动教室里的最后时刻太神奇了。

结束是理所当然的庆祝机会；它们是标志着过渡和成就的仪式的关键节点。我们的社会和情感自我需要机会来承认我们所做的一切，并纪念我们与他人建立的关系。庆祝活动能增强我们的情绪弹性，因为在回顾过去的过程中，我们会选择一些故事线索，将其编织成关于我们力量的叙事。我们编辑自己的记忆，选择那些与我们的核心价值观一致的，反映我们想成为什么样的人的记忆。而且，在创造我们是谁的叙事过程中，我们变得更有弹性。

在攀越学校教这些学生的3年是我教学生涯中的亮点。如果你在我教这些学生的中途问我对这段经历的感受，我不知道我会怎么说。有一些困难和令人疲惫的时刻。然而，在他们毕业那天，我开始讲述的故事是，那是我教学生涯中最美好的时光。是的，有过挣扎，但收获更大。如何讲述自己的人生故事很重要。

在面对看似难以克服的任务时，我就会依靠我那3年的故事。我还记得我在6年级遇到我的学生时他们的情况：他们的识字水平远远低于年级水平，批判性思维能力还处于萌芽阶段，他们彼此之间常常不友善。然后，我想到他们在毕业典礼上的样子，想到他们发生了多么大的变化，学到了多么多的知识，彼此之间有多么深厚的感情。促进他们成长的因素有很多——学习和成熟是两个显而易见的因素，但我也承认自己在其中所扮演的角色。我们中的许多人都可以从学习如何谦虚、何时谦虚以及如何和何时掌握成功的主动权中受益；在我的学生的毕业典礼上，我想说，我在这些孩子们所取得的积极变化中发挥了重要作用。通过诚实、谦虚地承认我们的成功，我们内心的情绪弹性储备就会建立起来。

每个季节、每个星期、每一天都有庆祝和感恩的机会。我们人类喜欢仪式和纪念变迁。我们所有的宗教传统都有庆祝日历，世俗社会也有自己的日历，我们的星球也有自己的周期，我们可以根据这些周期来庆祝。当每天结束时，夜幕降临，我们有机会感恩；当春天到来时，我们可以感恩新的开始。当我们结束每次会议、专业发展课程或课堂时，我们可以利用最后的60秒钟来感谢自己和他人的贡献。无论你在何时阅读本章，你都会找到应用这些观点的时机。如果你的情绪弹性是一口地下水井，是一个内在的力量宝库，那么庆祝活动就像一场大雨，毫不费力地装满你的储备库。

感恩的好处

说实话，我对所有关于感恩的小题大做都持怀疑态度。似乎在任何一个角落，你都能看到一本感恩日记或一篇关于感恩的文章。也许这是我的文化和家庭背景造成的，在我的文化和家庭背景中，批评性的反馈和担忧是我们的中心叙事，盖过了赞美和感激。或者，这只是我对那些在我看来是浮夸的、伪心理学的自助指令的一种普遍的、健康的怀疑态度。但是，在做了大量的研究之后，我得出结论：感恩是提高我们幸福感的一种变革性手段，所以它成了12个提高情绪弹性的习惯中的最后一个习惯。

我对感恩态度的转变背后有几个原因。首先，我喜欢了解事情的科学依据；如果有人要告诉我做某件事（比如服用营养补充剂或采取某种心态），我想知道支持这一建议的神经科学和社会科学依据。其次，我是一个学习者，只要对我有帮助，我什么都愿意尝试。这种态度让我发现了许多真理，它们丰富了我的生活，让我变得更健康、更快乐，其中之一就是学会感恩。我知道培养感恩之心很有价值，因为我亲身经历过它的积极影响。

现在就试一试。闭上眼睛，花30秒的时间想想此刻你感到感激的事情。

那是什么感觉？你注意到了什么？

让我们积累一些关于感恩的作用以及我们可以实践感恩的多种方式的知识。

感恩就像秘制酱汁。每天只需要几滴，再加上其他重要的习惯和特质，就能创造出丰富的情绪弹性。这是因为感受和表达感谢能加强社会联系，增强我们的情商和自信，并提高我们关注积极方面的能力。

在攀越学校的两年里，我有了有史以来最好的搭档。我教英语和历史，惠子教数学和科学，教同一组45名初中生。我们一起规划单元，整合我们的教学内容，为个别学生提供策略支持，并带领学生实地参观大学。我们还相互学习、相互启发；因为惠子，我成了一名更好的教师。如果这还不够的话，因为有了她的合作，教学变得更加愉快。我们在午餐或放学后的谈话提供了情感上的喘息、欢笑和联系，这是所有教师都需要的，也让我们更容易每天出现在课堂上。

在那些年里，我常常回想起我对惠子的感激之情。以前与同事的关系并不那么融洽，部分原因是在与惠子合作之前，我并不是一个容易合作的人。当我开始和惠子一起教学时，我学到了一种感恩练习，这成了我的最爱。一天结束时，你要找出3件进展顺利的事情，以及你在其中扮演的角色。在我的感恩笔记本上，我写下了如下内容："我们的咨询课上得非常好，学生们都非常投入。这是因为我和惠子在计划这个单元时，我虚心听取了她的建议和想法。"

当对惠子的感激之情涌上心头时，我会问自己：我怎么这么幸运？也许有运气的成分，当然，有时你会和某人一拍即合，但我也用了心，付出了努力。当我与惠子合作时，我比在之前的合作中更加深思熟虑、更体贴、更善于反思。感恩实践突出了我的个人成长与这种积极的伙伴关系之间的联系，这让我更加致力于管理自己不舒服的情绪，解决小冲突，保持坦诚的沟通。感恩实践帮助我看到了自己的成长和成长潜力，这推动我致力于成为一个更好的人。

研究结果证实了我的经验。当人们践行感恩时，他们的社会纽带会加强，他们会感到更多的支持，从而增强他们对应对重大挑战的能力的信心。此外，心存感激会激励我们为他人做好事。当人们得到帮助并心怀感激时，他们就会有动力去帮助那些曾经帮助过他们的人以及完全陌生的人。感恩还能让我们把注意力从自己身上转移开，帮助我们认识到自己的成功部分归功于他人的行为。这种谦逊让我们愿意帮助他人，提升自己，并回报那些帮助过我们的人。

感激之情可能会带来令人不安的感觉。当我们回想起别人给了我们多少帮助时，我们可能会觉得自己有义务回报别人，或者觉得自己一开始需要别人的帮助而感到不舒服。我们也可能会因为之前没有充分表达自己的感激之情而感到内疚。有时，这些感觉会阻碍我们感受或表达感激之情。我认为这就是生活的本质：每一种经历都包含着不同层次的情感。感恩可以让我们感到振奋和感激，这可能会激励我们回报别人对我们的好。

感恩有助于我们努力实现自己的目标，激励我们做得更好。它使我们感到与他人的联系更紧密，感到谦卑，感到对他人的责任感，从而促使我们对工作、社区、人际关系，甚至是我们原本认为不可能实现的目标投入更多。近年来，一些批评家和怀疑论者认为，感恩会滋生自我满足感和对现状的接受，会让人们满足于自己的现状，而无心追求更大的目标或帮助他人。然而，越来越多的研究得出了相反的结论：感恩是一种激励人的、给人带来活力的力量，它可以引导我们追求目标，更多地参与社会活动，并改善我们自己和我们的社区。

感恩远不是一种被动情绪，不会让我们沾沾自喜或坐视不管，对自己生活的奇迹赞叹不已。相反，它能激发我们自身的情绪弹性，当我们有情绪弹性时，我们会有更多的能量，我们就能帮助他人。

如何践行感恩？

表达感谢是我们可以养成的一种心理习惯——我们只是需要练习。试想一下，如果我们每天都能在早晨和傍晚各进行几分钟的感恩练习，如果我们的工作日程中也设置了向他人表达感激之情的系统安排，那么我们的日子将会是怎样的？想象一下，我们每天在学校里的感觉会有多么不同。

如果我们在学校环境中感觉更积极，如果我们知道在这里别人认可自己最好的一面，我们就会愿意在这里工作。这样，我们对学生和同事就会更有耐心。我们可能会更友好地交谈。我们可能会更深入地倾听对方。表达感激之情能让我们一起开展更深入、更积极的工作。

> 感恩就像手电筒。它能照亮已经存在的东西。你并不一定拥有更多或不同的东西，但突然间，你能真正看到它是什么。因为你能看到，所以你不再认为这是理所当然的。
>
> ——M. J. 瑞安

感谢他人

被人感谢的感觉很好。我猜，我们每个人都希望自己能经常得到别人的感谢，所以要多感谢别人！多这样做：感谢同事、上司、学生、学生家长、前台工作人员和管理员；注意人们每天所做的被忽视的小事，并对这些小事表示肯定。在表示感谢时，有几个小技巧：

- 要真诚。不真实的感谢会令人不安。
- 发自内心。这需要脆弱的一面，所以要认识到自己的情绪。
- 谈谈对方的行为对你的影响。例如："我很感激每次我到学校时，你都如此热情地欢迎我。来到这里让我感到很开心。"
- 将注意力集中在被感谢的人身上。把感激之情变成满足自己情感需求的一种方式，这样就失去了感激的意义。例如，这不是真正的赞赏："我想谢谢你在我不在的时候，在课间休息后把我的孩子们带进来；我当时被困在办公室里，忙着复印文件，如果这所学校能正常运转，我就不会迟到了。"真正的感谢应该是："非常感谢你在课间休息后把我的孩子们带进来。知道他们没有在外面等我，我就放心了。"

可以单独表达感谢，也可以在集体环境中表达。你可以在课堂或会议结束时表示感谢，这会让每个人都感觉良好；你也可以在会议开始时表示感谢，这可以帮助人们建立联系。

公开感谢可以很有力量——在同伴面前表达和接受感谢的感觉很棒——但也可能很棘手。当着他人的面以口头方式提出和接受感谢时，团队中的某一成员就有可能得不到感谢。这会损害整个团体的健康。此外，有些人在群体面前接受感谢时会感到非常不自在，这意味着他们无法从感谢中获益，实际上可能会感觉更糟。最后，有时人们会把感谢作为一种消极对抗的方式来给别人反馈。例如，我记得在一次大型活动后的员工会议上，几乎所有人都向所有为活动提供帮助的人表示感谢，但杰克被漏掉了。他没有得到任何感谢，这让人感觉很尴尬，而且很明显，这是员工们对杰克没有参与活动间接表达不满的一种方式。要注意公开表示感谢的方式。

通过使用不同的结构来表达感谢，你可以减轻一些潜在的挑战。这里有一些选择：

- **公开感谢**。当着全组所有人的面，请大家向自己想感谢的人表示感谢。
- **抽取名字**。每隔一段时间，从帽子中抽出一名共同体成员（团队成员或学生）的名字。然后邀请大家分享对这个人的感谢。每次见面时，再抽出一个人的名字，这样一段时间后，每个人都收到了感谢。

- **书面感谢**。邀请小组成员在便签或纸上写下感谢，然后交给被感谢人。这样可以减少公开表达和接受的机会，但仍有可能漏掉某人。如果你有一个小团队，你可以要求每个团队成员为每个成员写一封感谢信。

- **无声感谢**。为了解释这个策略，我需要介绍一下我是如何使用它的。在课堂或专业发展课程结束时，我请所有参与者闭上眼睛或将注意力向内集中。然后，我请大家首先感谢自己，然后感谢他们的共同体和学生。其次，我建议他们想一想房间里对他们的一天、一周、工作或生活做出过积极贡献的其他人，并以心灵感应的方式向那个人发出感谢的信息。我说："在你的脑海中告诉他们，你到底欣赏他们什么，他们是如何改善你的生活的。"最后，我邀请大家向不在房间里的其他人表示感谢。践行感恩的主要原因是为了我们自己的精神和情绪健康。无声的感谢就能实现这一目标。

感谢自己

多年来，教师节一直让我心情复杂。我期待着这一天的到来，希望自己能得到学生、家长和管理者的认可，希望自己付出的努力能得到相应的感谢。我常常感到失望。我从孩子们那里收到了一些有意义的卡片，百吉饼早餐也不错，但这些感谢与我在工作中付出的努力并不相匹配。

教师应该得到感谢，也需要得到感谢。诚然，学生、家长和管理者感谢教师的方式需要改进。对教师的感谢不应只是一年一次，也不应只是一顿早餐，而应采取更有意义的方式。此外，对教师的感谢应体现在重视教学的教育政策中，并应体现在教师的工资中。同时，只有自己才知道自己在教学中付出了多少。自我感谢听起来似乎没有外部感谢那么有价值，但它的好处会让你大吃一惊。以下是几种感谢自己的方法。

思考3件事

在每天或每周结束时，选择3件进展顺利的事情，并描述你在其中扮演的角色。下面是一些例子：

• 我教大家如何理解我们正在阅读的小说中的人物发展，这节课上得非常顺利，平时从不说话的米卡也非常投入。我之所以能做到这一点，是因为我花了很多时间规划这堂课，并使用了一种新的讨论结构。

• 另一位教师送来了一些我可以用在科学课上的教学用品，现在我可以真正教这个单元了。我之所以能做到这一点，是因为我发了一封电子邮件，要求提供教学用品。

• 米格尔今天很平静，也很专注。这是两周以来，我第一次不用把他送到办公室。我之所以能做到这一点，是因为我真正意识到了他会如何触发我，我用策略让自己冷静下来，并以一种能让他保持冷静的方式回应他。

这项活动可以是精神上的沉思，也许是在你躺在床上的时候，你可以这样做，但要想从中获得最大的收益，就必须写下来。当你收集证据证明你是如何让好事发生的时候，你就建立了自信。有了书面记录，就更有力量了。

定个闹钟

每天设置几次闹钟。当闹钟响起时，花点时间欣赏一下自己当时正在做的事情。你可能会惊喜地发现自己正在做一件非常有价值的事情，否则你根本不会去观察这件事。

在我的教练的催促下，我第一次采用这种做法时，我的手机闹钟响了，当时我正在和学生的祖母聊天，她担心她的孙子（8年级学生）有学习障碍。她在走廊撞见了我，当时我正在做课前准备。我经常做这样的事情，但我从未把这些时刻当作我在做一件有价值的事情——而我确实在做。当我的闹钟响起时，我迅速地、默默地接受了这一时刻，肯定了自己与这位老人家的谈话，并继续了下去。

写一封感谢信

在每天或每周结束的时候，给自己写一封感谢信。以下是我在教学特别困难的一年里写给自己的几句话："我很欣赏你今天在第一节课上没有感到沮丧。我知道他们很有挑战性，让你很头疼，但你对他们保持了冷静和耐心。"别人无法体会我管理这群学生有多难，但当我开始感谢自己时，我感觉不一样了。这些话是我希望别人对我说的，但对自己说这些话是一种宣泄。

发短信表示感谢

当你感谢自己时，如果你不得不感谢别人，那就去做吧！然后，你也可以感谢自己发送了那封快速的电子邮件或短信。我刚刚写完东西，给惠子发了条信息。我已经六七年没见过她了。给她写一个简短的便条，感觉真的很好，她感激和热情的回应也让人感觉很好。今晚，当我躺在床上回顾我的一天时，我会记住这一刻，体验另一波感激之情。

感恩会激发更多的感恩和幸福。给惠子发完信息后，我开始思考我现在生活中的合作者和伙伴。我在想，因为有了这些人，我的工作变得更好了，我的生活变得更快乐了。我认识到自己做了什么让这些关系变得有效，同时也承认运气和化学反应发挥了神秘的作用，对此我也心存感激。

教师们：你有权得到他人的感谢，你也需要感谢自己。如果你这样做了，你会感觉更好，有了这种能量，你就能更好地为自己争取应得的尊重、权利和薪资。

试试吧，现在就试试。感谢真的让人感觉很好。

放松心情，接受感谢

接受感谢可能会让人感觉尴尬。如果你觉得自己不配得到感谢，你可能会轻描淡写地说："哦，没什么大不了的，反正我也没做得那么好。"你可能会转身对他们说："但是你帮了我很多！没有你，我根本做不到。"或者你可能只是不自在地扭了扭身子。如果你的文化背景或家庭非常重视谦逊，或认为骄傲是致命的罪过，那么感谢就会更具挑战性。

权力动态也会使感谢变得复杂。校长对教师说"我很感谢你今天的辛勤工作"，比教师对校长说这句话要容易得多。有时，你收到的感谢可能会让你觉得有点居高临下，或者你想感谢某个人，但又觉得她可能会觉得你在居高临下。你有时可能会出于很多原因对感谢感到不舒服。学会控制自己的不适感，无论发生什么，你都能找到应对的方法。

通常，当我收到感谢时，我会感到很脆弱。我感觉到自己与对方的联系，并意识到不同层次的情绪：我很感激得到这种感谢，但如果将来我让这个人失望了怎么办？

如果我失去了她的感谢怎么办？我真的值得吗？她也同样帮助过我。注意到这些喋喋不休的话语在我的脑海中回响，我深吸一口气，慢慢接受对方的感激之情，然后简单地说："谢谢。"就像所有其他习惯一样，随着练习这个习惯会变得越来越容易。

下次有人感谢你的时候，只需微笑着说声谢谢。就是这样。如果有不舒服的感觉冒出来，要意识到它。保证要理解它，但不要争辩、打断或轻视它。如果有人感谢你，那就是在送你礼物。送你礼物是他/她的选择，你需要谦虚地接受它。如果把对方的礼物扔回去，然后从本质上说"我不想要"，那就太不近人情了。看看当你沉浸在感激之中时会发生什么。

对领导者的启示

- 在美国各行各业，人们辞职的首要原因是他们感觉不到被感激：根据美国劳工部的数据，64%的辞职者表示，他们辞职是因为感觉不到被感激或重视。

- 同样根据美国劳工部统计，美国有65%的人表示在职场没有得到过表扬或认可。有趣的是，研究人员怀疑，在这65%的人中，可能有很多人确实得到了表扬，但他们听不到，或者表扬的方式和语言不是他们能够接受的。受到表扬的员工工作效率更高，与同事相处更融洽，在组织中工作的时间也更长。

- 尤其是新教师，他们的成功和贡献需要得到认可，以培养他们的情绪弹性。

- 注意感谢和表扬之间的细微差别。当上级提出表扬时，根据措辞的不同，表扬可能略带居高临下的语气，也可能有家长式作风的感觉。例如，如果副校长对教师说："你按时提交考勤，做得很好。"这句话听起来就会有居高临下的感觉。与此相反，同样的情感可以通过这样的感谢声明来表达，比如："我很感谢你按时完成了考勤，这样我就可以把当天的考勤报告归档了。"

- 给予赞赏并不排除提供反馈。一定量的建设性反馈是必要的，也是

> 富有成效的。约翰·戈特曼（John Gottman）的研究建议，每一个反馈或负向强化都要有5个表扬或正向强化。提供反馈时，强调积极的一面。

也许这个故事会促使你对员工养成感谢的习惯：卡琳娜当校长两年了，她的教职员工抱怨说没有被感谢的感觉。新学年开始后，她询问每位教职员工希望得到怎样的感谢。有些人要求私下里得到肯定，有些人喜欢公开认可，还有些人希望得到书面感谢。还有一些教职员工说，巧克力能让他们体会到被感谢的感觉。

随着卡琳娜越来越有意识地感谢教职员工的行为和举止，她也为教职员工安排了感谢彼此、感谢学生和学生家长的机会。每次会议或专业发展课程结束时，都会留出几分钟的时间来表达感激之情。教师们将这一例行活动融入课堂和家长会中，让家长们互相感谢，感谢学校的教职员工，感谢自己的孩子。在年终调查中，卡琳娜94%的教职员工表示，在前一周内，学校里有人感谢过他们的工作；这比上一年有了显著的提高，是健康的教职员工文化的一个指标。此外，这一年，卡琳娜的47位教职员工中只有一位离职，这是10年来学校教职员工流失率最低的一年。尽管有很多因素导致了当年的高员工留任率，但这也是合情合理的：这所学校给人的感觉是一个人们愿意去的地方。

离开也没有关系

有时，在感谢的过程中，你会洞察到自己需要做出的改变，或者你需要放弃的工作。我致力于减少教师流失，为孩子们创造稳定的学习环境，我希望本书中的策略能帮助你管理好在学校的压力。但是，这并不意味着你应该无限期地待在一个让你痛苦的岗位上。有时，你可能想离开某个职位、学校或组织，这没有关系。离职可能与工作条件、组织文化或个人和职业环境有关。结束是新的开始，可能会引领你走上一条茁壮成长的道路。

在我教了10年书的时候，我经历了一波强烈的职业倦怠。最近，我翻到了我在攀越学校最后一年的日记：

我想辞职。我觉得自己无能为力。好像我所做的一切都不重要。影响我们孩子的系统性问题是如此巨大，让我觉得我的努力在他们的生活中只是一个微不足道的小插曲。孩子们和他们的所有需求让我筋疲力尽，这不是他们的错，只是孩子太多了。员工的洗手间通常很脏，很少有纸巾，我甚至找不到人力资源部的人坐下来和我谈谈。我讨厌的不是教学，而是这个学区的功能失调，我感觉自己做得永远不够，我厌倦了这种无望的感觉。

当我现在读这篇日记时，考虑到我对情绪弹性的了解，最让我印象深刻的是第一句和最后一句话——我想辞职，因为我觉得自己没有带来什么不同，我没有希望。我怀疑自己在这一年的大部分时间里可能都处于临床抑郁状态；我在工作中几乎找不到快乐或满足感，而我的职位所面临的实际挑战又加剧了我的抑郁情绪，因为这个职位并不符合我的优势和个性。我运用了本书中介绍的许多增加情绪弹性的习惯，其中一些帮助我厘清了思路，找到了采取行动的能量。但我仍然没有感到满足或充实。

我记得，我意识到自己正在经历的是职业倦怠，并感到恐惧和羞愧。从我开始教书起，就有人警告过我要警惕职业倦怠。人们小声地谈论着这件事，好像如果你让自己陷入其中，是一件很丢脸的事。我最担心的是，这标志着一个教育工作者的末路。我想，如果我在一所学校就感到倦怠，这是否反映了我的永久状态？我会不会在其他地方也感到倦怠、绝望和愤世嫉俗呢？

我考虑过从事其他职业，也考虑提升学历，但最终，我还是离开了攀越学校，到另一所学校担任教练。我在攀越学校接触过教练工作，我喜欢这个工作。当我指导教师时，我感到最好奇、最充实，甚至最快乐。我对这些时刻心存感激。关注亮点，注意到我什么时候感觉到我在实现自己的目标，以及培养感恩之心帮助我找到了一条克服职业倦怠的道路。离开攀越学校这个我深深关心的社区是痛苦的，但它让我找到了我认为属于自己的职业——教练的世界。

当你陷入矛盾时，践行感恩可以帮助你厘清思路。例如，你可能会认识到，尽管你爱你的学生，并且每天都对他们心存感激，但由于你所处的环境过于注重考试成绩，你无法充分发挥作为一名教师的潜能。或者，践行感恩可能会帮助你看到，你对学校同事的感激之情压倒了来自中心办公室的让你想辞职的压力要求。或者，对自己心存感激可以让你明白，你应该得到更好的待遇，你需要加入一个让你可以贡献自己独特的技能和天赋的组织。

研究职场幸福感的研究人员说，环境可能是改变你生活的最强大、最常被忽视的催化剂。如果你不快乐，你可能只需要离开你所在的地方。换一份工作。你的不快乐可能与你周围的人有关。心理学家发现，坏习惯会像病毒一样在办公室里蔓延。员工往往会模仿同事的不良行为。如果你怀疑周围的人有你不希望沾染上的坏习惯，那就离开吧。当你考虑另一份工作时，请仔细审视一下与你共事的人，因为你很有可能会变得像他们一样。但是，特别是如果你已经实施了本书中的每一个策略，并且勤奋地完成了其中一些建议的练习，但你并没有感觉到自己在应对工作中的挑战方面有了很大的进步，那么你可能需要离开了。请将此视为对你的许可。

认识背景：精神信仰

我们站在T. J. 的纪念碑前，他是一名被枪杀的17岁学生。他在这所学校很有名，也很受欢迎。我问校长是如何应对他所服务的社区最近发生的暴力事件的，他介绍说他使用了一种冥想方式。他说："没有冥想的话，我无法度过这些日子。"一位教师向我们走来，T. J. 还是个小孩子的时候她就认识他了。我拥抱了她，问她最近怎么样。"上帝自有安排，他一定想让这个天使回到他身边。"她说，眼泪顺着脸颊流了下来。

在阅读有关情绪弹性和教师的文章时，我注意到一个趋势。社会科学家在进行研究时，经常会发表这样的评论："尽管采访者没有要求……但教师和教师领导指出，他们个人的精神信仰是弹性的源泉。无论精神信仰的性质如何，是主流宗教还是形而上学信仰，这些教师都表示，在困

> 有时，我的身体里涌动着下跪的欲望，或者说，我的身体仿佛就是为下跪而生的。有时，在深怀感激之情的时刻，下跪成了一种难以抑制的冲动，我深深地低下头，双手放在面前。
>
> ——埃迪·赫尔萨姆

难的日子里，他们会向更高的力量寻求力量。”考虑到这一点，在探索我们如何应对和理解逆境时，我们必须考虑精神信仰的作用。

这个话题让我觉得不舒服。我出生在英国伦敦，10岁之前一直在英国学校上学。在英国，政教不分家，每天早上，学生们都要参加集会，唱基督教赞美诗并祈祷。可是，我的家人不是基督徒，学校里大约70%的孩子也不是基督徒；他们是印度教徒、穆斯林和锡克教徒。对我来说，这个集会每天都在提醒我，我不属于这里，我的家庭习俗和信仰是不可接受的。我认为宗教应该与世俗社会分开，我尊重每个人按照自己的意愿信奉宗教的权利，这让我对在本书中进行这样的讨论感到不安。

但是，对于我们大多数人来说，精神信仰是我们生活的核心部分。追求理解人类的意义，与更强大的力量联系，找到超越我们所能看到、听到和触摸到的东西的意义，是作为人类的标志。有时，生活中的起起落落——死亡、不公正、深不可测的美丽、惊人的巧合和幸运——都会让精神问题浮出水面。与我们当前的努力最为相关的是，精神信仰可以成为弹性的关键资源。为此，我将抛开自己的不适，尽可能深思熟虑地引导大家探索精神信仰与情绪弹性之间的联系。

精神信仰与情绪弹性之间的联系

首先，让我们来定义两个有时可以互换使用的术语。精神信仰是一种超越个体自我的对意义和神圣的探索。宗教包含一种精神探索，但它是在正式的、制度性的背景下进行的。

有些人认为自己有精神信仰，但不信教。你不必相信上帝，也能感觉到平凡的事物是神圣的。如果你觉得自己的身体是圣洁的，或者爱是永恒的，或者你的工作是一种召唤，或者你的生活是被祝福的，那你就是在给你生活的各个方面注入神圣或天赐的品质。这种神圣化可以提供动力、意义和满足感。你不必加入某个宗教机构，也能从精神生活中获益。

对信教者幸福感的研究发现，他们比不信教的人更快乐、更健康，在创伤后也恢复得更好。这可能部分归因于社会支持，以及宗教教义对悲剧所赋予的意义。宗教组织提供了一种认同感和对一个紧密团结社区的归属感，这反过来又提供了社会、情感和物质支持。人们聚集在一起参加活动，分享基本的假设和信仰以及社会价值观。信教的人比不信教的人更快乐，这一发现可能更多地与社区的益处有关，而不是与他们的精神信仰和宗教的实质有关。不过，也有研究得出结论，有精神信仰的人比没有精神信仰的人相对快乐。他们心理更健康，能更有效地应对压力，婚姻更美满，吸毒和酗酒更少，身体更健康，寿命更长。我们知道，社区的贡献对美好生活至关重要，除此之外，精神生活或宗教生活也有其价值。

对许多人来说，无论他们是精神信仰还是信教，与神有关系的感觉都会给他们带来极大的安慰；它能帮助我们构建一个关于我们的生活和存在的整体故事，而这个故事能帮助我们调解生活中的许多经历。对更高力量的信仰有助于人们感受到无条件的爱、关怀和重视。相信一个无所不能的实体可能会对具有挑战性的情况进行干预，这也提供了一种安全感。想到更高的力量会为一切事情，包括意想不到的变化和动荡赋予目的，会让人感到安心。无论人们经历的是疾病、失业、失恋还是学校剧变，他们都能感觉到有一个更广泛的神圣计划或“上帝是有理由的”，这有助于他们应对这些问题。我们渴望我们的生活有目标，我们渴望掌控自己命运的感觉——对许多人来说，精神信仰提供了这些体验。

宗教或精神信仰也能产生一些与幸福相关的积极情绪和体验，如宽恕或对更高权力的信任。宗教的习惯和实践——私人祈祷、精神追求和集体礼拜——可以带来希望、感激、爱、敬畏、同情和喜悦。无论是在神圣的日子里与唱诗班一起歌唱，还是在满月下骑着你心爱的马在旷野上奔跑，这种联系、交融的感觉以及在这个星球上比你自己更重要的东西都会激发你的情绪弹性。

当精神信仰唤起感恩之心

> 如果你一生中唯一说过的祷告就是“谢谢你”，那就足够了。
>
> ——迈斯特·埃克哈特

当我站在T. J. 的纪念碑前，强忍着泪水，我感受到感激与悲伤交织在一起。学生们在集体聚集的纪念碑前停下脚步，分享对T. J. 的回忆。他们缅怀他的幽默和善良，讲述他如何在紧张的时刻带来轻松；讲述他在幼儿园的可爱行为；讲述他是怎么照顾弟弟妹妹的。他们用心形彩纸给T. J. 写了字条，表达这些回忆："即使过去我对你不好，你也是我的好朋友""我永远不会忘记你在我妈妈生病时对我的帮助""你让我成为一个更好的人"。他们把这些字条贴在墙上，充满感谢的贴纸围绕着这位年轻人的照片，错落有致。

这次精神纪念活动的核心是对T. J. 的感谢、对我们彼此的感谢，也许也是对比我们所能看到和知道的更伟大的东西的感谢。在悲伤的同时，我不禁感受到了希望与喜悦的奇妙交织。我看到社区在聚集，而且是一个跨宗教的社区。佛教徒校长搂着一位浸信会教师站在一起；天主教学生在胸前画十字，用念珠祈祷，而一位穆斯林学生则在聊着她是多么钦佩T. J. 的辩论技巧。一位年轻女士对她的朋友说："我只是感谢上帝让我遇到了T. J. ，我会因此成为一个更好的人。"另一位教师说："我不知道为什么会发生这样的事，我不相信会带走孩子的上帝，但这确实让我觉得我需要更加感激别人，趁他们还在这里，告诉他们我现在有多爱他们。"

似乎我们渴望了解神的知识和与神建立联系的时刻，就是那些唤起我们最强烈情感的时刻——恐惧、失落、感激、爱。也许正是在遭受巨大损失的时刻，我们最强烈的感激之情才会被激活，因为我们会盘点我们不再拥有的东西，并欣赏宇宙的奥秘。

研究得出的启示

研究人员发现，那些在日常经历中寻求体验神圣感的人的情绪弹性最强。这些人通过培养一种神圣之爱的浩瀚感、培养对超越自我的力量的信念以及发展与超验者的联系，来培养敬畏感、灵感和整体感。一些参考做法被反复吹捧为最有可能对情绪弹性产生积极影响；冥想和祈祷位列其中。研究发现，专注于体验神圣存在感的冥想祈祷比人们祈求解脱或请求宽恕的祈祷更能有效提升幸福感水平。

在经常被提及的活动中，最有可能培养弹性的是沉思活动。这些活动可能包括宗教或精神活动，但也可能更加广泛。在我对情绪弹性的研究中，当我询问教育工作者如何应对困难事件和日常工作压力时，他们的回答包括以下内容：在冥想涂色书上涂色、每天傍晚看日落、拉大提琴、周末玩迷宫游戏、读诗、抚摸猫或狗。当人们谈到这些经历时，他们的思考在神圣与世俗之间来回穿梭。这些活动让他们花时间集中了精力，引发了沉思，帮助他们静下心来，给他们提供了新视角，并将他们与外界滋养他们的东西联系起来。在那些时刻，他们的情绪弹性泉涌而出。

你已经做了哪些事情来帮助你与自己的精神信仰建立联系？你还能坚持做什么？在这些活动中，你可以与他人一起做哪些活动，这样你也能收获与群体在一起的好处？从我的研究中得到的一个重要启示是，定期养成精神习惯可以增强你的精神力量，以便在你遇到困难时使用。

具有一定的辨别力

在进行这个关于宗教的讨论时，如果不承认宗教机构在某些时候和某些地方将他人非人化，剥夺他们的基本权利，那是不负责任的。这种情况一直持续到今天，在一些宗教团体中，一群人会觉得自己不属于这个群体，他们不被那个版本的神所爱，或者他们会因为自己的身份而被打入地狱。显然，这些社区不是培养情绪弹性的社区，而是严重破坏幸福和健康的社区。对于宗教传统或团体是否是力量、肯定和支持的源泉，请运用你的批判性判断。而且记住，许多人都在宗教传统之外追求健康的精神生活。

关于与同事对话

我想知道，这种关于精神信仰的对话能否或如何在世俗组织的成年人之间展开。我们能否制定一些基本规则，规定我们如何分享自己的信仰，如何倾听他人讲述自己的信仰？这必须是自愿的；我们需要给予人们拒绝的权利。还必须有技巧娴熟且高效的主持人。有了这些，我想知道这些对话听起来会是什么样子。我想知道它们会带来什么。也许我们可以从小事开始，谈谈平凡生活中的神圣之处，谈谈日常经历中的神圣时刻。

也许进行这种对话的关键在于我们的情商。即使只是想到要与他人讨论精神信仰问题，我也会感到非常不自在。但如果能改善我的生活和社区，我能克制自己的不适感吗？也许可以。也许还有机会培养社区的弹性，因为如果我们一起讨论精神信仰问题，我们遭遇挫折或失败了，也许我们可以学会如何爬起来，然后我们会变得更强大。

> 因此，难怪教学会牵动人心，打开心扉，甚至让人心碎——一个人越是热爱教学，就越是让人心碎。教书的勇气，就是在心被要求容纳更多的时候，保持心扉敞开的勇气。
>
> ——帕克·帕尔默

对敬畏与惊奇的探究

我已经说过好几次了，如果我们能更多地谈论情绪，我们的学校对所有人来说都将是更健康、更快乐的地方。在这本书中，我一直在鼓励你们反思自己的悲伤、恐惧、羞愧和愤怒经历，以及爱和快乐等积极情绪。也许，如果我们能更多地探索和谈论积极情绪，而不是专注于那些具有挑战性的情绪，我们都会成为更健康、更快乐的人。我最后要深入探究的情绪状态，是敬畏和惊奇。这些状态可能源于感恩的体验，也可能引导我们去感恩。无论如何，它们本身都是值得尊敬的情绪体验。

平凡的生活中充满了让人敬畏和惊奇的时刻。我曾在聆听音乐、观赏闪电风暴以及第一次种出西红柿时感到敬畏。我也曾在一顿美味的晚餐中体验到敬畏。我和几只和我一起生活的猫和狗的关系也非常好。当我看着我的孩子时，我多次感到敬畏和惊奇，单是他的存在就让我惊叹不已。

在庆祝活动中，我也经历过敬畏和惊奇，以及强烈的感激和喜悦。有一年，我在3年级教过的一个学生邀请我参加她的高中毕业典礼。从我开始教书的那一刻起，我总是对我的学生说："如果你邀请我，我会去参加你的高中毕业典礼。"当我去参加玛丽露的毕业典礼时，没想到她班上有很多我第一年教过的学生。当这些年轻的男男女女走过舞台，用伤感的话语讲述他们在学校的经历时，我的脑海中充满了关于他们七八岁时的回忆。

然后，埃索穿过舞台，我的眼泪流了下来。我认识他的时候，他因留级一年还在上2年级，那时快到他9岁生日了。虽然我是新手教师，但我知道有些地方不对劲。他把字母颠倒了，连自己的名字都拼不出来，但他是个天才艺术家。他是一个可爱、善良、温柔的孩子，深受同龄人的喜爱。我花了几个月的时间与他的母亲沟通，希望让埃索接受学习差异测试，但她坚决拒绝了。她告诉我，她丈夫小时候在墨西哥农村曾被贴上“智力低下”的标签，遭到老师的排斥和身体虐待。我向她解释了我们学校的程序，并带她去见了资源老师。我答应在埃索接受测试的整个过程中都陪在他身边，并邀请她观看测试过程。我帮她联系了其他孩子接受了服务的母亲，她们打消了她的顾虑。最后，她同意我们对埃索进行测试。结果显示，他有严重的学习障碍，在大多数方面都处于学前水平。在他读小学期间，我们尽心尽力去帮助他，但当他升入一所又大又乱的中学时，我还是很担心他。

在高中毕业典礼上，埃索发表了简短的演讲，感谢他的父母和老师，眼泪一直在眼眶里打转。他谈到了自己在学习上的挣扎和对艺术的热情——他要去一所艺术学院上大学了。他还是我10年前遇到的那个可爱的男孩，我对宇宙所安排的一切产生了强烈的感激和惊叹。当我回忆起第一年教学的艰辛、疲惫和不安全感时，我觉得看到埃索毕业，一切都值了。

当你想到敬畏和惊奇时，你会想到什么？花一点时间来探索一两段记忆。如果你愿意，请闭上眼睛，重新体验一次。回忆起那些时光是什么感觉？我的预测是感觉很好。记住，让你感觉良好的事情，包括回忆，都会增强你的情绪弹性。

性格特质：信任

在庆祝的同时，也要进行反思；回顾一段旅程，识别其中的高峰和低谷。你看到自己一路蹒跚，汗水顺着脸庞流下，模糊了你的视线；你看到你的小腿肌肉在增强。你记得自己在想，我不知道自己能不能爬上这座山，然后你发现自己做到了。你回想起那些感觉胜利的时刻——回想的过程让你变得更强大。

我以为自己熬不过第一年的教学工作。

我没想到我能在学生的葬礼上坚持下来。

我不知道我怎么能一边教书一边生孩子。

我无法想象第二年还要回到那所有毒的学校。

我不知道该如何面对部门重组。

我以为我永远也写不完这本书。

当你反思时，你会发现你做到了。你做到了。你看到了各种因素在其中发挥的作用，看到了他人帮助你的方式，你认识到了自己为成功所做的一切。有了这些，你的信心就增强了。你可以做困难的事情。

我花了很长时间才学会这最后一课：相信过程，相信自己，也许相信更大（更远）和不可知的东西。很多次，我面对挑战时都在想：我不知道自己能不能做到。这给我上了一课，让我学会了耐心，学会了暂缓做出判断，学会了对结果持开放态度。我也增强了自我接纳的能力，不再对自己太苛刻了。

相信过程——它总是有效的，这是我在写作、指导、领导团队和促进专业发展方面的口头禅。我之所以这么自信，是因为我看到了支持它的证据。这不是天真，也不是逃避对自己行为负责的方式；这是久经考验的，是学会如何庆祝和感恩的结果。如果没有回顾、反思和富有同情心的评估，我就没有理由相信过程。

庆祝可以培养一种信任感，让人相信有更伟大、更强大的东西存在。也许那个更伟大、更强大的东西仅仅是时间的流逝；也许是别的什么东西。当我学会如何反思、庆祝、欣赏并感谢自己和他人的努力时，我的信任感也呈指数级增长。

我把情绪弹性强的人的这一最终性格特质称为“信任”。当我阅读研究报告，当我反思自己的经历，当我与朋友和同事交谈时，这一特质清晰而不可否认地显现出来。有弹性的人信任自己，也信任过程。但是，人们对这种特质的谈论是间接的、模糊的——也许是因为它接近于精神领域，用语言来描述这种状态是远远不够的。我所说的信任也许更适合称为信仰。我对使用一个与宗教密切相关的词有点担心，所以我用“信任”。我邀请你选择一个能引起你共鸣的词来描述这种性格特质。

以下是我如何调用这种性格特质的方法。当我感到最脆弱、最易受伤害或对自己的能力最不确定时，当我不得不冒险或我已经选择了冒险但又忐忑不安时，我就会启动这种特质。我告诉自己，要相信过程。焦虑就像我已经长大的皮肤一样剥落了，我感觉更像我自己，但也更像别的什么东西。我觉得不那么孤单了，因为我知道我只能做我正在做的事情。我只能提供我能提供的一切，我也知道有更多的因素在起作用，而不是我所能看到或控制的。我放手了。我付出我所能付出的。然后，我感谢自己，从而建立起更多的信任并具备更强的情绪弹性。

> 如果一个人在唱歌，而且无法提高他的嗓音，而另一个人来和他一起唱，那个人的嗓音可以提高，那么第一个人也能提高他的嗓音。这就是灵魂之间联系的秘密。
>
> ——哈西迪犹太教谚语

地下河

庆祝活动可以打开敬畏、惊奇和感激之情的闸门，可以培养信任、希望和乐观主义，可以让我们社区的联系之网显现出来。通过运用本书中的其他习惯，如照顾好自己、活在当下、建立共同体以及聚焦亮点，我们会发现比想象中更多值得庆祝的事情。庆祝活动可以是盛大的，比如毕业典礼或学生学习成果展。庆祝活动也可以是微不足道的，比如在会议结束时的致谢。庆祝和感谢——集体的和私人的，盛大的和微不足道的——开启了我们情绪弹性的地下河，填满了我们个人和社区的水库。

本章思考

- 本章如何影响或改变了你对庆祝和感恩的想法和感受？
- 在本章提出的各种想法和做法中，你有兴趣进一步探讨哪些？
- 你的精神信仰、敬畏感和惊奇感以及信任能力对你的情绪弹性有什么作用？

结 语
向自由迈进

我希望你在阅读本书的过程中，能够发现自己内在的情绪弹性。我希望你已经认识到自己已经拥有的应对逆境的技能，以及管理压力、防止倦怠和从挑战中恢复过来的新方法。

我还希望，在你们走过这段旅程的过程中，你们已经意识到情绪弹性在改变我们的学校和世界方面可以发挥更大的作用。情绪弹性是我们自身茁壮成长的关键，因此也是我们帮助他人茁壮成长的关键。

有情绪弹性的人目标明确。他们在每一刻都能找到意义，并运用一切可用的力量和能动性，包括选择自己态度的力量。能动性和受害者身份之间只有一线之隔：我们可能会觉得自己只能在一定程度上影响某种情况，然后就会觉得自己是受害者。自由就在能动性和受害者身份之间，在那里我们可以认识到我们的力量，也能认识到我们所处的更大的力量环境。我们能认识到自己的力量在哪里终止。

维克多·弗兰克尔（Viktor Frankl）的著作《活出生命的意义》（*Man's Search for Meaning*）为我们提供了在恶劣环境中坚韧不拔的深刻教训，作为大屠杀的幸存者，弗兰克尔是这方面的权威。在《活出生命的意义》一书中，他写道，生活的每一刻都有意义。即使在痛苦和死亡中，生命的意义也从未停止：

> 我们这些在集中营生活过的人都记得那些穿过棚屋安慰别人、把最后一片面包分给别人的人。他们的人数也许不多，但他们充分证明，人的一

> 切都可以被剥夺，只有一样东西除外：人类最后的自由——在任何特定环境中选择自己的态度，选择自己的方式的自由。

这是最深层次的自由，是在纳粹死亡集中营中难以想象的自由。这种自由是宽恕和同情的源泉，是纳尔逊·曼德拉在南非种族隔离时期的监禁回忆录中所写的那种自由。

长期以来，我一直对那些在忍受难以想象的恐怖的同时仍能找到这种自由的人着迷。在我感到无能为力的许多微小时刻，它都作为遥远背景，帮助我获得视角和清晰的思路。这种宏观背景帮助我在日常挫折的冲击中记住自己的力量。

我提前一小时到达学校，为一天的工作做准备。我很有条理，一切准备就绪，然后我冲到办公室准备复印几份“现在就做行动表”。复印机坏了。我暗自咒骂。我气喘吁吁。我责怪别人——我肯定这是别人的错。我睡得很好；我冥想过，感觉很平静。现在，所有的平静都悄然离去，接下来的一天时间都被阴影笼罩。

这时，内心有个声音响起：你可以选择。此时此刻，你可以选择如何应对这一事件。这是你的自由。

然后我稍微有点责怪自己。我猛然意识到，这只是一台复印机，而不是把我和母亲分开的纳粹分子。我可以修改“现在就做行动表”。我能随机应变，我的情绪弹性储备充足，我一直很注意这些。这件事不用耽误我一整天的时间。在我的立场、态度和情绪的转变中，我获得了自由。我打开了那扇门。

在掸去膝盖上的灰尘之后——那台坏掉的复印机让我停了一会儿——我可以回到我的目标，那就是为孩子们服务。我的情绪弹性让我能够做到最好：我不会被每天出现在我人生道路上的各种挑战所击倒。这些挑战永远存在！我可以绕过它们、越过它们、躲过它们、穿过它们。有时，它们会绊倒我，但我恢复得比以往更快。

我的情绪弹性远不止于应对日常工作和生活中的逆境：我的情绪弹性使我能够发掘自己的潜力、独特的技能和能力，并将它们贡献给世界。在这样做的过程中，我茁壮成长。在这样做的过程中，我找到了快乐和意义。在这样做的过程中，我把自己的快乐和潜力化为一种奉献，帮助别人找到他们的快乐和潜力。

这就是我们培养情绪弹性的原因：这样，我们才能茁壮成长，并帮助他人茁壮成长和释放自由。我们的目标是心灵的自由、精神的自由，无论是对于作为个体的我们，还是我们的社区，都是如此。我们的快乐和自由与地球上其他生物的快乐和自由紧密相连。我们的生存息息相关。我每天通过数十种行为和习惯来培养自己的情绪弹性，我也通过强化我的性格来培养我的韧性，这样我就能每天都体验到快乐和平静，这样我就能帮助他人找到他们的自由。

我们每个人都可以做很多事情来提高我们的情绪弹性并管理压力。领导者可以（也必须）做很多事情，为教育工作者的茁壮成长创造条件。即使是情绪弹性能力最强的教育工作者，也不会留在一个有毒的、功能失调的学校或学区。这本书并不是要放在疲惫不堪、压力重重的教师的案头上，暗示只要能端正态度，只要能睡个好觉，只要能提高抗压能力，所有问题都会迎刃而解。

我想提醒你的是，当你培养了你的个人情绪弹性时，你就会有更多的体力、情感、认知和精神能量去挑战不公正和不平等。我们可以同时做到这两点。我们将有能力打一场漂亮仗——选出为公共教育提供资金的官员，组织起来反对非人化教育工作者的政策，反击将教师变成机器人的惩罚性评估做法和照本宣科的课程。我们将精力充沛地领导和参与探讨学校公平问题的专业发展课程，为我们审视自身偏见留出空间。当我们培养个人的情绪弹性能力时，我们将有精力建立专业发展共同体，在这个共同体中我们可以冒险、脆弱、看着学生一起学习、挑战彼此的思维，并就种族、阶级、性别、特权等敏感问题展开深入对话。

我们也有责任研究我们生活和工作的宏观政治和经济环境，并对其采取行动——除非我们改变这种环境，否则它将严重损害我们的情绪弹性。这些宏观环境不利于留住有情绪弹性、有成效的教育工作者。资金结构必须调整，这样教师就不用自掏腰包为学生购买教学用品，他们就能负担得起住房，也能在有需要时请育儿假。我们需要讨论政府开支、税收结构、我们选举谁担任政治职务、谁投票以及谁的投票权正在被剥夺等问题。我们需要进行这些对话，也需要就我们个人对压力的态度和反应进行对话。它们是相互联系的。切断这些联系就等于割断了我们这个共同的、相互联系的身体的跟腱。

这些努力会耗费精力，有些将是漫长的战斗。我们需要巨大的情绪弹性储备，来创造我们许多人所渴望的公正和公平的社会。我们每个人都有责任发现蕴藏在我们体内的“情绪弹性之泉”，并以爱的方式加以补充。

让我们把培养个人和集体的情绪弹性作为一场社会、政治和文化运动来开展吧。几个世纪以来，我们的社会一直被个人主义和贪婪的思想所支配。情感被病态化、被压制、被摒弃、被降级到妇女和儿童的领域，因此被视为不那么重要、不那么有价值、不那么值得信赖。理性的、分析性的头脑被提升为至高无上的主宰，我们的身体和心灵则是次要的、从属的。但我们的情感，无论受到怎样的诋毁，都拒绝被压抑。它们有时会以混乱的方式喷涌而出，并一直是力量的源泉。我们的身体也被要求服从于我们的思想，忽视它们对休息和营养的需求。但是，我们中的许多人已经意识到，把自己逼到身体生病的地步是不可持续的。

我们坚持相互之间以及与我们的学生一起体验、探索、表达和讨论情感的愿望，就是在主张一项人权，因为人是有情感的。我们坚持关爱自己的身体——我们白天有时间上厕所，有时间吃午餐，我们的孩子有课间休息时间，有干净的饮用水——我们就是在主张身体健康甚至快乐的权利，这也是我们的人权。个人的就是政治的，培养情绪弹性就是采取政治行动。

各种运动都有自己的宣言，宗旨和价值观宣言以及行动原则。我在导论最后提出了“情绪弹性宣言”，希望它能让我们团结起来，改变我们的学校和我们的世界。

我在写这篇结语的时候，正处于我一生中政治上最脆弱、最动荡、最可怕的时期。我需要每天努力，才能逃脱威胁着要把我吞噬的恐惧和愤怒的沼泽。我发现自己比以往任何时候都更频繁地使用增强情绪弹性的策略。让我感到恐惧的事情包括公然的白人至上主义和民族主义的抬头、气候变化以及可能已经崩溃到无法修复的美国政治体制。我从未感到如此迫切地需要保护地球，保护我的非裔美国人儿子的未来，保护许多人在美国享有的公民自由，以及保护这个国家赖以建立的光荣的民主理想。我们的公立学校面临着持续的威胁，因为交易型领导席卷了我们的教育系统，强制规定了教师的教学方式和教学内容，削弱了教师了解孩子并根据孩子当时的需要做出决定的能力。富人和穷人之间的经济鸿沟从未如此巨大。为公立学校争取资金就像一场每天都在进行的战斗。

然而，我别无选择，只能继续前进。

我会把我的故事像斗篷一样披在肩上，感受我血管里流淌的坚韧；我会每天加强对自己和他人的同情；我会休息、跳舞、吃美味营养的食物。我会说出并尊重自己的感受：你好，恐惧。你好，愤怒。我会接受它们，知道它们会不时到访，但它们不会在我的生命中长期停留。我会拉近与支持我的社区的距离，我会专注当下，在这个奇迹般的当下，沐浴着清晨阳光洒在我皮肤上的温暖，享受着敏锐的幽默感。我将在我的内心沼泽地——我的情绪弹性储备——中漂浮，然后我将继续前进。

我知道我并不孤单。我希望能在这段旅途中见到你们，我们手牵手，互相激励，一起分享面包，讲述爱、悲伤、治愈和情绪弹性的故事。另外，我喜欢棋盘游戏和音乐，还喜欢在沙滩上堆水滴城堡，所以我们也一起开心地玩吧。

前进，不断前进。

附录 A

有情绪弹性的教育工作者的习惯和性格特质：自我评估

有情绪弹性的教育工作者会有效地、经常性地养成12种习惯，表现出12种性格特质。评估一下自己养成这些习惯和性格特质的频率和强烈程度。

表A.1　有情绪弹性的教育工作者的习惯自我评估

习惯	描述	用1—5分制给这种习惯的强烈程度打分
认识自己	我知道自己的价值观、性格类型、技能和能力倾向以及社会身份，也知道它们会如何影响我作为一名教育工作者的工作。我利用这种认识来做出决定和应对障碍。	
理解情绪	我认识并理解自己的情绪，并有应对策略。我认识并理解他人的情绪，并有应对策略。	
讲振奋人心的故事	我意识到自己解读事件的方式，并对这些解读做出选择。	
建立共同体	我知道如何建立强大而健康的共同体，在其中我感觉得到了滋养。我有一个支持我的共同体。	
活在当下	我使用各种策略来应对担忧和遗憾，让自己保持当下的状态，从而做出头脑清醒的决定。	
照顾好自己	我重视并优先考虑自己身体的自我关怀，知道如何满足身体的需要，这样身体就能保持健康。	
聚焦亮点	我把自己的意识和注意力集中在优势、资产和进展顺利的事情上。当我面临挑战时，我发现亮点的能力会帮助我做出回应。	

（续表）

习惯	描述	用1—5分制给这种习惯的强烈程度打分
培养怜悯心	我对自己和他人都有怜悯心；我可以随时随地启动对自己和他人的怜悯心。	
成为一个学习者	我经常保持学习者的心态，将挑战看作是学习的机会。我知道如何引导和指导自己的学习，从而提高自己的技能或技艺。	
玩耍和创造	我知道玩耍、创作和欣赏艺术能帮助我应对挑战和压力，我也会参与这些活动。	
驾驭变化的浪潮	我有应对变化的策略，并用它们来管理或领导变化。	
庆祝和感恩	我明白感恩和庆祝对于提高我的弹性的作用，我也会参与感恩实践。	

做完这次自我评估后，有什么让你感到惊讶的地方吗？

这一自我评估对你如何阅读本书有何启示？

你最希望在哪个习惯上有所进步？

有情绪弹性的教育工作者会表现出这12种性格特质。评估一下这些性格特质在你身上的强烈程度。

表A.2 有情绪弹性的教育工作者的性格特质自我评估

性格特质	描述	用1—5分制给这种性格特质的强烈程度打分
目标坚定	我知道我在做什么，也知道我为什么这么做。这种方向感指引我做出决定，迎接挑战。	
接纳	我没有听天由命，但我能认识到在某种情况下我能改变什么，不能改变什么，我也能接受这一点。	
乐观	我知道，面对逆境，我可以增强乐观精神，保持积极的心态，而不否认当前的现实。我把眼光放长远，接受生活有起有落的事实，并寻找挑战的根源。	
同理心	我能设身处地为他人着想，感受他们的痛苦。	
幽默	我可以用幽默来缓解困难的时刻，帮助我置身当下，探索困难的情绪，并与他人建立联系。	
积极的自我认知	我珍视自己。我有很强的自尊心。我自信。我接受现在的自己。我不过分挑剔自己，不追求完美，我会原谅自己的错误，并为自己的选择和行为负责。	
赋能	我相信自己能够影响周围的环境和事件的结果，这有助于增强我的自信心和能力。	
洞察力	我可以从许多不同的角度看待事件，这种洞察力有助于我有效地应对各种情况和情绪。	
好奇心	我乐于接受新想法，我质疑自己的假设，我把障碍和挑战视为成长的机会，我对很多事情都有很多疑问。	
勇气	我不怕尝试新事物、犯错误或冒险。我能发现自己的勇气储备，并在需要时加以利用。	
毅力	在应对挑战时，我有顽强的毅力。为了长期的成功，我可以放弃短期的关注和满足。	
信任	我相信自己，也相信自己以外的更大的东西：时间的流逝、一个过程，或者可能是一些精神上的东西。	

做完这次自我评估后，有什么让你感到惊讶的吗？

这一自我评估对你如何阅读本书有何启示？

你最希望在哪种性格特质上有所进步？

附录 B
如何做出持久的改变

本附录中的信息将帮助你实施本书中的所有策略。你可以将其作为参考和指南。

想想你想要做出的行为上的改变。你有什么想法和感受？当我想象自己想要做出的改变时，我常常会经历一波自我怀疑。我的想法是：我做不到……我会失败……而我也注意到了我的渴望：如果我能做到，那该有多好……我真的很想……

要想做出持久的改变，就需要养成新习惯。习惯是根深蒂固的行为，我们不必再刻意为之。如果我们起床后就能静心冥想，而不用进行心理斗争，挣扎着坐在枕头上，那岂不是一种解脱？或者，如果我们能在前一天下午就准备好上课用的材料，而不是在当天早上手忙脚乱呢？

我们大多数人的行为改变都是错误的。但是，有些人花了几十年时间研究如何有效地做出改变。他们分享的结论并不复杂，而且他们的研究成果很有效。以下是基于心理学家、经济学家、神经科学家和社会学家研究得出的关于改变的15条经验，可以用它们来指导你的行为改变和习惯养成。

1. 以终为始。首先设想自己已经做出了改变。如果你想成为一位有条理的教师，想象自己在教室里做着一个有条理的教师会做的事情。也许你想与同事多交流，想象自己在走廊上与他们交谈。想开始跑步吗？闭上眼睛，想象自己在山间小径或跑步机上跑步。无论你想做什么，都要把它生动地描绘出来，并关注你在想象中的感受。沉浸在这些感觉中。

我们被教导要制定目标，但我们中的许多人并没有被目标所激励，或者在努力实现目标的过程中很快就气馁了。想象自己正在养成你想要养成的习惯，你就会朝着目标前进。

2. 逆向规划。为了养成一个新习惯，你可能需要做什么或学习什么？你可能需要找一本书，或者找一个已经养成了这个习惯的人来观察一下。在这一步中，你要缩小需要养成的具体行为的范围。

3. 做一些小的调整。很少有人能一下子就成功做出重大行为转变。可持续的新习惯是随着时间的推移慢慢养成的。《瞬变》(*Switch*)一书的作者敦促我们缩小改变的范围。如果你渴望养成的习惯看起来是非常重大的，那么如果不缩小改变的范围，你很可能会感到沮丧。缩小你正在进行的改变，让它小到你几乎可以保证做到。这样的成就会让你有足够的热情和信心去做下一个小调整。这样，你就能一步一步地规划出自己的成功。

举个例子：如果你想从饮食中减少糖的摄入量，那就从戒掉汽水开始，在工作日不要喝汽水，或者将量限制在目前的一半。缩小改变，直到不需要极大的意志力就能做到。在你坚持这种新行为一段时间后，再实施新的调整。注意：这个经验适用于应对行为，而不适用于成瘾或其他危险或不健康的情况。

小目标是最好的。设定一个一个的小目标。当你完成这些目标时，你会感到快乐，并有动力去设定另一个小目标。我们被洗脑了，认为我们必须要有远大的目标，如果我们不对自己设定高预期，我们就没有雄心壮志。这种谬论削弱了我们持续改变行为的能力。我们设定了巨大的目标，很快就会感到士气低落，然后放弃。我们的大脑喜欢频繁的奖励，所以要想得小一点——小得微不足道。

4. 激发情绪。情绪是我们做事的动力，在改变行为时，最有用的情绪是积极的情绪——希望、乐观、兴奋、喜悦和激情。通过探索你做出改变的动机，点燃这些情绪。你为什么想要改变？你的生活会有什么不同？你会有什么感觉？你的行为改变和新习惯会如何影响他人？

5. 监控自己的心态。你相信自己可以改变吗？奋斗和失败是学习的一部分。保持成长的心态，你会在前进的道路上磕磕绊绊，所以不要气馁。同时，寻找你正在改变的迹象。当你训练自己的思维去意识到和关注这些变化时，你就会获得克服困难和挫折的信心，你也会获得应对挑战的洞察力。

6. 激活自主性。思考“想要”或“达到”而不是“不得不”或“应该”。告诉自己，我想去散散步，而不是我应该去散散步；或者我想批改这些文章，看看我的学生们做得怎么样，而不是我不得不读50篇文章。制定“想要”的目标，而不是“不得不”的目标。“不得不”的目标通常是外部强加的，或者来自你自己的责任感或避免羞愧的愿望。你可以因为恐惧、羞愧或对自己外表的焦虑而选择吃得更健康，也可以因为想要感觉良好、更享受生活而选择吃得更健康。

“不得不”的动机可以让你在一段时间内做出积极的改变，但意志力和决心是有限度的。“不得不”的动机会加剧诱惑，因为它会让你感到空虚匮乏，从而削弱你的自控力。你可以这样想：我想关掉电视早点睡觉，因为我要5点半起床，早点睡觉我就能休息好了。

7. 确定选择点。通过确定一个“选择点”，你可以为养成良好的习惯做好准备。如果你想有一个平静的起床习惯，但不想一睁开眼睛就拿起手机看电子邮件，那么选择点就是把手机放在另一个房间。新习惯是围绕着几十个微小的选择点建立起来的，我们可以在日常生活中设置这些选择点，让我们朝着自己想要的方向前进。通过确定这些选择点，你可以创造帮助你成功的条件。

选择点可以建立一个鼓励和支持你想要的改变的环境。如果你想每天早上第一件事就是锻炼，那就把鞋子和运动服放在床边触手可及的地方。如果你知道每次写教案时都会被网络吸引，那就关掉无线网络。通过确定选择点，你还可以创建行动触发器，如检查清单、例行程序和其他具体、可见和有意创建的触发器，从而促使新的行为。确定选择点有助于我们让改变和新习惯成为必然。

8. 建立一个惯例。你想要采取的新行为何时发生？在哪里发生？如何开始？如何结束？我们的大脑喜欢重复和常规。无论是冥想、写日记还是画画，如果你每天都在同一时间、同一地点养成这种习惯，你会从中获得更多，而且这种习惯也更容易维持下去。

9. 让它变得简单。越简单越好。《快乐优势》（*The Happiness Advantage*）一书的作者肖恩·阿克尔（Shawn Achor）建议使用“20秒法则”。如果你能让你想要养成的积极习惯的开始时间缩短3—20秒，那么你养成这种习惯的可能性就会大大提高。试着每天下午给学生的父母打一个积极的电话？让学生把他/她父母的电话号码存到你的手机上，这样你只需拨号即可。

10. 附带行为。通过在现有习惯上附加新的行为。想开始每天服用维生素吗？找出已经存在的习惯，比如吃早餐，然后将服用维生素的习惯加入其中。当你的大脑学会将这两种行为联系起来时，新的行为就会在不知不觉中融入其中。把一个新习惯看作是对你已经习惯做的事情的补充。

11. 做出预先承诺。预测障碍，用“如果—那么”的策略做好应对准备。如果你怀疑下班后不想散步是因为有太多的作业要批改，那么在早上收拾一天的行装时，把你的步行鞋放在显眼的地方。提醒自己，如果你走一走，你的思路会更清晰，你会有更多的精力来批改作业。对自己说，如果我出去走走，那么整个晚上我都会感觉好很多。当你预见到障碍，并在它们出现之前解决它们时，你就创造了具有更好选择的心理路径。当你遇到其中一个障碍时，你的头脑中已经有了计划。

12. 聚集志同道合的人。与那些正在做你想做的事的人为伍。通常你交往的人会决定你成为什么样的人。要想改善健康状况，就多和其他健康的人交往（也许还可以和他们一起锻炼和吃饭）。在这条路上，你需要后援、榜样、啦啦队长和朋友。集结你的支持系统，向他人做出实际的预先承诺。如果你向同事承诺下班后会去散步，那这个承诺会让你更有可能坚持下去。

13. 停止思考，行动起来。大量研究表明，改变思想的最有效方法就是改变我们的行为。如果你想在课堂上感觉更快乐，与学生的联系更紧密，那么就在孩子们到达时对他们微笑，对他们说“早上好，很高兴见到你”。你的思想和情绪很可能会随着你行为的改变而变化。

14. 奖励自己。从长远来看，奖励可能是一种棘手的激励方式，但在巩固习惯的早期阶段，奖励可以成为一种强有力的强化剂。《习惯的力量》（*The Power of Habit*）一书的作者查尔斯·杜希格（Charles Duhigg）在2015年接受埃里克·巴克（Eric Barker）的采访时解释道："研究表明，每个习惯都有3个组成部分。首先是线索，它是自动行为开始的触发器。其次是惯例，即行为本身。最后是奖励。奖励非常重要，因为这是你的大脑本质上学会锁定一个特定的模式并使其自动化的方式……重要的是，如果你想把一种行为变成一种习惯，你需要在行为完成后立即给自己一些你喜欢的东西。”奖励自己并不意味着要吃一大块巧克力饼干。它可以是整理桌面或清空收件箱时的满足感，或者是刷牙后口中薄荷般清新的洁净感带来的奖励。

15. 沉浸在满足感中。当你开始养成新习惯时，你必须在实施了一个你渴望养成的行为后暂停一下，然后沐浴在余晖中。肯定自己有了新的行为，克服了障碍，驾驭了僵化的思维模式。记录下那一刻的收获，注意自己的积极情绪。认识到自己正在朝着愿景迈进。

这15条关于习惯的经验为改变行为提供了一张图谱。你可以利用这些内容来改变自己的行为，养成新习惯，也可以引导你的学生们改变他们的习惯。你可以创建自己的“改变计划”。

对领导者的启示

- 作为领导者，你的职责就是引领变革。当你试图让员工接受一项新举措或引入一个新目标时，你会用到这15条经验中的哪一条？你需要纳入哪些内容？
- 变革是艰难的，而教育工作者要经历许多变革。这是最能消耗情绪弹性的外部因素之一。如果你决心留住员工并提高他们管理压力的能力，那么请利用这些关于创造新行为的研究来反思你是如何领导变革的，以及你可以采取哪些不同的做法。

附录 C

核心情绪

表C.1　核心情绪

核心情绪	恐惧	愤怒	悲伤	羞愧
该情绪的常见标签	躁动不安 警惕 焦虑 忧虑 担心 绝望 沮丧 害怕 恐惧 受惊 惊骇 歇斯底里 不耐烦 提心吊胆 神经紧张 惊慌失措 惊恐 震惊 害羞 紧绷 极度恐惧 胆怯 没有把握 不安 忧愁	恼火 激动 恼怒 反感 愤愤不平 蔑视的（除了对自己） 爱争论 逆反 易怒 残忍 破坏性 不满 暴怒 愤怒 暴躁 懊恼 狂怒 充满憎恨 敌对 不耐烦 愤慨 被孤立 大怒 急躁 被激怒 发狂 凶狠 义愤填膺 怨恨 轻蔑 怀恨在心 急切 心存报复	感到疏远 痛苦不堪 厌烦 崩溃 受挫 沮丧 忧郁 绝望 泄气 失望 心灰意冷 灰心 丧气 气馁 不满 心烦意乱 情绪低落 郁郁寡欢 孤苦伶仃 无望 悲痛欲绝 绝望 痛苦 没有安全感 孤独无助 寂寞 忧伤 苦恼 消沉 阴郁 被忽视 压抑 悲观 可怜 被拒绝 沉闷 悲痛 悲惨 不快乐	被玷污 懊恼 蔑视自己 痛悔 应受责备 被贬低 受到侮辱 不赞成 鄙视 耻辱 厌恶自己 蒙受耻辱 名声不好 尴尬 内疚 可恶 卑微 感到羞愧 不得体 臭名远扬 被否定 窘迫 遗憾 悔恨 悔悟 责备 悲伤 被冒犯 轻蔑 罪恶 被污名化

（续表）

核心情绪	嫉妒	厌恶	快乐	爱
该情绪的常见标签	好竞争 贪求 被剥夺 不信任 妒忌的贪婪 勉强 嫉妒 过度保护 小气 占有欲强 憎恨 争强好胜	表示憎恶 不喜欢 被恶心 受到侮辱 不容忍 作呕 被冒犯 反感 厌恶 排斥 心生反感 嫌恶 愤慨 感到恶心 倒胃口	愉悦 觉得有意思 极为高兴 快活热情 欢快 满足 高兴 热切 安闲舒适 兴高采烈 投入 乐趣 热情 狂喜 激动 极度兴奋 心流 乐意 欢喜 热情洋溢 称心 友好和睦 满怀希望 感兴趣 快乐 欢呼雀跃 无忧无虑 富有意义 愉快 乐观 平和 自豪 骄傲 宽慰 满意 欣喜若狂 喜不自胜	接纳 钦佩 爱慕 充满深情 爱戴 依恋 归属感 体贴 有同情心 有连接 依靠 渴望 挚爱 善解人意 忠诚 友谊 关心 友好 喜好 情意绵绵 爱护 尊重人 招人喜爱 温柔 容易相信 易受伤 温暖

资料来源：改编自艾琳·奥利沃（Erin Olivo）《慧心生活》（*Wise Mind Living*）。

附录 D

抑郁和焦虑自评量表

抑郁自评量表

阅读每项陈述，并判断该陈述在多大程度上描述了你过去一周的感受。圈出符合每项陈述的数字。

表D.1　抑郁自评量表

	没有或很少时间	小部分时间	相当多时间	绝大部分时间或全部时间
我被一些通常不会困扰我的事情所困扰。	0	1	2	3
我不想吃东西，胃口不好。	0	1	2	3
我觉得自己无法摆脱忧郁，即使有朋友或家人的帮助也无济于事。	0	1	2	3
我觉得自己和其他人一样优秀。	3	2	1	0
我很难把注意力集中在我正在做的事情上。	0	1	2	3
我感到情绪低落。	0	1	2	3
我觉得做任何事情都很费力。	0	1	2	3
我对未来充满希望。	3	2	1	0
我觉得我的人生是失败的。	0	1	2	3
我感到害怕。	0	1	2	3

（续表）

	没有或很少时间	小部分时间	相当多时间	绝大部分时间或全部时间
我睡得不安稳。	0	1	2	3
我感到开心。	3	2	1	0
我比平时话更少。	0	1	2	3
我感到孤独。	0	1	2	3
人们都不友好。	0	1	2	3
我享受生活。	3	2	1	0
我哭过。	0	1	2	3
我感到难过。	0	1	2	3
我觉得大家好像都不喜欢我。	0	1	2	3
我无法继续前进。	0	1	2	3

资料来源：该抑郁问卷改编自流行病学研究中心抑郁量表（CES-D）。它通常用于普通大众。

将所有分数相加。总分：____________

最低分是0分，最高分是60分。心理学家将16分作为区分抑郁症和非抑郁症患者的临界值。如果你的分数是16分或更高，你将被归类为抑郁症患者。抑郁的程度从轻度（16—20分）到中度（21—25分）再到重度（26—60分）不等。这不是一种诊断工具。使用此筛查工具时如有任何疑问，请咨询心理健康专家。

抑郁自评量表对你的情绪和总体精神状态非常敏感，因此你可能会在不同时间，甚至相隔两周获得不同的抑郁评分。

如果你的得分超过16分，我鼓励你寻求有执照的心理咨询师、临床心理学家或精神科医生的帮助，与他们讨论治疗方案。抑郁症是一种疾病，治疗的方法有很多。

焦虑自评量表

阅读每项陈述，并判断该陈述在多大程度上描述了你过去一周的感受。圈出符合每项陈述的数字。

表D.2 焦虑自评量表

	没有或很少时间	小部分时间	相当多时间	绝大部分时间或全部时间
我莫名地感到害怕。	0	1	2	3
我感觉比平时更加紧张和焦虑。	0	1	2	3
我容易心烦意乱或感到恐慌。	0	1	2	3
我感觉自己好像要崩溃了，或者要散架了。	0	1	2	3
我觉得一切都很好，不会有坏事发生。	3	2	1	0
我手脚发颤打抖。	0	1	2	3
我被头痛、颈部和背部疼痛所困扰。	0	1	2	3
我感到虚弱，容易疲倦。	0	1	2	3
我感觉心平气和，很容易静坐下来。	3	2	1	0
我能感觉到我的心跳得很快。	0	1	2	3
我时常有头晕的困扰。	0	1	2	3
我有晕厥或感觉要晕倒的情况。	0	1	2	3
我可以轻松地吸气和呼气。	3	2	1	0
我的手指和脚趾会感到麻木和刺痛。	0	1	2	3
我有胃痛和消化不良的困扰。	0	1	2	3
我经常要小便。	0	1	2	3
我的手通常是温暖干燥的。	3	2	1	0
我脸红发热。	0	1	2	3
我很容易入睡，一夜睡得很好。	3	2	1	0
我做噩梦。	0	1	2	3

资料来源：该问卷改编自美国精神病学协会出版的“Zung焦虑测试工具”。

将所有分数相加。总分：____________

16分及以上表明需要进一步评估焦虑程度。这不是一个诊断工具。使用本筛查工具时如有任何疑问，请咨询心理健康专家。

本书将帮助你培养情绪弹性，而不是解决抑郁或焦虑问题。如果你正在与抑郁或焦虑作斗争，请寻求帮助。

附录 E

常见问题核心信念

表E.1　常见问题核心信念

关于自我的问题核心信念	描述	听起来像……
无价值感	• 一种认为自己低人一等、天生有缺陷或无能的普遍感觉。 • 最常见。 • 会驱动许多有问题的行为。 • 通常是抑郁情绪的幕后推手。	我毫无价值。 我不够好。 我什么都做不好。 我很愚蠢。 我没用。 我是个失败者。 我总是错。 我有问题。 别人都比我强。
不值得被爱	• 认为别人不理解自己，不会接受或认可自己。 • 通常反映出对地位、美貌、金钱和成就的过分重视。	我总是被忽略。 我不被需要。 我不受欢迎。 我是孤独的。 我不适合任何地方。 我不有趣。 我会被拒绝。 被人欣赏是很重要的。 只有别人喜欢我，我才有价值。
缺乏信任	• 通常源于被抛弃。 • 假定任何与之形成情感依恋的人都会失去。 • 可能与“不值得被爱”的核心信念重叠。	人是不可信的。 我无法信任或依赖另一个人。 我爱的人会离开我。 如果我爱一个人，我就会被抛弃。 我不重要。 人们会让我失望。

（续表）

关于自我的问题核心信念	描述	听起来像……
无助	• 导致人们认为自己缺乏控制力，无法有效或独立地处理任何事情。 • 做出改变非常困难。 • 无力感会让人试图过度控制环境或完全放弃控制。 • 会把自己视为受害者。	我不能处理这个问题。 我做不到。 我无能为力。 我被困住了。 我需要帮助。 我无法改变。 其他人试图控制我的生活。 坏事时有发生。 这个世界很危险。 如果我放任他们，他们就会伤害我。
优越感	• 导致一种权利感，从而破坏规则、怨恨他人的成功、提出不合理的要求。 • 可能来自对自己有缺陷或在社会上不受欢迎的补偿。	如果人们不尊重我，我就无法忍受。 我应该得到很多赞扬和关注。 如果我不出类拔萃，那我就低人一等，毫无价值。 如果我不出类拔萃，那我最终就会平凡无奇。 我是一个很特别的人，别人也应该这样对待我。 我不必受到适用于其他人的规则的约束。 人们应该满足我的需求。 人们没有权利批评我。 其他人不值得拥有他们得到的好东西。 人们不理解我，不了解我，因为我是特别的/出色的/等等。
自我牺牲	• 可能会产生把他人的需要放在自己需要之前的照顾行为。 • 可能会感到内疚，并通过优先考虑他人的需求来补偿，认为自己有责任为他人的幸福负责。 • 过度道歉是一种表现。	我的需求并不重要。 寻求帮助是不对的。 我必须亲力亲为。 如果我不做，没人会做。 如果我足够关心，我就能解决他/她/这件事。 我不应该花时间照顾自己。 当我看到别人需要帮助时，我必须帮助他们。 只有帮助别人，我才有价值。 我必须让别人快乐。

（续表）

关于自我的问题核心信念	描述	听起来像……
完美主义	• 看似认真负责，有很强的职业道德，实则有些过头了。 • 自我价值感过度依赖于外界的赞扬和成就。 • 倾向于以非黑即白的方式思考问题，持有严格的标准，并迅速低估积极因素。 • 完美主义者认为自己必须一直努力做到最好，才能证明自己有能力、有价值、值得被爱。	我必须把每件事都做到完美。 如果我犯了错误，就意味着我粗心/是个失败者/等等。 犯错的人应该承担后果。 人们应该遵守规则，否则就会受到惩罚。 我对自己和他人都有极高的要求。
消极	• 悲观主义者。 • 玻璃杯总是半空的——无论是看世界，看自己，还是看别人。	生活本来就很糟糕。 生活毫无意义。 我一事无成。 世界正在分崩离析。 一切都不会变好。 我不是悲观主义者，我是现实主义者。

致　谢

这些感谢是非常有限的，因为有太多的人对我个人的情绪弹性以及我对情绪弹性的理解做出了贡献，我无法一一感谢他们。以下是我对那些帮助我完成这本书的人们的部分感谢。

这本书献给我的祖父母莉尔和弗兰克，他们是我的榜样，他们的生活充满活力，快乐，并为他人服务。他们的榜样每天都在指引着我，他们伟大的爱将伴随我一生。如果没有我的祖先，我不知道自己会成为什么样的人，我渴望实现他们对我的梦想。

朋友们给了我无与伦比的力量，极大地提高了我的情绪弹性。我感谢与凯西·麦凯（Kathy MacKay）和克里斯汀·古斯曼（Kristen Guzmán）30年的友谊，感谢她们帮助我做真实的自己。感谢克里斯汀帮助我度过了人生中最艰难的一年，而当我遇到与自然世界相关的问题时，凯西一直是我的头号帮手，她帮助我理解了天然井的隐喻，以及其他很多事情。我非常感谢达拉·沃洛乔（Dara Wolochow）、香农·凯里（Shannon Carey）、莱特西亚·克拉兹（Lettecia Kratz）和丽莎·希门尼斯（Lisa Jimenez），感谢她们带给我的友谊、同事情谊和所有的美好。

以下这些人深刻影响了我对情绪弹性和转型的看法：我的叔叔沃尔特·乌马尼亚·阿吉拉尔（Walter Umaña Aguilar）、西尔维亚·布尔斯坦（Sylvia Boorstein）、佩玛·乔登（Pema Chödrön）、拉姆·达斯（Ram Dass）、杰克·康菲尔德（Jack Kornfield）、拉比·迈克尔·勒纳（Rabbi Michael Lerner）、提切·纳塔·汉（Thich Nhat Hanh）、莎伦·萨尔茨贝格（Sharon Salzberg）、丽贝卡·索尔尼特（Rebecca Solnit）、德斯蒙德·图图大主教和玛格丽特·惠特利（Margaret Wheatley）。我很感激能从这些勇敢的领袖身上汲取如此多的智慧。

与以下人员进行的有意义的对话，激发了关于情绪弹性话题的联系、见解和灵感：德雷亚·比尔（Drea Beale）、莱斯李·比克福德（LesLee Bickford）、哈维尔·卡布拉（Javier Cabra）、丽贝卡·克鲁克（Rebecca Crook）、戴维娜·戈德瓦瑟（Davina Goldwasser）、贝茜·古德曼（Bessie Goodman）、普伦蒂斯·古德曼（Prentis Goodman）、蒂娜·埃尔南德斯（Tina Hernandez）、莱萨·里斯本（Raiza Lisboa）、蒂芙尼·程·纳格尔（Tiffany Cheng Nyaggah）、卡罗尔·奥瓦拉（Carol Owala）、史蒂夫·塞克斯顿（Steve Sexton）、里卡多·托罗（Ricardo Toro）和胡贝尔·特雷纳多（Huber Trenado）。我很感谢他们出现在我的生命中。

以下同事和学生为我上了一堂关于善良、同情心和情绪弹性的独特课程：艾琳·巴雷拉（Eileen Barerra）、布伦达·卡斯特罗（Brenda Castro）、安吉拉·帕克（Angela Parker）、须田惠子（Keiko Suda）、凯瑟琳·苏耶亚苏（Kathryn Suyeyasu）和克里斯蒂娜·维尔德哈根（Christina Wildhagen）。我从这些强大的女性身上学到了很多。

有一群人给了我特殊的支持。没有玛格达莱娜·迪特默（Magdalena Dittmer）、瑞恩·斯派奇（Ryn Speich）、大卫·里滕格（David Rittenger）和乔希·洛维茨（Josh Lowitz）的帮助，我无法完成我的工作。我非常感谢我的教练埃洛伊萨·豪尔赫（Eloiza Jorge），感谢她的智慧、指导和陪伴。和马娅·海克–梅林（Maia Heyck-Merlin）的友谊帮助我度过了过去几年中许多艰难的日子。扎瑞塔·哈蒙德（Zaretta Hammond）是一位慷慨的朋友，她带给了我同志情谊和资源，还充当了我的参谋。

我在Bright Morning Consulting的出色团队为我能够以各种方式写作和分享我的作品做出了巨大贡献。能与珍妮·卡尔森（Jeanne Carlson）、诺伊尔·阿波斯托尔·科林（Noelle Apostol Colin）、杰西·科尔多瓦（Jessie Cordova）、玛雅·海因斯（Maya Haines）和莱特西亚·克拉茨（Lettecia Kratz）共事，真是莫大的恩赐。我非常感谢他们的能量、才华和友谊。

在本书的编写过程中，要感谢的人也很多。朱迪斯·沃罗霍（Judith Wolochow）对初稿进行了细致的修改，并给了我很多鼓励。凯特琳·施瓦茨曼（Caitlin Schwartzman）对几份稿件和图表提了大量反馈意见，这是她指导我完成的第二本书，现在我无法想象没有她的指导，我还能写出什么东西。谢丽尔·比森（Cheryl Beeson）仔细阅读了书稿，重点关注了领导者可能需要的东西。米歇尔·莱因哈特（Michele Reinhart）和杰西·科尔多瓦（Jessie Cordova）提供了最后一轮关键性的反馈意见，促使我完善了想法、语言和概念。正是因为有了这些读者的反馈，这本书才变得更加强大。

我非常感谢劳琳·惠特菲尔德（Laurelin Whitfield）和斯泰西·古德曼（Stacey Goodman）帮助我完成了工作手册。没有她们的帮助和鼓励，这本手册可能无法按时完成。

凯特·盖格南（Kate Gagnon）是我在约塞巴斯出版社的编辑，多年来她一直支持我的想法和写作。她总是积极向上，鼓舞人心，为我提供资源和人脉，让我写书的整个过程（有时非常艰难）变得尽可能简单。

如果没有我丈夫斯泰西·古德曼和儿子奥瑞恩的爱，我不可能写出这本书。他们的支持和鼓励与我的生活紧密地交织在一起，我很难说出他们的确切贡献。当谈到他们的爱，或者他们允许我做我自己，允许我做我所做的事，我无言以对，惭愧得无以复加。

如果没有我的父亲吉尔伯特和姑姑珍妮，我很难想象过去的几年或几十年会是什么样子。他们在我的生命中变得越来越重要，他们的爱、鼓励和支持填补了我生命中的一些空白。我感谢他们，也感谢我们之间不断发展完善的关系。

我母亲经久不息的爱每天都在哺育、支撑和指引着我。没有她，我做不到现在所做的事；没有她，我不会成为现在的我。我非常感激她30年来对我无条件的爱，以及这种爱的永恒回响。我希望我的一生能够成为她给予我的爱的见证。

让学生的进步看得见

马扎诺团队作品相关推荐阅读

《能力导向型教学法》

《数据驱动式教学》

《如何成为一名反思型教师》

《卓有成效的课堂管理》

《设计有效的教学评价与评分系统》

《课堂上的提问逻辑》

《如何促进教师发展与评价》

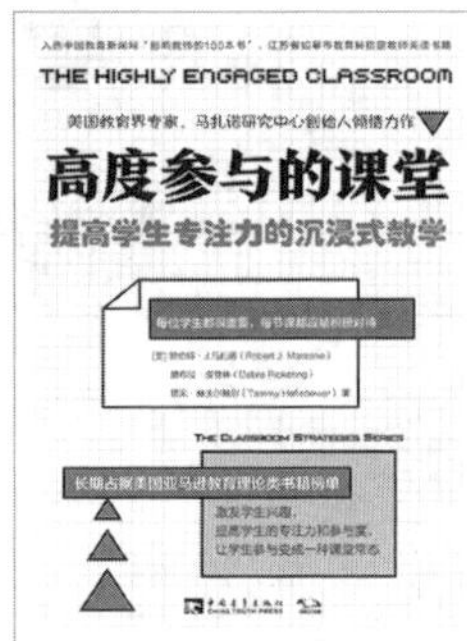

《高度参与的课堂》

《目标教学法》

《专业学习共同体》

《基于课堂中精准理解的教学设计》

《学习的维度》